智慧图书馆建设研究

李海燕　李玉娜　李昱盛　著

中国商业出版社

图书在版编目（CIP）数据

智慧图书馆建设研究 / 李海燕，李玉娜，李昱盛著.
北京 : 中国商业出版社，2025. 5. -- ISBN 978-7-5208-3440-7

Ⅰ. G250.76

中国国家版本馆CIP数据核字第2025Y1B596号

责任编辑：吴 倩

中国商业出版社出版发行
（www.zgsycb.com 100053 北京广安门内报国寺 1号）
总编室：010-63180647 编辑室：010-83128926
发行部：010-83120835/8286
新华书店经销
北京七彩京通数码快印有限公司印刷
*
710毫米 ×1000毫米 16开 12印张 234千字
2025年5月第1版 2025年5月第1次印刷
定价：50.00 元
* * * *
（如有印装质量问题可更换）

前　言

“图书馆”，这一承载着人类智慧与文明的重要殿堂，自古以来便对人类社会的进步与发展发挥着无可替代的积极推动作用。近年来，随着物联网技术、5G通信技术、大数据技术等新兴信息技术的蓬勃发展及其在各行各业的深入渗透，图书馆领域也迎来了前所未有的变革契机。在此背景下，“智慧图书馆”这一全新概念应运而生，标志着图书馆正顺应时代潮流进行自我革新与升级。

我国对智慧图书馆的实践探索与理论研究已有时日，众多相关领域学者围绕智慧图书馆的概念界定、核心特征、主要功能以及关键技术等方面展开了全面而深入的研究，并取得了一系列具有理论价值与实践意义的成果。与此同时，部分公共图书馆与高校图书馆也根据自身实际情况，从智慧管理、空间重构、智慧服务等多个维度出发，对智慧图书馆服务体系、下一代图书馆管理系统、智慧书库建设、图书馆自助服务创新等具体实践工作进行了积极探索与有益尝试。

随着信息技术的不断演进与成熟，以及全国智慧图书馆体系的逐步构建与完善，智慧图书馆建设的保障体系也将日益健全与完善。我们有理由相信，在不久的将来，智慧图书馆的建设将会取得更加显著的成效，为人类社会的知识传播与文明进步贡献更大的力量。

智慧图书馆的发展已全面超越了单纯依赖纸质书籍收藏与展示的传统模式，它借助先进的数字化技术，成功地将浩瀚的信息资源汇聚于一个集成化的平台之上。读者如今能够在虚拟的数字空间里自由穿梭，跨越了时间与空间的界限，体验到不同文化、学科之间的知识交会与碰撞，这无疑标志着知识传播方式的一次重大革新与进步。

与此同时，智慧图书馆还积极融入了人工智能、大数据分析等前沿科技手段，这些技术的运用极大地提高了图书馆服务的个性化与智能化水平。通过精准分析读者的阅读习惯、兴趣偏好以及信息需求，智慧图书馆能够量身定制出符合不同读者需求的个性化服务方案，从而满足日益多元化的读者群体。这种以读者为中心的服务理念，不仅彰显了智慧图书馆的人文关怀，也进一步推动了图书馆服务质量的全面提高。

本书内容体系严谨，共分为六大章节展开系统阐述。第一章聚焦于智慧图书馆的宏观概览，深入剖析了智慧图书馆的基本概念、价值链的构筑逻辑，以及智慧图书馆在建设过程中的框架设计与整体构想。

第二章专注于智慧图书馆的服务模式探究，细致探讨了智慧图书馆服务的多元面向，包括学科馆员服务的专业化路径、公共文化服务的普及策略、阅读推广服务的创新实践，以及推荐系统服务的智能化应用，全方位展现了智慧图书馆服务的多样性与灵活性。

第三章着重于智慧图书馆管理技术的探讨，不仅概述了智慧图书馆所依托的关键技术，还深入分析了这些技术在智慧图书馆管理实践中的具体应用场景与价值实现，凸显了技术在智慧图书馆管理中的核心作用。

第四章围绕智慧图书馆的资源管理与用户体验展开，介绍了数字化文献馆藏管理与开放获取个性化推荐与用户喜爱分析、用户界面设计与互动体验等内容，为智慧图书馆的资源有效管理和用户体验提升提供了参考。

第五章围绕智慧图书馆的数字资源建设展开，全面介绍了智慧图书馆数字资源的构成特点、推广策略以及资源建设的优化路径，为智慧图书馆数字资源的有效利用与持续发展提供了理论支撑。

第六章深入探讨了智慧图书馆馆员的能力建设，系统阐述了馆员能力的重要性、元数据核心能力的构建框架，以及提升馆员能力的具体策略，为智慧图书馆人力资源的优化配置提供了有益参考。

第七章着眼于智慧图书馆建设的整体策略，从基础设施建设、新应用的创新开发、政策环境的引导支持，以及保障体系的建立健全等多个维度，提出了有针对性的对策建议，旨在为智慧图书馆的全面发展与持续优化提供科学依据与实践指导。

本书架构周密，条理分明，巧妙融合了理论与实践的双重维度，其内容深度挖掘了智慧图书馆运作的实际案例，不仅可读性强，且极具实用价值。书中提出的诸多见解与模型，为读者洞悉智慧图书馆的建设现状及其未来发展趋势提供了宝贵的参考视角，具有一定的学术与实践指导意义。

在本书的撰写过程中，有幸获得了众多业界专家与学者的慷慨援手与悉心指导，对此，作者深表感激。然而，鉴于作者自身的学识局限，加之成书时间紧迫，所述内容难免存在不足之处或论点有待商榷。因此，作者诚挚地邀请广大读者不吝赐教，提出宝贵的批评与建议，以期在未来的版本中不断修正与完善，使本书内容更加严谨与充实。

目　　录

第一章　智慧图书馆概述

建设一个兼具科学性、合理性与可操作性的智慧图书馆体系，首要任务在于全面且深入地理解智慧图书馆的本质与内涵。当前，我国针对智慧图书馆的研究尚处于初级阶段，众多基础性的概念尚待明确界定与深化。鉴于此，本章致力于对既有的智慧图书馆的概念、特性及其构成要素的理论研究进行综合梳理与分析。在此基础上，不仅给出了智慧图书馆一个更为清晰与精准的定义，还系统而详尽地剖析了智慧图书馆的主要特征、核心构成要素，同时，进一步探讨了智慧图书馆建设的核心原则与长远目标，旨在为智慧图书馆的实践探索提供坚实的理论基础与明确的方向指引。

第一节　智慧图书馆相关内容

一、智慧图书馆内涵及特征

（一）智慧图书馆的内涵

智慧图书馆，作为图书馆领域发展变革的崭新方向，无疑区别于传统图书馆的形态，虽然对于其定义与概念的研讨层出不穷，但是，每位学者均立足于个人的研究视野，提出了独到的观点与见解，智慧图书馆的确切概念框架尚未达成共识。

国内学术界对于智慧图书馆的研究主要聚焦于以下几个核心维度：一是从信息技术的层面进行深入剖析；二是从感知服务的角度展开探讨；三是从更为宏观的综合视角进行审视。这些研究维度共同构成了国内智慧图书馆研究的丰富图谱。

（二）智慧图书馆的特征

“智慧”这一特质，是智慧图书馆相较于普通图书馆及数字图书馆而言，最为鲜明的区分标志。智慧图书馆以其互联性、高效性与便利性三大核心优势，展现了其在信息时代背景下的独特价值。同时，智慧图书馆也具有四大主要特性：全面而深入的感知能力、广泛且无缝的互联互通、注重绿色可持续的发展理念以及智慧化的服务与管理模式。值得一提的是，智慧服务与管理作为智慧图书馆的最重要组成部分，是其尤为突出的特征。

在此基础上，综合现有的研究成果，并融合个人对智慧图书馆的深刻理解，本书归纳并总结了智慧图书馆的若干关键特征，具体阐述如下。

1. 互联互通

互联互通是智慧图书馆得以实现的基石，其智慧化构建的本质在于将图书馆塑造成一个虚实交融的综合性空间，确保用户与图书馆之间能够无缝连接，从而使用户能够不受时空限制地充分利用图书馆资源。这一特性具体体现在以下三个维度。

首先，智慧图书馆致力于构建涵盖全类型信息资源的跨库、跨馆联结机制，实现了资源的全方位互联管理。这一举措不仅打破了“信息孤岛”，还促进了资源的有效整合与高效利用。

其次，智慧图书馆内部搭建了一个动态交互的协同平台，该平台能够智能化地管理馆内的数字资源。在该平台上，图书馆的不同子系统之间实现了无障碍访问，极大地提升了管理效率与协同作业能力。

最后，用户与图书馆之间通过终端设备、服务平台等多种渠道实现了便捷交互。这种交互方式不受时间和空间的限制，为用户提供了极大的便利，使他们能够随时随地地访问图书馆资源，享受智慧化服务。

2. 高度感知

高度感知能力主要体现在智慧图书馆利用射频识别技术装置、红外传感器等一系列感知设备以及智能手机等智能终端设备，对图书馆内的资源分布及用户行为数据能进行全面、深入的感知、精确识别、高效传递以及智能化的深度分析。这一过程旨在为图书馆的长期稳定运行、资源优化配置以及数据的高效管理与利用提供科学、精准的参考信息与决策支持，进而推动智慧图书馆服务质量的持续提高与优化。

3. 便捷高效

智慧图书馆构建的一个重要目标，在于实现对图书馆运营成本的有效管控与服务效率的显著提高。这就要求着重强化图书馆内部各构成要素及所有参与方的协同合作能力，力求以更低的成本消耗和更高的工作效率，向用户供给更为卓越的服务体验。通过优化资源配置、提升服务流程的科学性与合理性，以及加强内部沟通与协作机制，智慧图书馆旨在使其整体运行状态达到最优化的水平，从而在确保服务质量的同时，实现成本效益的最大化。

4. 服务创新

智慧图书馆建设的精髓在于智慧服务的打造，这一核心理念贯穿智慧图书馆建设的始终，着重于智慧化服务内容与方式的持续优化与升级。凭借互联互通的感知型信息基础设施，智慧图书馆不断探索并创新服务模式与服务体系，旨在为用户在使用过程中带来愈发人性化的服务体验。这一过程不仅聚焦于提升服务的便捷性、高效性与个性化程度，更致力于实现图书馆与用户双方的共同进步与全面发展，从而推动智慧图书馆服务品质的全面提升与跨越。

5. 以人为本

智慧图书馆构建的终极愿景，旨在全方位地迎合用户多元化、个性化的需求，并向其供给卓越的服务体验。鉴于此，以人为本的理念在图书馆智慧化转型的过程中占据着举足轻重的地位。一方面，在规划蓝图绘制的初期阶段，需将用户的核心需求置于核心考量位置，确保所有建设举措均紧密围绕满足用户的多样化需求而展开。通过量身打造个性化的服务方案，推动智慧图书馆在持续发展中稳步前行，不断迈向新的高度。

另一方面，智慧图书馆的建设进程决不是孤立存在的，它深深根植于“人”的能动作用之中。智慧化建设的规划与执行，无一不凝聚着人的智慧与汗水。在此进程中，智慧馆员扮演着不可或缺的关键角色，他们是图书馆智慧化转型的重要推手，以其深厚的专业素养与前瞻性的视野，为图书馆的长远发展铺设了坚实的基石。

二、智慧图书馆的组成要素

在建设与管理智慧图书馆的初期阶段，对其构成要素进行清晰界定是至关重要的。关于智慧图书馆构成要素的论述，学术界基于多元视角提出了诸多见解。其中，“三要素理论”主张智慧图书馆由技术、服务与人三大支柱共同支撑。“四要素框架”则进一步细化，认为智慧图书馆的智慧生态建设应涵盖管理、业务、空间与服务四大维度，并对这些维度展开了详尽的剖析。

此外，“五要素模型”亦有其拥趸，该模型在界定智慧图书馆概念时，强调其为一个集资源、技术、服务、馆员与用户于一体的有机系统。秦殿启等学者在此基础上进行了拓展，提出智慧图书馆的要素还应包括网络、数据、制度、生态与馆员五个方面。更有学者倾向于智慧图书馆由超过五个要素构成。

本书在综合审视现有研究成果的基础上，提炼出智慧图书馆的核心构成要素为智慧馆员、智慧内容、智慧理念与高新技术四大方面。这一归纳旨在为读者提供一个更为精练且逻辑清晰的智慧图书馆构成要素框架。

（一）智慧馆员

智慧型图书馆员，即那些富有智慧与创新精神的图书馆工作者，他们是公共图书馆智慧服务体系的核心提供者与坚实支撑。在图书馆向智慧化转型的进程中，对馆员的职业素养与综合能力提出了更为严苛的要求，这些要求具体体现在以下三大层面。

首先，智慧图书馆以其个性化、人性化的智慧服务为根本，这要求图书馆馆员需具备对用户行为数据及资源利用数据进行深度挖掘与精准分析的能力，以便为用户提供更加贴合其需求的定制化服务。

其次，智慧图书馆的建设离不开多种智能技术与设备的广泛应用，这对图书馆馆员的信息技术操作水平及指导能力构成了严峻挑战。如何有效地指导用户充分利用图书馆的智慧功能，提升用户体验，成为智慧图书馆建设中亟待解决的核心问题。

最后，智慧图书馆的发展是一个动态变化的过程，技术的进步与理念的革新对智慧馆员的学习能力与适应能力提出了更高要求。智慧馆员需不断提升自身的知识储备与专业技能，以与时俱进的态度，为用户提供高质量的信息服务，这也是智慧图书馆队伍建设过程中必须深入思考与积极应对的关键问题。

（二）智慧内容

智慧内容是图书馆智慧服务的精髓所在，同时也是图书馆向用户展现其服务价值的重要载体。具体而言，智慧内容涵盖了数字资源、设备资源以及服务模式等多个维度。在图书馆的转型过程中，强化馆藏资源的丰富性与数字化水平至关重要，这旨在规避资源与用户需求之间存在的不匹配现象，确保资源能够精准对接用户需求。

在建设智慧图书馆的过程中，智能设备的引入对于提升用户体验具有决定性的作用。因此，如何结合馆内实际情况及用户需求，科学合理地采购智能设备，成为一个值得慎重考虑的问题。智能设备的合理配置与应用，将极大地促进图书馆服务效率与质量的双重提升。

此外，智慧服务的模式作为图书馆价值彰显的关键途径，其重要性不言而喻。图书馆可以积极开发个性化推荐系统，通过对用户阅读行为数据进行深入分析，为其精准推送智慧化的服务内容。在智慧图书馆持续发展的道路上，对服务模式的不断创新与优化尤为重要。

（三）智慧理念

在智慧图书馆不断发展的过程中，智慧理念的引领作用是不可或缺的，这一理念在很大程度上塑造了图书馆的建设成效与未来走向。首要关注的是图书馆物理空间与虚拟空间的融合性构建与管理，这要求必须运用尖端科技，精心构筑一个既环保又科学的智慧图书馆体系架构。此架构致力于实现图书馆内人与物的全方位、智能化互联互通，旨在为用户打造一个更为丰富多元的体验环境，满足其多样化的需求。

同时，智慧图书馆还强调内部各子系统、平台间的协同管理。借助大数据、区块链等前沿技术，能够显著降低系统间、平台间的交互壁垒，推动智慧图书馆向更高水平发展。

（四）高新技术

智慧图书馆的建设进程与高新技术的深度融合及广泛应用息息相关，其中，大数据、云计算及人工智能等前沿技术不仅为智慧图书馆的建设提供了坚实的技术支撑，更在多个维度上拓宽了其服务范畴。智能技术环境的构建，能通过多元化的渠道精准捕捉并满足用户的多样化需求，极大地丰富了用户的体验层次，使用户在享受服务的过程中获得了更为深刻与全面的感受。这一变革不仅显著提升了公共图书馆的用户访问频次，更为图书馆的持续发展与服务优化注入了新的活力与动力。

三、智慧图书馆建设的目标

（一）总体建设标准化

近年来，国家层面持续推出一系列关于标准化的政策法规，并相继成立标准化相关机构，这一举措充分彰显了智慧型社会发展进程中的标准化趋势。展望未来，包括智慧图书馆在内的诸多智慧实体将依托标准化手段，成为智慧城市不可或缺的映射单元。在智慧图书馆的建设进程中，标准化的实施能够在宏观层面进行全面而系统的规划，确保建设工作的每一步都有理可依、有据可循。这不仅有助于科学、规范、有序地引领全国智慧图书馆建设工作的推进，还能促进构建行之有效的工作机制与模式，为图书馆事业的转型升级注入强劲动力。

通过标准化的指导，智慧图书馆的建设将不断总结经验，共同探索创新路径，从而形成一个服务管理标准化、创新驱动标准化的良好格局。这一格局的构建，将为智慧图书馆的持续发展与高效运营奠定坚实的基础，推动其在智慧城市建设中发挥更加积极的作用。

（二）区域探索特色化

智慧图书馆绝非标准化生产的复制品，而是作为知识传播的重要桥梁，需根据地域差异、文化多样性乃至特定人群的需求，精心打造的彰显自身独特韵味并具有特色功能的资源。此举旨在深度吸引用户群体，构建相对于搜索引擎与社交软件而言的独特竞争优势，实现真正意义上的“以人为本”“因地制宜”及“因馆施策”，从而赋予智慧图书馆独一无二的魅力，颠覆公众对图书馆“千篇一律”的传统认知。

作为文化的守护与传承者，智慧图书馆亦需强化其保存文化遗产的核心职能，充分利用并整合辐射区域内的宝贵资源。这包括对传统文献资源的精心保存与保护，同时将其范畴拓展至神话故事、戏剧、曲艺、口述历史等多元领域，探索适用于不同类型文化遗产的智慧化保护策略。通过此举，不断丰富馆藏资源的结构层次，铸就图书馆独有的品牌特色，形成以智慧图书馆为核心，辐射至各类特色文化资源挖掘、开发、保存与利用的良性循环体系。在此过程中，智慧图书馆亦需不断探索自身在未来多元文化资源体系中的新定位，以智慧之光开启文化传承与创新的新篇章。

（三）用户服务赋能化

图书馆是人们交流思想、传承文化与学习知识的重要场所，智慧图书馆同样承载着这一使命。对于图书馆本身而言，智慧图书馆在提供高效信息获取服务的同时，更致力于提高读者的生活质量，为其创造更加优质的服务体验。

相较于传统图书馆依赖纸质信息资料的流通来实现价值增值，智慧图书馆则更加注重知识交流的过程。通过用户与智慧图书馆之间的深度互动，知识得以传承与发展。这一过程不仅展现了智慧图书馆在高科技领域的积极融入，更体现了其回归图书馆本质——作为知识交流与传播中心的价值追求。智慧图书馆的建设与发展，正是在实现技术革新与保持图书馆核心价值之间的平衡与融合。

（四）管理控制精准化

智慧图书馆的渐趋完善与信息量的迅猛增长并行不悖，为确保智慧图书馆各类活动的顺畅推进，必须对浩如烟海的信息实施精确的调控。因此，就要求智慧图书馆灵活适应新兴环境，推动管理过程向有序化、结构化及精确化的方向深刻转型。智慧图书馆的管理控制系统要能够依托信息技术，对实时涌现的信息数据进行动态监控与管理，从而深度挖掘数据背后潜藏的知识财富，并提升对突发事件的响应与处理能力。

对于离散型信息数据，该系统要能够进行细致观察与精确管理，进而揭示用户的思维与行为模式，为技术设备的研发及新技术的探索提供指引。面对因管理疏漏而受损的数据资源，智慧图书馆还能够运用现有数据对缺失部分进行合理预估，有效弥补数据缺失带来的损失，保障智慧图书馆的稳健运行。

精准的管理控制不仅能持续优化智慧图书馆的内部发展环境，还能确保其业务流程与组织结构的可靠运行与适度灵活性并存，从而全面提升其整体运作效能，为智慧图书馆的持续发展奠定坚实的基础。

第二节 智慧图书馆价值链构建

智慧图书馆依托前沿科技，深度整合并高效运用信息资源，使用户能快速精准获取所需知识，已成为智慧社会服务的关键一环。价值链，作为提供有价值产品（含商品与服务）的活动集合，其基石在于服务。智慧图书馆价值链是在服务用户中逐渐形成的，旨在为用户提供广泛领域的智慧服务。这一价值链的构建，不仅有助于智慧图书馆服务功能的全面发挥，还能推动智慧服务内容的持续创新，使其紧跟时代潮流，积极探寻发展机遇，从而进一步提升智慧图书馆的整体价值。

一、智慧图书馆价值链构建的相关基础

本节探究智慧图书馆价值链概念框架、类型及活动，提炼智慧图书馆价值链核心并分析其所具有的优势。基于社会认知、价值共创及智慧服务理论，系统阐述构建智慧图书馆价值链的理论基础。这些理论为构建提供支撑，并尝试开辟深入理解其本质与实践价值的新途径。

（一）智慧图书馆价值链的概念体系

本节首先详细阐述了价值链的基本概念、多样化类型及其涵盖的各类活动。以此为基础，进一步深入剖析了智慧图书馆价值链的深刻内涵及其所展现出的独特优势。

1. 价值链

（1）价值链的定义解析。价值链是指一系列连续性的活动集合，这些活动旨在为企业创造并实现价值的增长。企业自诞生至成长的全过程中，所经历的各个阶段与活动均伴随着资源的投入与成本的支出，同时也催生了价值的创造与增值。将这些阶段与活动串联起来，便勾勒出了一条完备的价值链条。

（2）价值链分类探析。价值链理论演进中，学者将其分为内外两部分，强调企业发展核心在于价值创造活动。内部价值链涉及企业内部各职能业务部门，通过业务流程衔接，构建提供特定产品服务的价值链，旨在最大化企业价值。各业务单元分工协作，是维系并提升企业价值链增值优势的关键。外部价值链是指与企业有紧密联系的外部行为主体的价值活动，主要包括供应商价值链、购买商价值链以及竞争对手价值链。

（3）价值链活动构成剖析。价值链深植于多样经济活动，内含复杂价值联结。学者据其与价值链的关联度，将其分为基本与辅助两类活动。基本活动乃企业直接促进价值增值，并将此增值最终传递予顾客的一系列环节，含研发设计、生产制造、市场营销等基础服务。相较之下，辅助活动不直接创造显性价值，而作为后台支撑，通过售后服务、人力管理等后勤保障，间接为企业贡献价值。

2. 智慧图书馆价值链

图书馆价值并非直接源自经济产出，而表现在加速信息资源转化，广泛促进社会与经济效益等方面，其价值经用户有效利用资源而体现，资源管理与服务流程为其持续增值过程。智慧图书馆价值链围绕图书资源、产品与服务，构建了一系列增值活动，相互关联成链式增值体系。

（1）智慧图书馆价值链内涵探究。价值链理念提出后，企业界广泛采纳并发展出系统研究范式。系统梳理文献，借鉴价值链理论核心与国外学者精辟界定，结合图书馆特殊性，笔者认为智慧图书馆价值链核心在于以信息技术为支撑，深度整合优化内部流程，高

效融合外部环节，全面提高服务品质，致力于卓越用户体验，实现整体价值最大化。

（2）智慧图书馆价值链的显著优势剖析。智慧图书馆价值链的构建，其重要性不仅彰显于管理流程的“智慧化”升级，更体现在服务流程中的“定制化”与“用户导向性”的强化。

首先，智慧图书馆价值链的构建始于对用户类型的清晰界定与用户画像的精心构建，旨在实现对用户的精确定位，从而深入理解其阅读兴趣之所在。基于此，智慧图书馆能够针对不同用户群体实施精准化、个性化的信息推送策略，以满足其多样化的信息需求。其次，智慧图书馆致力于引导用户接纳并融入智慧服务体系之中，同时为用户搭建起知识共享与交流的平台。

智慧图书馆价值链的构建对于提升其服务品质具有显著作用。就智慧图书馆而言，尽管其所能提供的增值服务内容丰富多彩，但基础性的服务——诸如书籍借阅与文献检索——始终是其核心所在。智慧图书馆价值链的打造，需依托信息资源共享的一站式服务平台，深入剖析用户的借阅习惯与行为模式，使图书馆馆员能够全面把握用户特征及其借阅偏好。在此基础上，紧密围绕用户的信息需求与兴趣点，积极主动地为用户提供定制化的智慧服务，从而进一步提升用户的满意度与忠诚度。

智慧图书馆价值链构建对标准化服务流程至关重要。作为复杂的系统工程，智慧图书馆兼具信息资源存储、传播交流职能，并融合了多学科知识与现代技术。在构建过程中，注重以用户需求为导向，持续优化服务流程，提供多元化、个性化定制服务，实现了信息资源供需快速响应与高效流通。

智慧图书馆依托科学严谨、全面合理的评估指标框架与评估机制，能够迅速识别并优化服务流程中的瓶颈环节，切实提升用户的感知价值与满意度。这一系列举措不仅有助于智慧图书馆价值的最大化释放，而且能够推动其价值链条的持续增值，为智慧图书馆的长远发展奠定坚实的基础。

（二）智慧图书馆价值链构建的理论

1. 社会认知理论

社会认知理论源于社会学习理论，阐释社会学习机制。它关注个体对自我及他人心理行为的认知评价过程。智慧图书馆价值链构建是服务流程、个体与环境协同塑造的动态过程，主体感知能力至关重要。环境包括实体与虚拟空间，其构建与氛围深刻影响着用户体验及后续使用意愿。

2. 价值共创理论

社会经济环境变化下，顾客主观因素如需求、偏好及体验在企业成长中越来越受到重视。价值创造模式也已发生根本性转变，需企业与顾客共同创造。在价值共创理论中，消费者由购买者转为积极参与者，产品或服务价值不仅来自企业，更融入了消费者体验。

3. 智慧服务理论

在智慧图书馆价值链的构建过程中，通过对智慧服务理论的深入应用，使各项服务在智能化、高效化与广泛化方面取得了显著进展。这不仅提升了智慧图书馆在实体空间、虚拟环境以及信息资源管理等方面的综合协调能力，更从全方位、多角度增强了用户的感知体验与满意度，为智慧图书馆的长远发展奠定了坚实的基础。

二、智慧图书馆价值链构建的必要性与可行性

智慧图书馆价值链的构建能够加速图书馆的智慧化转型步伐，为智慧图书馆持续的价值增长提供强大动力，并最终为智慧社会的构建与发展注入新的活力。本节将从智慧图书馆价值链构建的必要性以及智慧图书馆价值链实现的可行性两个维度进行深入探讨与分析。

（一）智慧图书馆价值链构建的必要性

智慧图书馆价值链的构建旨在向智慧社会供给高度信息化的智慧服务解决方案，以适应智慧社会日益多样化的信息需求变迁。这不仅有助于优化智慧图书馆的管理运作流程，提高其运作效率，还能够推动智慧服务模式的创新与拓展，为智慧图书馆的长远发展注入源源不断的动力，从而有力支撑智慧社会的可持续发展进程。

1. 满足智慧社会信息需求的变化

传统图书馆模式往往忽略了用户的积极参与，使用户处于被动接受信息的境地。相比之下，智慧社会高度重视资源的创新性开发、环境的革新设计以及空间的智能化拓展，并积极倡导社会各界的紧密协作与深度融合。因此，传统图书馆模式已不能满足智慧社会信息需求的变化。

2. 优化智慧图书馆管理流程

图书馆历来是知识存储、传播及文化素养提升的重要平台。在信息技术迅猛发展的当下，图书馆管理已从传统模式转型为智慧模式。智慧图书馆管理实践中注重服务流程各环节的高效管理，管理核心涉及资源体系与参与主体两个方面。

智慧图书馆价值链构建需严控信息资源质量，深化资源体系管理。因此，就需要建立科学高效的管理机制，推动资源管理工作规范化、精细化。同时，智慧图书馆利用用户信息数据生成内容，能敏锐捕捉智慧化信息需求。再从发挥馆员潜能与尊重用户需求出发，开展管理活动，设计匹配策略与服务模式，提供个性化、精准化服务体验，从而彰显智慧图书馆的社会价值与意义。

3. 拓展智慧服务模式的诉求

数字技术的飞速进步及其广泛应用，为智慧服务的实施奠定了坚实的基础，使传统图书馆能够凭借数字技术和服务设施的双重支撑，成功转型为“智慧空间”，实现了图书馆服务重心的战略性转移。

（二）智慧图书馆价值链构建的可行性

在智能终端普及下，智慧图书馆作为公共文化服务的关键，其智慧化建设成为智慧社会构建的重要部分。在智慧图书馆价值链构建中，智慧决策能力、智能化管理体系及个性化服务策略是核心动力。这能促使图书馆更贴近民众需求，实现智慧资源有效配置与高效利用，为智慧社会可持续发展奠基，确保智慧图书馆服务民众，惠及社会成员。

1. 全面的智慧化决策

首先，国家图书馆构想构建“全国智慧图书馆网络”，加速了智慧图书馆建设进程。其次，在智慧社会背景下，智慧图书馆引领图书馆领域的深刻变革与全面升级。最后，精心构建智慧图书馆价值链，对提升图书馆价值至关重要，能使其成为智慧社会文化传播核心，助力社会文化繁荣。

2. 高度的智能化管理

首先，智慧社会是人类社会高级阶段，致力于构建高度智能化社会活动空间。其次，信息技术与通信技术的发展，奠定了智慧社会持续健康发展的基础。最后，智能化管理融合了公共事务管理，创新模式优化流程，降低处理成本，提高运行效率，是智慧时代必然趋势，也是高效治理的客观要求。

智能化管理在智慧图书馆的有效运行中不仅能够促进其内部各个运营环节的紧密衔接与高效协同，还能够强化其价值链构建过程中各要素间的联系、整合与互动效应，从而为用户提供更加优质、高效的服务体验，显著提升用户满意度。此外，智能化管理还能够激发智慧图书馆的潜在价值，推动其价值链条的持续增值，为智慧图书馆的长远发展注入强劲动力。

3. 精准的个性化服务

由于全民阅读氛围浓厚与智慧社会建设深化，导致用户需求由个体阅读转向到个性化、精准化信息获取。而智慧图书馆凭独特优势，能提供随时随地、精准化的个性服务，超越了数字图书馆与传统图书馆。因此，智慧图书馆精准服务，相较于传统服务模式，旨在满足用户个性化信息需求增长，构建新型服务模式。

三、智慧图书馆价值链的构成要素与构建机制

智慧图书馆价值链构成，涵盖服务战略规划、基础设施构建、主体协同、保障措施及

关键环节识别等维度，下文将从资源客体驱动、主体资源培育及服务协同机制三方面进行探讨，深入剖析其组成要素及价值链构建动力，揭示智慧图书馆价值链持续发展的内在动力。

具体而言，服务流程的优化重组旨在通过精简流程、提高效率，实现智慧图书馆服务流程的科学化与合理化；组织架构的调整完善则强调构建适应智慧图书馆发展需求的高效组织结构，确保各项服务能够顺畅运行；而用户生成内容的高效反馈机制，则侧重于及时捕捉并分析用户反馈，为智慧图书馆服务的持续改进与价值增值提供有力支撑。通过对上述流程机制的构建与完善，智慧图书馆将能够不断优化服务流程，进而实现服务价值的最大化提升。

（一）智慧图书馆价值链的构成要素

1. 智慧图书馆服务战略

战略规划是战略管理的核心，可助力组织应对外部环境变迁。智慧图书馆价值链根植于服务实践，随服务流程成型。服务战略是塑造价值链的宗旨，影响着后续行动的展开，它从多维视角规划价值链构建，布局发展愿景、实现路径及策略。微观上，服务战略助力智慧图书馆对接用户需求，提供有针对性的服务；宏观上，引领价值链构建方向，推动图书馆革新升级与服务优化。

2. 智慧图书馆基础设施

智慧图书馆所凸显的“智慧”优势，超越了其他图书馆。其不仅运用先进数字化技术，更以用户体验为核心，围绕信息需求，提供个性化精准服务。因此，智慧图书馆基础设施应包含两大关键：优化服务场景设计与全面构建资源体系。

（1）创新服务场景构建，首要在于打造虚拟技术平台，其作为智慧图书馆信息资源汇聚的核心，是构建价值链的关键。智慧图书馆依赖此平台，可降低成本、提高服务效率、激发创新，并精准满足用户需求，提供高质量服务。随着智慧社会的发展与用户需求的增长，对虚拟技术平台建设的要求会更高。因此，构建需基于智慧图书馆的整体布局，涵盖战略、场景与基础架构设计等关键方面。

（2）资源体系作为图书馆发展所必需的综合要素集合，展现出整体性、动态过程性、全面覆盖性以及协同互动性等多重特性。智慧图书馆的生存与蓬勃发展，必须根植于丰富多样、广泛涵盖的信息资源基础之上，这些资源不仅是智慧图书馆提供服务、构建价值链的核心支撑，也是其持续创新与进步的关键保障。

智慧图书馆信息资源广泛，包含大数据、多媒体等多元类型，分原生与次生资源。原生资源是图书馆直接提供用户使用的基础和保障；次生资源则源于用户与图书馆的互动，包括用户属性、行为路径、生成内容等数据。这些资源的积累分析，为图书馆深入了解用户需求、优化服务提供依据。

3. 智慧图书馆服务参与主体

智慧图书馆的价值链根植于其服务流程之中，就服务流程的本质而言，其参与主体核心划分为两大群体：一是智慧图书馆的服务提供者——智慧馆员；二是智慧图书馆的服务直接受益者——用户群体。

（1）智慧图书馆的核心驱动力之一在于智慧馆员。智慧馆员是智慧图书馆与用户价值流动的关键纽带，影响着智慧服务层次。智慧图书馆之“智慧”，不仅依赖硬件与技术，更需与智慧馆员的专业知识、服务使命感及创新能力相配合，共创增值服务。智慧馆员能力培养与团队建设，是智慧图书馆价值链构建的基石，并促进其持续发展。为与时俱进，智慧图书馆应提供持续教育机会，构建提升馆员素质的长效机制。通过采用多元化的教学手段与模式，激励并引导馆员深入探索并掌握前沿技术，不断提升自身的专业技能，以期最大化地发挥“人”这一核心要素的效率与效能。

（2）用户，作为技术、产品或服务的终端采纳者，其角色已不再局限于单纯的服务接受者。在智慧图书馆的语境下，用户不仅是智慧服务的受益对象，更是智慧服务创新的积极参与者。智慧图书馆所追求的“智慧”，其核心在于能否被每一位用户感知与认同，用户的感受与理解成为衡量智慧图书馆“智慧”程度的关键标尺。即便智慧图书馆的各项服务在智能化层面达到了极高水准，但若未能引起用户的兴趣，或未能提供令人满意的用户体验，那么这样的图书馆也无法真正被冠以“智慧”之名。

4. 智慧图书馆服务的保障措施

为确保智慧图书馆价值链构建工作的稳步推进，必须在服务流程的安全性维护、智慧资源的有效积累以及规章制度的建立健全这三个关键环节上，构建坚实的后勤保障体系。这一体系的完善，将为智慧图书馆价值链的构建提供全方位、多层次的支撑与保障。

（1）服务流程中的安全保障机制构建是智慧图书馆价值链稳固前行的关键要素。智慧图书馆凭借多样化的信息技术手段，极大地提升了用户获取与使用信息资源的便捷性与效率，显著降低了运营的人力与时间成本。然而，伴随而来的是网络环境中潜藏的安全挑战，这对智慧图书馆构成了不容忽视的威胁。

（2）智慧资源的构建与保障是智慧图书馆价值链稳固发展的基石。其中，核心资源的保障占据着举足轻重的地位。智慧图书馆的繁荣，必须倚仗高素质专业人才队伍。智慧馆员为服务之核心，其素质决定智慧图书馆智慧水平与价值实现。因此，智慧馆员需具备精深、广泛且前瞻的综合素养，可以满足多元化需求。在价值链构建中，强化核心资源建设至关重要。这要求以用户为中心，革新人才管理机制，加大培育力度，提升馆员服务效能与创新力。

（3）规章制度的健全与保障，是智慧图书馆服务实践中的关键导向与基石。智慧图书馆在创新服务模式与管理手段时，亦需革新规章制度与法律框架，以构建适应我国图书馆事业发展、推动公共文化治理能力提升的制度体系。

同时，智慧图书馆应积极参与并推动我国图书馆规章制度的完善工作，通过吸纳国际先进经验、结合本土实践特色，不断健全图书馆法律法规体系，为图书馆事业的持续健康发展提供有力的制度保障。

5. 智慧图书馆价值链构建的关键环节

智慧图书馆的价值链是一个复杂而精细的系统，旨在通过一系列相互关联、层层递进的价值增值活动，为用户提供持续且多样的价值提升。这些价值增值活动构成了一个链条状的结构，每个环节都在整个价值创造过程中不可或缺。在智慧图书馆的服务流程中，各个环节所贡献的附加值各具特色，呈现出显著的差异性。

具体而言，在智慧图书馆价值链的构建过程中，运营环节、管理环节以及控制环节构成了支撑整个价值链条稳健运行的核心要素。运营环节侧重于服务所提供的效率与质量，通过优化资源配置、提升服务响应速度等手段，为用户创造直接且显著的价值提升。管理环节则着眼于智慧图书馆内部流程的优化与协调，通过科学的管理策略与手段，确保各个环节之间的顺畅衔接与高效协同，为价值链的持续增值提供坚实的组织保障。而控制环节则承担着监督与评估的重任，通过对服务过程的严格把控与效果评估，确保价值链的稳健运行与价值创造的持续实现。

综上所述，智慧图书馆价值链的构建是一个涉及多个关键环节、需要综合考虑多方面因素的复杂过程。在这个过程中，运营环节、管理环节以及控制环节共同构成了价值链的核心支撑，为智慧图书馆的价值创造与提升提供了坚实的保障。

（二）智慧图书馆价值链构建的机制

针对智慧图书馆价值链的构建机制，本研究拟从动力机制与流程机制两大层面进行深入探讨。具体内容包括：客体资源驱动机制侧重于信息资源的整合与优化，为主体资源的高效利用与服务协同提供坚实的基础；主体资源强化机制则聚焦于智慧图书馆人才队伍的建设与能力的提升，为价值链的构建注入源源不断的活力；服务协同促进机制则强调各环节之间的紧密配合与高效协同，确保价值链的顺畅运行与价值创造的最大化。

服务流程优化重组机制旨在通过精简流程、提高效率等手段，实现服务提供的高质量与高效率；组织架构完善调整机制则着眼于智慧图书馆内部结构的优化与升级，为服务流程的高效运行提供坚实的组织保障；用户生成内容反馈机制则强调对用户需求的敏锐捕捉与及时响应，通过对用户反馈的收集与分析，可以不断优化服务内容与方式，提升用户满意度与忠诚度。

1. 智慧图书馆价值链构建的动力机制

下面将从客体资源激发机制、主体资源培育机制及服务协同强化机制三个维度，深入探讨智慧图书馆价值链构建的动力及其内在作用机理。

客体资源激发机制聚焦于信息资源的有效整合与优化配置，通过精准对接用户需求，激发信息资源的最大潜能，为智慧图书馆价值链的构建提供坚实的资源基础。主体资源培育机制则着重于智慧图书馆人才队伍的建设与专业能力的提升，通过持续的培训与教育，打造一支具备高度专业素养与创新能力的服务团队，为价值链的高效运转提供强大的人才支撑。服务协同强化机制则强调智慧图书馆内部各部门及与外部合作伙伴之间的紧密协作与无缝对接，通过优化服务流程、提高服务效率，确保价值链各环节之间的顺畅衔接与价值创造的最大化。这一机制不仅有助于提高智慧图书馆的整体服务水平，还能有效增强用户满意度与忠诚度，为智慧图书馆价值链的持续构建与升级注入不竭动力。

2. 智慧图书馆价值链构建的流程机制

智慧图书馆价值链的构建旨在实现价值的深度挖掘与增值，进而推动智慧服务质量的全面提高，并确保业务流程的高效顺畅运行。为此，智慧图书馆价值链的构建应当在既有的流程框架基础上进行深入的优化与创新，充分借鉴业务流程重组的先进管理理念，从服务流程再造、组织架构革新以及用户生成内容激励机制这三个核心维度展开行动，以期构建一个结构完善、运行高效的业务流程体系。

在服务流程再造方面，智慧图书馆需对现有的服务流程进行全面梳理与优化，通过精简流程、提高效率等手段，实现服务的快速响应与精准满足，从而为用户提供更加优质、高效的服务体验。组织架构革新则强调智慧图书馆内部结构的优化调整，通过打破部门壁垒、促进跨部门协作等方式，提升组织的整体效能与创新能力，为价值链的高效运转提供坚实的组织保障。

用户生成内容激励机制则聚焦于对用户需求的深度挖掘与积极响应，通过构建完善的用户反馈机制与内容创作激励机制，激发用户的参与热情与创造力，为智慧图书馆价值链的持续增值注入源源不断的活力。这一机制不仅有助于提升用户的满意度与忠诚度，还能有效促进智慧图书馆服务内容的丰富与创新，推动价值链的持续优化与升级。

第三节　智慧图书馆建设与框架设计

一、智慧图书馆的建设目标

构建智慧图书馆的过程远非单纯的技术堆砌所能涵盖，而是要立足于每所图书馆的独特需求与实际状况，深度融合其个性特色，进而巧妙运用物联网、信息技术等前沿科技手段，力求实现图书馆服务的全方位革新与升级。基于国内外众多学者的深入探究与广泛共识，我们归纳出高校智慧图书馆建设的四大核心目标：

其一，致力于提升图书馆的服务智能化水平，通过引入智能设备与系统，优化用户体验，增强服务的便捷性与高效性。其二，聚焦于信息资源的深度整合与高效利用，借助先进的信息技术手段，实现馆藏资源的数字化、网络化与智能化管理，提升资源的可获取性与利用率。其三，强化图书馆作为知识交流与创新平台的功能定位，通过构建开放共享的知识社区，促进学术交流与合作，激发创新思维与创造力。其四，推动图书馆管理与运营模式的现代化转型，通过引入科学的管理理念与方法，优化组织架构与流程设计，从而提高管理效能与运营效率。

二、智慧图书馆的建设原则与服务原则

（一）建设原则

1. 服务性原则

智慧图书馆建设的核心使命在于向用户持续供给具有高度智慧特性的服务，此为其建设的终极旨归，亦是其存在与发展的基石。相较于传统图书馆以文献资源为依托的文献服务、侧重于信息传播的信息服务，以及聚焦于知识传递的知识服务，智慧图书馆所提供的智慧服务更侧重于围绕用户的智慧生成历程展开，其根本宗旨在于培养用户掌握、运用乃至创新知识的能力，从而推动智慧创造的达成。在此服务过程中，图书馆知识服务构成了智慧服务的前提与根基，而智慧服务则可视作知识服务的深化与升华，彰显出图书馆服务层次的跃迁。

图书馆作为客观知识的拥有者、整合者及启迪者的核心角色，在智慧服务的供给过程中发挥着举足轻重的作用。它应当充分利用自身在知识资源方面的优势，助力用户在知识运用的实践中实现知识的创新，进而促进其智慧的升华。通过这一过程，图书馆不仅完成了从知识传递到智慧启迪的服务转型，也实现了自身在服务价值上的飞跃，为用户的知识创新与智慧生成铺设了坚实的基石。

2. 技术前瞻性原则

智慧图书馆之所以被誉为“智慧”，根源在于其广泛吸纳并运用了众多前沿技术，特别是现代信息技术、云计算技术和物联网技术等关键领域的领先技术。为了确保智慧图书馆能够持续满足图书馆事业发展的内在要求，并紧跟用户对图书馆服务日益增长的多元化需求，其必须始终维持技术的先进性与适用性。

由于新技术的运用，服务与管理的重心也从孤立的点转移至线条的交流互动、面域的

联系协同以及区域的深度融合，这些转变正是新时代背景下图书馆服务创新所不可或缺的信息服务环境，为图书馆的未来发展开辟了更为广阔的空间与更为深远的可能。

3. 开放性原则

前文我们已经明晰了智慧图书馆建设的宏伟目标——旨在构建一个具备全面感知能力、广泛互联互通、开放共享普及以及深度融合特性的新型图书馆体系。鉴于此，智慧图书馆的建设工作必须坚定不移地遵循开放性原则，确保图书馆在资源建设、服务提供、技术设备应用以及图书馆员素养提升等多个维度均展现出开放的姿态。

具体而言，资源建设的开放性意味着图书馆需积极拓宽资源获取渠道，不断吸纳多元化的信息资源，以丰富馆藏内容，提高资源质量。服务的开放性则要求图书馆打破传统服务模式的束缚，创新服务手段，拓宽服务范围，以满足用户日益增长的多样化、个性化需求。技术设备的开放性强调图书馆应紧跟技术发展趋势，积极引入先进的信息技术设备，提高图书馆的智能化、自动化水平。而图书馆员的开放性则体现在其应具备开放的心态与视野，不断提升自身的专业素养与服务意识，积极学习借鉴其他先进的经验与技术，为图书馆的发展贡献智慧与力量。

只有秉持开放性的原则，智慧图书馆才能与外界保持紧密的交互联系，不断吸收并融合其他图书馆的宝贵经验与先进技术，从而推动自身的持续发展与进步。

4. 共建共享原则

图书馆共建共享理念的出现，是社会经济发展步入新阶段的重要标志。在这一阶段，公众对图书馆信息与服务的期望和需求呈现出日益增长的趋势。然而，单个图书馆在内部运营与外部环境的双重约束下，往往难以仅凭一己之力全面满足这些多元化、深层次的需求。因此，图书馆共建共享成了一种行之有效的策略，旨在通过依托其他图书馆或信息机构的丰富资源，来弥补自身资源的不足，从而更好地满足广大用户的需求。

具体而言，图书馆共建共享不仅促进了信息资源的优化配置与高效利用，还推动了图书馆服务能力的全面提升。通过与其他图书馆或信息机构的紧密合作与资源共享，图书馆能够为用户提供更为广泛、深入的信息服务，有效缓解资源紧张与需求激增之间的矛盾。同时，这种共建共享的模式也有助于激发图书馆的创新活力，推动图书馆服务模式的不断创新与完善，以适应社会经济发展的新要求和用户需求的新变化。

（二）服务原则

1. 开放原则

公共图书馆的核心特质在于其开放服务的理念。“开放”这一概念具有全方位、深层次的内涵，它不局限于简单的对外开放服务，而是深深根植于图书馆各项服务的民主氛围、宽松环境以及和谐关系中。同时，“开放”也是一个充满活力、不断发展的动态概念，它彰显出图书馆服务随着时代变迁而不断进步、提升的精神风貌。

在智慧图书馆的建设与发展过程中，开放性原则与开放服务原则之间存在着既相互区别又相互联系的紧密关系。具体而言，开放性建设原则强调的是在图书馆整体架构与功能布局上要保持一种开放的姿态，积极与外界进行互动交流，实现资源的共享与互补。这一原则要求图书馆在建设过程中要时刻保持敏锐的洞察力，紧跟时代发展的步伐，不断吸收借鉴外界的先进理念与技术手段，以推动自身的持续进步与创新。

开放服务原则侧重于服务对象与服务内容的开放性。它要求图书馆在服务过程中要坚持非歧视性原则，对所有用户一视同仁，提供无差别的优质服务。这一原则体现了现代图书馆精神的核心价值，即尊重每一位用户的权益与需求，致力于构建一个公平、公正、包容的信息服务环境。通过开放服务原则的实施，图书馆能够更好地满足广大用户的多元化、个性化需求，推动社会文化的繁荣与发展。

2. 方便原则

在图书馆服务的诸多原则中，便捷性原则（亦称“易用性原则”“通顺性原则”或“省力高效原则”）占据着举足轻重的地位。为服务对象创造便捷，是各类服务所共同追求的至高境界。一项服务如若无法提供应有的便捷，势必难以赢得用户的青睐，甚至面临被淘汰的命运。便捷性不仅是服务的本质属性，更是其核心价值的体现。

从知识组织的理论视角审视，图书馆作为专门负责文献信息资源组织的社会机构，其资源组织方式需严格遵循两大核心原则。其一为文献全面性原则，即要求图书馆全面收集并广泛展示各类文献信息资源，确保资源的丰富性与完整性。其二为读者导向性原则，即强调图书馆应紧密围绕读者的实际需求来组织资源，以实现资源的有效配置与高效利用。读者导向性原则进一步要求图书馆在资源组织过程中，必须坚守方便读者检索与利用的基本原则，通过科学合理的资源布局与检索系统，为读者提供便捷、高效的信息服务体验。

3. 创新原则

智慧图书馆在推进服务创新的过程中，涵盖了理念革新、内容拓展以及方式方法革新等多个维度，这些构成了创新服务的坚实基础。在此过程中，积极吸纳并借鉴国内外一切前沿的服务理念与模式，以读者用户的需求为导向，是提高服务质量的关键所在。

理念革新作为服务创新的先导，为智慧图书馆的发展指明了方向。它要求图书馆不断突破传统思维的束缚，勇于探索并实践全新的服务理念，为服务的全面升级奠定坚实的理论基础。

内容拓展则侧重于服务内容的丰富与深化。智慧图书馆在提供借阅等基础服务的同时，更需致力于创新服务的开发，如智慧咨询、知识服务以及情报研究服务等，以满足读者用户日益增长的多元化、深层次需求。这些创新服务不仅拓宽了图书馆的服务范畴，也提升了其服务价值与社会影响力。

4. 满意原则

在图书馆服务的众多原则之中，以读者满意为核心的服务原则占据着举足轻重的地位，堪称服务工作的指导纲领与核心要义。

三、智慧图书馆的框架设计

通过对国内智慧图书馆项目案例的系统梳理与总结，我们对智慧图书馆的核心构成要素、整体框架设计以及明确的建设目标与原则有了更为深入且清晰的理解。在此基础上，本节将聚焦于具有独特属性的高等院校图书馆的定位与职能，同时充分借鉴国内智慧图书馆项目的宝贵经验，精心构思一套贴合高等院校实际需求的智慧图书馆系统框架。进而，对该框架的内部构成要素进行详尽剖析，以期为其后续的实施与优化提供坚实的理论支撑和实践指导。

（一）高校智慧图书馆框架

1. 系统层

（1）技术基石层。作为智慧图书馆的技术支撑源泉，该层主要负责提供构建系统所需的核心技术。这些技术涵盖了互联网技术、物联网技术、云计算技术、大数据技术、资源整合策略、社交网络平台以及移动通信解决方案等多个领域，共同构成了智慧图书馆技术体系的坚实基础。

（2）系统支撑层。此层是智慧图书馆各类应用服务的基石，为所有应用功能的实现提供了必要的保障。它主要由数据管理体系、数据分析引擎、统一身份认证平台、移动图书馆访问端口、信息共享交换中心以及综合数据库系统等关键组件构成，确保了智慧图书馆各项功能的稳健运行与高效协同。

（3）环境感知与数据采集层。该层是智慧图书馆的“感知神经网络”，负责实时采集基础数据并监测运行环境。其感知手段多样，包括但不限于无线射频识别（RFID）标签识别、二维码验证技术、声音识别系统、光度监测设备、温湿度传感器、烟雾探测器以及智能定位系统。这些感知设备能够迅速捕捉外界变化，并将数据实时反馈给智慧图书馆管理系统，从而使其能够依据外界环境的动态调整作出及时有效的响应。

2. 资源层

（1）数据基石层。此层负责供给智慧图书馆运作所必需的多维度数据资源，涵盖原生数据资源（图书馆既有的或购置的数据）与次生数据资源（源自图书馆各参与主体在使用图书馆服务过程中生成的数据）。具体而言，这些数据主要包括馆藏的结构化数据记录、非结构化数据文档、馆外广泛链接的资源数据、详尽的用户行为追踪数据、全面的管理操作记录数据，以及由感知系统实时采集的环境与交互数据。

（2）信息资源丰富层。作为智慧图书馆信息服务的核心构成，资源层致力于向用户提供全面且多样化的信息资源。这一层次广泛囊括了馆藏的实体印本资源、馆藏内的数字资源集合、专业的数据库资源储备、广泛链接的馆外信息资源、丰富多彩的多媒体素材库，以及经过深度加工与整合的数据资源集合，这些共同构成了智慧图书馆信息资源体系的主体框架。

3. 应用服务层

（1）应用实施层。作为智慧图书馆各类创新应用的集成载体，应用实施层承载着将智慧图书馆的价值潜力转化为实际成效的重任。

（2）服务交互层。服务交互层作为智慧图书馆价值输出的最终端口，是智慧图书馆核心理念与价值的直接体现。其构成主要包括两大核心要素：一是参与主体群落，涵盖了图书馆专业馆员团队、图书馆管理层、校内师生用户、校外广泛用户群体以及深度合作客户；二是多样化的服务平台与智能终端，具体涉及内部网络服务平台、互联网开放平台、移动便捷应用平台以及智能交互显示平台等。尽管图书馆本质上属于公益性服务机构，但现代图书馆，特别是高校图书馆，正主动拓宽其服务边界，深度挖掘并最大化满足用户的个性化与专业化需求，尤其是针对系统外部用户的深度知识服务需求，因此，智慧图书馆也积极寻求与各类合作客户的共赢合作，共同推动知识服务的创新与发展。

（二）智慧图书馆应用系统建设

应用服务系统是图书馆对外展示的关键门户，是直接对接并服务于用户前线的核心平台，它对于满足智慧图书馆各参与主体的多样化应用需求，以及有力支撑智慧图书馆各项业务的顺利推进，起着至关重要的作用。智慧图书馆的应用服务系统构建，既要承袭数字图书馆、虚拟图书馆等传统系统所积累的经验与优势，又需立足于技术创新与服务创新的双轮驱动，积极探索并开发全新的系统架构与运营模式。通过这一过程，智慧图书馆的应用服务系统不仅能够实现对既有功能的优化升级，还能开拓出更多符合时代需求与用户期待的新系统、新范式。

1. 智慧感知系统

智慧图书馆的基石在于其先进的感知系统，该系统通过多元化的感知手段收集丰富的感知数据，进而为图书馆的实际业务运作提供有力支持。该系统具体细分为图书馆运行状态监控智慧系统与智慧环境调控系统两大核心模块。

（1）运行状态监控智慧系统。该系统巧妙地融合了电子显示屏、高精度感应器、高清电子摄像头以及互联网与移动通信网络等软硬件设施，实现了对图书馆运行状态的全面实时监控，确保信息的即时传递与接收。其监控范畴广泛涵盖了图书馆人流密度、读者到访情况、图书及期刊的借阅归还信息等关键数据。基于对用户利用图书馆资源与服务的历史数据深度分析，该系统能够迅速响应并作出相应调整，为图书馆的资源优化配置与读者服务工作提供科学依据。

（2）智慧环境调控系统。该系统依托物联网技术的强大能力，对图书馆各功能区域及分馆空间实施全方位的环境监控与感知。其中，光度感知模块精准捕捉馆内各区域的自然光照情况，灵活调节光线强度以优化阅读环境；温度监测模块按需智能调控阅览室与馆藏室温度，保障阅读舒适度；湿度监控模块针对特殊馆藏实施湿度调控策略，保护珍贵资源；烟雾探测模块布设于敏感及重要区域，实时预警火灾风险，防患于未然；噪声监测模块监控环境声音，及时应对异常噪声。

2. 智慧资源系统

智慧图书馆的核心支柱在于其智慧资源系统，该系统构成了智慧图书馆最为关键的内容要素，并细分为四大核心子系统，共同支撑起智慧图书馆的资源服务体系。

（1）知识萃取与发现系统。知识萃取是指从多样化媒体所承载的信息中，依据特定需求提炼有价值的知识。该系统旨在降低原始数据复杂度，简明提取有价值的知识供用户使用。它结合数据仓库、资源整合、知识挖掘算法、数据分析及文献计量学模型，攻克复杂异构数据库集成难题，能够实现学术资源高效精准统一检索。更进一步，通过分面聚类、引文网络分析、知识关联解析，该系统可揭示高价值文献，深度挖掘知识，并以可视化方式呈现全面知识关联图谱。

（2）数字资源获取与定位系统，依托先进借阅终端，可使用户便捷查询资源分布，按需灵活访问利用，并显著提高资源获取的便利性与效率。

（3）一体化检索服务平台系统。该平台的建设旨在为读者提供一个功能强大、操作简便且高度个性化的服务界面，旨在构建一个具有高用户黏性的个性化图书馆环境。通过整合多元化的检索功能与个性化服务模块，该系统致力于提升读者的检索体验与满意度。

（4）特色资源数字化共享管理系统，专注于图书馆特色资源的科学分类与数字化处理，旨在构建管理有序、分类清晰、查询便利的服务体系。该系统依托云服务，实现资源对接，推动特色资源的广泛传播与高效共享。特色资源涵盖地方历史、文化、教育及科技等，通过资源共享平台构建，既丰富了图书馆资源类型，又提升了资源价值与影响力。

3. 智慧管理系统

智慧管理系统的核心应用群体聚焦于图书馆的管理人员与专业馆员，该系统深度融合了各类前沿技术，并紧密贴合图书馆的发展脉络与业务实际需求，有力推动了图书馆管理向智慧化方向的转型升级。其架构内嵌了多个关键子系统，共同支撑起智慧管理的各项功能。

（1）作为构建“物联网”最基础的技术，RFID 技术近年来备受瞩目。RFID 技术的应用，为智慧图书馆的管理带来了革命性的变革。

（2）二维码技术，以其高容量、多格式的信息承载能力，成为当下应用极为广泛的信息传递手段。在智慧图书馆的场景中，二维码的应用场景丰富多彩：通过二维码扫描技术，读者无须携带借阅证件即可完成图书的借阅与归还；在关键位置设置二维码，可为读者提供便捷的使用指引；书库二维码标签明确标注馆藏类别与位置，能显著提高图书检索效率。二维码嵌入图书简介、书评等内容，便于读者扫码分享；同时，图书馆信息及导航等亦可通过二维码迅速传递。此外，查询结果页面二维码嵌入电子资源链接，读者扫码即可下载至移动终端，实现资源的无缝衔接与便捷获取。

（3）智能定位系统，作为智慧图书馆不可或缺的一部分，承担着对人员、馆藏资源及图书馆整体位置信息的精准感知与实时追踪。通过智能定位技术的运用，智慧图书馆能够实现对各项资源的精确管理，为图书馆的高效运营与优质服务提供强有力的技术支撑。

4. 智慧学习系统

智慧学习系统，其核心构成在于一个功能全面的网络学习平台，该平台集成了多元化的教学服务与支持功能，形成了一个涵盖在线教学指导、自主学习、图书馆技能网络培训、学生在线培训学习、师生在线互动交流、在线作业提交与批改、在线测试评估以及教学质量全面监控的综合服务体系。该系统不仅支持实时的在线教学辅导，同时也提供非实时的个性化学习支持，旨在全方位满足学生与教师的学习与教学需求。

智慧学习系统的核心目标在于，为系统管理者提供一个强有力的工具，以全面掌控并优化各类学习活动的规划与执行，同时精确记录并追踪学习者的学习进展与成效。借助这一系统，管理者能够灵活安排与组织多样化的学习活动，精心设计学习者的学习路径，确保学习过程的连贯性与高效性。

通过智慧学习系统，管理者不仅能够实现学习资源的优化配置与高效利用，还能够根据学习者的实际表现与需求，动态调整教学策略与辅导方式，从而为学生提供更加精准的个性化学习支持，促进学习者学习成效的显著提升。

5. 智慧馆员系统

智慧图书馆的建设进程对图书馆馆员的能力提出了更为严苛的要求，旨在培养既精通智慧应用操作，又能高效应对读者需求的复合型人才。智慧馆员系统作为智慧图书馆的关键架构，对提升图书馆管理与服务效能至关重要。

6. 智慧社群系统

随着信息技术的迅猛推进，其不仅重塑了社会的生产方式，也深刻地影响着人们的生活模式，尤其是在大学生群体中，移动社交应用的普及已是大势所趋，取代了传统的电话通信与短信交流，微信、抖音、QQ、微博等手机应用成为学生间沟通的新桥梁。

7. 智慧服务系统

智慧图书馆效能核心在于智慧服务，涵盖传统服务智慧化升级及前沿技术驱动的创新服务模式。

（三）构成智慧图书馆的核心要素

所谓核心构成元素，是指那些对于某一事物的形成与运作而言不可或缺的部分、维度或组件。基于智慧图书馆的理念、本质及职能范畴，其核心构成元素可归结为馆员角色、信息资源、服务提供、技术支持与建筑设施这五大方面。

1. 馆员角色

在智慧图书馆的运营架构中，馆员构成了服务供给的核心主体，是驱动图书馆各项活动的关键执行者。从资源建设到参考咨询，从流通阅览到学科服务，乃至技术保障等多个工作维度，均需馆员的深度参与和高效执行。因此，馆员在智慧图书馆体系中占据着中枢地位，发挥着不可替代的作用。

2. 信息资源

信息资源作为图书馆的核心内容，是图书馆服务得以开展的根本基石。智慧图书馆的信息资源范畴不仅涵盖了传统图书馆的纸质藏书，更扩展至数字化资源、多媒体素材、数据集合等多元化形态，以满足用户日益增长的多样化信息需求。

3. 服务供给

服务供给是图书馆职能的核心体现，也是其存在的根本价值所在。智慧图书馆的服务体系涵盖了借阅服务、参考咨询服务、用户导向的资源获取与服务、学科深度服务以及情报研究服务等多元化内容，旨在为用户提供全方位、个性化的信息服务体验。

4. 技术支持

技术是智慧图书馆运作的基石，是支撑其各个子系统高效协同运作的“核心引擎”。智慧图书馆所依赖的技术体系广泛涉及物联网技术、互联网通信技术、云计算平台、大数据分析技术、社交网络应用以及移动通信技术等前沿领域的技术。

5. 建筑设施

建筑设施作为智慧图书馆的物理依托，为馆员提供了必要的工作环境，为信息资源提供了安全的馆藏空间，为服务供给提供了便捷的场所支持，同时也为技术系统的部署与运行提供了必要的物理基础。缺乏建筑设施的有效支撑，智慧图书馆将如同“无源之水”“无本之木”，难以发挥其应有的功能与价值。

第二章　智慧图书馆的服务模式

在当今社会迅猛发展的背景下，智慧图书馆服务模式的构建已成为社会各界广泛瞩目的焦点。本章深入探讨了智慧图书馆领域内的几种关键服务模式，具体包括：学科化馆员服务模式的构建、公共文化服务模式的创新实践，以及阅读推广服务模式的策略分析。

首先，针对学科化馆员服务模式，详细阐述了其在智慧图书馆中的应用与拓展，强调了学科馆员在提供专业化、精准化信息服务方面的重要作用。

其次，关于智慧图书馆的公共文化服务模式，着重分析了其如何通过融合现代科技手段，提升公共图书馆的服务效能，以满足广大民众日益增长的文化需求。

最后，在阅读推广服务模式的探讨中，不仅分析了智慧图书馆在阅读推广方面的独特优势，还提出了一系列创新性的推广策略，旨在进一步提升全民阅读的兴趣与参与度。

综上所述，通过全面剖析智慧图书馆服务模式的多个维度，旨在为智慧图书馆的建设与发展提供有益的参考与借鉴。

第一节　智慧图书馆服务概述

一、智慧图书馆服务内涵

智慧图书馆作为图书馆事业迈向未来的明确导向与必然趋势，其核心在于提供与之相匹配的智慧服务。传统图书馆以往主要提供文献、信息及知识等被动式服务。智慧服务作为智慧城市、智慧校园及智慧社会等新兴概念下的新理念，其内涵随研究深入而逐步完善。对智慧图书馆的初期研究多在知识服务框架下探讨智慧服务，注重知识转化与应用，区别于普通知识服务，是提升馆员服务能力的高级形态。

二、智慧图书馆服务的构成要素

若将数字图书馆信息生态系统视为以数字图书馆为中心，通过数字信息流转与资源发掘应用，形成信息生产者与使用者链状依存的环境，则智慧图书馆就是使该系统中各节点均具有了沟通媒介功能的综合体系。该体系融合技术、资源、服务及图书馆员与用户，构建协同平台，旨在促进信息在更广泛领域的高效流通。

（一）智慧馆员与管理

图书馆的创新服务与产品供应高度依赖图书馆员的贡献，就是因为有了他们才丰富了读者的服务体验。图书馆员的专业技能、职业操守及知识积累对图书馆的持续进步至关重要。智慧服务核心在于融合网络资源与现代信息技术，高效便捷地服务用户。在此过程中，图书馆员的智慧得以彰显，其能力在图书馆运营中占据关键地位。作为服务提供者，图书馆员致力于提供全面多样的服务，其知识、技能及素养对图书馆长远发展具有深远影响。

（二）智能技术与设施

信息技术的飞速发展奠定了智慧图书馆建设的基础。面对知识需求的膨胀与提取的多元化、复杂化，图书馆亟须加快变革，以满足读者与用户需求。智能化技术作为图书馆现代化转型的核心动力，是智慧图书馆生态系统的关键要素，为构建智慧图书馆提供了先决条件与坚实支撑。借助智能化技术，图书馆拓宽了服务领域，丰富了服务形式，减轻了馆员负担，缩短了时间成本，优化了业务流程，提高了效率。

（三）用户体验

用户需求是图书馆服务的核心与最终目标，驱动着图书馆持续优化升级。只有深入理解和响应这些需求，使图书馆能提供个性化智能服务，才能满足用户深层次需求。为此，图书馆应基于用户信息分析，为不同群体定制多元化服务策略，构建以读者需求为中心的智慧服务体系。从用户角度看，智慧服务分为主动推送与被动接收两类，目的在于利用图书馆多媒体信息技术资源，增加读者知识积累的途径，提升自主学习能力，并激发创新思维。在提供服务的过程中，需将用户体验置于首要位置，并持续不断地对智慧服务进行优化升级，以确保服务品质与效能的全面提升。

三、智慧图书馆服务需求

图书馆服务模型全面涵盖了个性化需求、信息需求、教育需求、环境需求以及情感需求等多个维度，这些维度共同构成了对用户服务需求的整体性描绘。在这些多样化的需求之中，用户的关注点呈现出显著的差异性。具体而言，每一种需求均由两到三个核心构成要素或主范畴所支撑，这些主范畴在各自的需求领域内发挥着至关重要的作用。个性化需求侧重于满足用户的独特偏好与定制化服务；信息需求则聚焦于用户对信息的精准获取与有效利用；教育需求强调图书馆在知识传授与学习支持方面的功能；环境需求关注用户对于物理与心理环境的舒适度和便利性的追求；情感需求则体现了用户对情感交流与心理慰藉的渴望。通过对这些主范畴的细致划分与构建，图书馆服务模型才能得以更加精准地把握并响应用户的多元化需求。

四、高校智慧图书馆的服务内容

（一）基础智慧服务

1. 智慧检索服务

当前，我国众多高校图书馆支持用户通过数字图书馆平台检索馆藏。部分高校已融合智慧搜索技术，提供纸本、电子及网络资源的一站式搜索服务。同时，部分图书馆增设高级检索，允许用户灵活组配多种字段，精准定位资源。基于数字化平台，高校图书馆可利用现代信息技术分析用户检索行为与阅读记录，识别个性化需求。再通过智能检索与推荐机制，图书馆能精准呈现相关检索结果。用户浏览后，图书馆会依据反馈智能调整策略，确保推送更贴合需求的资源。

2. 智慧参考咨询服务

在即时通信与AI技术推动下，高校图书馆参考咨询服务正转型为实时互动与虚拟化并重的新模式，形成线上线下深度融合的服务新体系，突破了时空限制，显著提高了服务便捷性与效率。线上服务以虚拟参考咨询为主导，利用AI技术高效分类常见问题，通过机器学习模拟并超越人类智能，实现咨询问题即时自动回复，确保全天候在线服务。

3. 智慧阅读推广服务

当前，高校图书馆在阅读推广上普遍采用线上线下融合的策略。线上依托社交媒体广泛传播信息，拓宽受众；线下则举办读书讲座、沙龙、展览及影视赏析等活动，激发阅读兴趣。馆藏资源数字化与多元化推动阅读推广空间向虚拟化转型，实现物理与虚拟空间的深度融合与互补。

4. 智慧推荐服务

高校图书馆智慧推荐服务，旨在满足师生教育科研多元化的需求。依托大数据与AI技术，该服务能深入分析用户兴趣、行为及学科背景，主动推送相关资源。在服务过程中，图书馆通过整合用户静态与动态数据，可以构建精细用户画像。

（二）智慧学科服务

1. 智慧学科教育服务

信息素养培养是学科服务的重要组成部分，对高校图书馆而言，提供定制化的信息素养培训至关重要，包括将教学服务融入课程。为帮助新生快速适应图书馆相关业务，学科馆员应采用虚拟现实技术，开展沉浸式入馆培训。通过培训使新生能够全面了解馆藏结构、空间布局与数字资源，并熟练掌握咨询、虚拟借还、信息检索等技能。

2. 智慧科研支持服务

在科研支持方面，学科馆员能将智慧化的学科服务深度融入科研工作的各个环节，使科研人员研究课题获全方位支持。在项目筹备期，学科馆员能助力科研人员掌握最新学术动态，深入分析项目前景，奠定科学合理研究规划的基础。在立项阶段，可提供精细化服务，如精准检索文献、有效管理数据、专业培训分析工具等，并实施文献循环推送与动态管理，确保资源及时获取。

3. 学科决策支持服务

在学科战略规划的支撑层面，智慧化学科服务能够从学科资源优化配置、学科竞争力深度剖析以及学科前沿动态追踪等多个维度，提供全面且精准的智能分析与决策辅助。

在依托高校图书馆丰富的资源优势基础上，智慧化学科服务进一步以翔实的文献资料与事实数据为基础，借助大数据分析这一强大技术引擎，深入开展数据挖掘与细致分析，以此构建出学科情报分析服务体系。该体系不仅涵盖了学科整体发展水平的全面评估，还深入剖析了学科的竞争力态势。智慧化学科服务为学科发展提供了富有前瞻性与实操性的支持策略与建议，为学科的持续繁荣与进步贡献了重要力量。

（三）智慧空间服务

智慧图书馆空间设计十分注重用户体验，旨在打造集学研休闲于一体的综合环境，具备高灵敏度、广泛互联与卓越智能的特点。高校图书馆空间依功能分为创客创新、学习资源共享、多媒体视听及休闲娱乐等区域。因各高校专业与服务差异从而导致图书馆空间类型多样。

在此基础上，参考并吸收了单轮与邵波两位学者的独到见解，将高校图书馆的智慧空间服务进一步划分为两大核心方面：一方面是无感化服务，即强调服务的自动化与智能化，减少人工干预，提升用户体验的流畅度与便捷性；另一方面则是泛在化服务，这一服务模式强调服务的无处不在与即时响应，确保用户无论身处图书馆的哪个角落，都能随时享受到贴心、高效的服务体验。通过这两大方面的有机结合，智慧图书馆的空间服务在提升用户体验的同时，更进一步推动了图书馆服务模式的创新与升级。

（四）智慧资源管理

1. 信息资源的智慧管理

高校图书馆信息资源智慧化管理实践中，在图书采访阶段采用数据智能分析，通过对用户行为、学科发展及馆藏概况大数据建模剖析，能自动生成采购建议。编目流程中运用文字图形智能匹配技术，能实现书目数据标准化自动转换。智能盘点机器人的应用则提高了书库管理自动化的水平，包括清点、理架、分库、剔除及图书自动分拣传送等工作。

2. 用户信息的智慧管理

高校图书馆用户信息智慧管理系统，包括建立统一身份验证体系、强化安全框架保护隐私、构建用户数据中心、为智慧图书馆各子系统提供定制化服务基础等。身份验证是用户访问的首要步骤，系统需兼容多元认证，如账号登录、密码、刷卡、面部识别、二维码等，以增强安全性并优化体验。

3. 设施资源的智慧管理

智慧图书馆在设施管理上，应运用先进信息技术和智能化工具高效管理设备与流程，深度融合资源与服务，提高服务质量和用户体验。高校图书馆设施包括馆舍、书架、座位、安防等基础设施，以及扫描装置、网络设备、管理软件、电子阅读器等配套资源，均为日常运营的关键要素。

第二节　智慧图书馆服务模式

一、智慧图书馆学科馆员服务模式

我国在教育领域信息现代化发展的宏伟蓝图中，已明确规划并启动了教育智慧化的创新实践，此举全面深化了教育主体对前沿技术的认知与应用能力。随着大数据、云计算、AI 等技术方案的推进，教育行业正积极探索新技术融合路径，加速智慧化建设。我国高校为响应文化强国战略，智慧校园已广泛覆盖，信息化能力在教育领域持续深化，目前正步入教学资源共享攻坚期。

（一）智慧图书馆学科馆员服务定位

1. 智慧图书馆的发展

“智慧图书馆”理念源自欧洲，与高校图书馆紧密相连。在国内，其推广得益于信息化技术的普及，因突破了时空限制，深受大学生欢迎。随着“智慧地球”理念的提出，智慧图书馆理论与实践得以蓬勃发展。在国内，智慧图书馆建设分为萌芽、探索、研究、发展四个阶段。探索期依托网络技术建立框架，中后期技术性服务占据主导。大数据、智慧感知、平台化智能服务被广泛应用，也对图书馆员服务能力提出了更高要求。

2. 学科馆员服务的发展

高校图书馆学科馆员需具备深厚的学科知识，并擅长深入阐释目标领域。他们需高效筛选评估文献，系统归类整合资料，并精通信息化咨询。在我国智慧图书馆建设中，学科馆员服务以学科专题数据库与服务平台为基础，通过团队嵌入式服务来实现。作为团队学科信息服务的关键，该服务采用团队为核心的制度，从而影响图书馆资源配置与组织变革。其目标是使学科馆员成为学科管理、决策与创新的核心智囊，推动学科繁荣。

（二）智慧图书馆的学科馆员服务模式

高校智慧图书馆自建成即肩负起支撑教学与科研的重任。学科馆员服务的核心在于融合深厚的学科知识与图书馆服务，构建与教学科研的紧密联系，为科研人员提供精准的文献信息服务。随着高校现代化建设加速，智能化技术的普及应用，智慧化转型已深入教学实践与科研探索中。这将不断推动高校智慧图书馆向更加智能化、高效化的方向发展，为高校的学科教育与科研创新提供强有力的支撑和保障。

1. 以教学为核心建立多维嵌入协作模式

高等院校的核心使命在于响应国家建设与社会发展的迫切需求，为此，高校首要考虑的是如何紧密结合自身的教学特色与职能定位，通过构建多维度的嵌入协作机制，深度介入并促进教学智慧化的全面发展。这就要求图书馆根据教学实际需求，灵活调整其服务角色与服务层级，以全面支撑并辅助专业学科的相关教学工作。

多维度嵌入协作机制是指学科馆员依照学科教学目标，将教学资源与图书馆服务以创新形式深度嵌入用户学习场景，实现与教学无缝对接。在该机制下，学科馆员需与教师紧密合作，围绕学生需求提供个性化服务。学科馆员要根据教师安排，通过多种媒介推送必修内容、拓展材料及背景资源。教师先负责筛选布置任务与议题。随后，学科馆员调动智慧图书馆情报中心功能，发挥智慧化管理优势，为教师提供图片、视频、文献等教学资源，并精准推送满足学生个性化需求的学习资源，共同促进教学过程顺利完成。

2. 以科研为核心建立特色专项服务模式

高校智慧图书馆学科馆员服务，旨在运用原始、高价值、可引证的科技资源，通过多元学术导航与前景跟踪，为科研人员提供精准信息。当前，国内研究型高校图书馆重视空间资源、信息共享、学术环境营造、会议组织、学科信息检索、定题服务、科技查询、引证分析及核心期刊查询等基础服务。但在科研评估与成果转化服务上仍有待加强。

因此，应围绕科研构建特色专项服务模式，通过挖掘、组织、整合及智能发现，将知识服务融入科研各环节，为课题组、研究团队及机构提供学科特色专业服务。在科研管理与合作交流中，强化科技管理与决策支持，为科研前端提供前沿调研、动态监测、竞争力分析等关键服务；并科学规划科研成果产业化转化，促进产学研融合，延伸转化服务，支撑学科繁荣与国家科技战略实施。

3. 以服务推广为核心的多角色精准服务模式

当前，学科馆员服务正逐步迈向更为精细化的道路，其服务范畴已细化至数据管理、数字人文探索、学术交流促进、创客空间支持、智库服务构建、阅读推广策划以及健康信息提供等多个维度，且随着智慧化进程的持续加深，预计将有更多新兴角色涌现。

为推进活动有序与资源优化，学科馆员须具备调研、规划、执行、监管及评估能力，将推广理念融入多角色服务，与活动流程结合，促进学科教学活动与科研发展。实施多角色精准服务时，应摆脱规模、形式及空间限制，依据人力资源、物力配置、馆员专长、学科趋势及教学需求，以用户实际需求为导向，采用个性化精准策略，全面满足服务对象需求。

（三）智慧图书馆学科馆员服务的优化

在大数据时代，高校图书馆服务理念正经历多元化变革，智慧信息技术已深度融入管理与运营，服务功能日益多样。因此，智慧图书馆机构需从制度与策略两方面持续优化。首要任务是组建专兼职学科馆员精英团队，他们须具备专业素养、信息服务水平、过程嵌入能力、业务操作技能及良好品牌形象，为智慧化学科馆员服务提供坚实支撑。

应引导他们沿着“增强参与体验”“构建认可基础”“创造归属氛围”这三个递进层次稳步前行，旨在全面提升学科服务的效能与影响力。这不仅能够激发学科馆员的内在动力与创造力，还能够确保高校智慧化服务体系的稳健运行与持续发展，为科研与教学活动的繁荣提供坚实支撑。

1. 强调提升学科馆员的专业素养

首先，高校智慧图书馆学科服务的稳健运行，离不开一支具备高度专业素养的学科馆员队伍所提供的坚实保障。要搭建行业交流平台，以促进其知识更新与视野拓宽，同时鼓励他们根据个人兴趣追求各类学科认证，从而培养其终身学习的良好习惯。

其次，为了弥补学科馆员团队在某些专业知识领域的不足，图书馆应积极聘请或吸纳来自高校内外的行业专家与专业人士，以充实和优化团队结构。这一举措不仅能够引入新鲜血液，还能为团队带来更为广泛和深入的专业视角。

最后，对于学科馆员而言，掌握智慧化服务技术仅是基础，他们还需具备扎实的图书情报专业基础和出色的外语能力。在这一过程中，学科馆员需展现出甘于奉献的精神风貌和严谨细致的工作态度，以确保能够为高校师生提供高质量、高效率的学科服务。

2. 着重提高学科馆员的信息素养

为提高学科馆员的信息素养，图书馆可组织多样化的信息技术讲座，邀请专家进行深入浅出的讲解，同时开展有针对性的实践技能培训项目，确保学科馆员能够熟练掌握相关技能。

此外，图书馆还应积极创造机会，选派学科馆员前往其他高校参与学术会议，这不仅为他们提供了一个学习交流的平台，更使他们有机会近距离接触并学习图书馆信息化建设、智能化管理以及智慧化服务方面的成功案例。通过这些外出学习的经历，学科馆员能够进一步拓宽知识视野，吸取先进经验，为图书馆的智慧化建设贡献更多智慧与力量。

3. 重视学科馆员的人才引进

高素质学科馆员人才被视为高校图书馆推进智慧服务进程中的核心资源。为确保学科馆员人才在图书馆智慧服务领域持续发挥效能，重视人才引进，构建科学合理的馆员队伍结构显得尤为重要。

二、智慧图书馆公共文化服务模式

当前，全球数字化浪潮加速推进，传统图书馆正经历向智慧图书馆服务平台转型的深刻变化。作为公共文化服务的关键部分，此转型旨在深度融合文化服务与文艺创新，以智慧阅读推广服务，让读者享受更智能、便捷的阅读体验，促进公共文化服务智能化跨越。但转型期间，图书馆却面临诸多挑战，难以满足当代读者多样化的文化需求。

通过这一研究，我们期望能够为图书馆在转型过程中遇到的难题提供有益的参考与启示，助力其更好地适应数字化时代的发展要求，满足读者多元化的文化需求。

（一）智慧图书馆文化服务的内涵

智慧图书馆实现了信息管理与存储的革新，构建了一个超越物理空间与时间束缚的移动阅读环境。它不仅将图书馆管理与读者紧密融合，还广泛吸纳并整合了丰富的文化资源，依托公共文化服务这一平台，运用科技力量为读者提供卓越的服务体验。

（二）智慧图书馆在公共文化服务模式中的作用

智慧图书馆可利用科技精准匹配读者需求，提供高效多元的文化服务。在实践中，它能系统整合馆藏，实现自动识别、多途径访问、精准图像扫描及即时语音翻译。此外，智慧图书馆重塑了空间布局，能以自动化技术高效完成检索、编目及资源整合，并强化了网络资源存储与探索，能运用尖端科技安全存储、高效传输数字资源。

智慧图书馆重视提升读者参与度，能依据阅读偏好，采用个性化知识共享，提供定制优质服务。通过互动服务，智慧图书馆增强了智能性，如智能化管理设备、升级服务管理等。利用物联网技术，精准调控温度、灯光，监控环境安全；通过无线射频识别，感知人体动态，实现万物互联互动。此外，智慧图书馆提供便捷智能服务，如快速定位书籍、预约座位、移动浏览信息等。

（三）智慧图书馆公共文化服务模式的构建策略

1. 准确定位智慧图书馆功能

智慧图书馆领域面临的核心挑战在于构建现代化服务体系，探索科学公共文化服务模式，并提升应用效能。其应用旨在提升读者文化素养，确保便捷获取资源。当前，需从顶层规划推动智能图书馆模式多元化，完善公共图书馆体系，激发创新活力。互联网技术演进下，智能设备在图书馆融合应用非常广泛，标志着智慧图书馆构建进入创新新阶段。

当前，人工智能广泛渗透，科技革新极大地便利了读者生活，智能图书馆在技术、数据处理及流程上展现出较高的实用性。建设智能图书馆是公共文化服务信息化的关键。实施创新服务策略时，应依托自身优势，科学调配资源人力，结合读者需求，提供特色公共文化服务及丰富内容。这有助于培养读者文化权利意识，促进多元化公共文化空间塑造。

应以保障公民文化权益为基础，推动公共文化服务标准化与现代化。智慧图书馆应积极推广资源，充分展现其价值，并紧密结合用户需求，提供个性化且精准的知识服务。在普惠化服务进程中，智慧图书馆需强化基础设施建设，针对读者需求合理配置资源。同时，需明确服务职能与发展方向，在设施建设中有所侧重，确保资源高效利用。

2. 坚持以人为本的理念，制订服务方案

教育领域因材施教原则亦适用于智慧图书馆建设，要充分凸显以人为本的理念。制定服务策略时，需兼顾个体差异，为工作人员定制教学操作技能提升计划，并打造公众易访的阅读平台。针对各年龄段读者，应设计有针对性的服务策略，融合团队专业力量，实现资源有效分配与广泛覆盖。增设自助服务站，拓宽服务范畴，挖掘潜在读者，使服务贴近民众，便于宣传推广。

要分析读者数据，整合馆藏资源，确保实时更新。智慧图书馆主要服务于学生，他们接受新事物能力强，故需注重服务内容更新，促进服务多元化。并要结合读者需求，优化服务流程，针对不同读者特性及各学习阶段需求，运用新媒体技术，在终端提供资源检索与应用服务。在实践中，智慧图书馆通过提高服务质量，从而增强应用效能。通过调研、问卷等手段，深入了解读者需求，以实践为导向，创新公共文化服务内容，满足读者多元化需求。

3. 完善公共文化服务质量评价体系

智慧图书馆具有独特功能与影响力，在建设管理中，完善监督评价机制至关重要。在推进公共文化服务时，应先确立服务质量评价指标，构建监督机制，从读者反馈入手，深入调查以确定合理的指标。同时，要从实际应用层面进行全面评价，精准识别改进问题，提高服务质量。在建设过程中，需不断完善指标体系，加大监督力度，确保质量稳步提高。这些举措将使智慧图书馆更好地服务读者，满足多元化文化需求。

（四）智慧图书馆公共文化阅读服务模式的构建

为了充分释放阅读价值的无限潜能，不负社会各界对图书馆寄予的厚望，智慧图书馆应通过深度融合先进理念与智能技术，力求实现读者阅读体验满意度的最大化。面对读者

日益多元化的个性化阅读需求，图书馆当前亟须探索并推行社会化阅读服务，同时构建相应的社会化阅读平台。

1. 公共图书馆社会化阅读服务模式构建框图

传统阅读理论将活动概括为读者、阅读对象及过程三要素。在新时代，社会化阅读模式内涵丰富，特征鲜明，虽形式变化，本质仍属阅读。本书在传统框架下，细化社会化阅读为主体、客体、行为过程及媒介四方面。行为过程为核心，分资源获取与社交行为两类。资源获取含检索与推荐，社交行为重互动交流与资源共享。图 2-1 展示四要素关联与互动。基于此，本书聚焦公共图书馆的社会化阅读媒介与行为过程，旨在为其应用提供理论与实践支持。

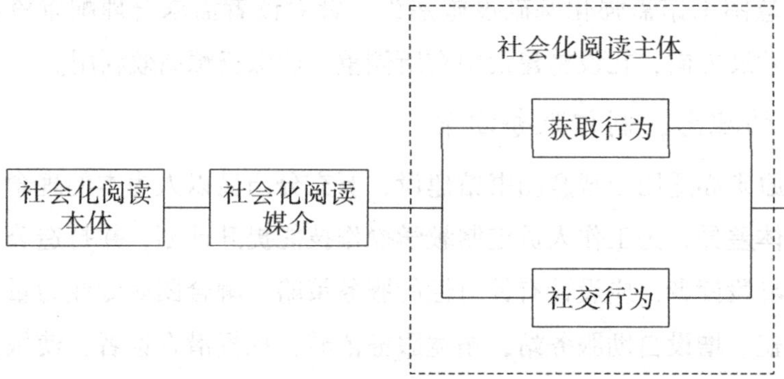

图 2-1　社会化阅读的四要素及其相互之间的关系

本书深入剖析社会化阅读媒介与行为过程，明确我国公共图书馆社会化阅读服务模式核心为检索功能、推荐机制、网络社群构建与多元媒介融合。据此，依托智慧技术，构建整体框架，含四个子模式：知识图谱优化的阅读检索服务、用户画像精准推荐服务、信息生态理论下的网络社群互动服务及新媒体融合的阅读多元媒介拓展服务。上述四个子模式共同构成了我国公共图书馆社会化阅读服务的综合体系，具体结构如图 2-2 所示，展现了各组成部分间的内在联系与协同作用机制。

2. 基于知识图谱的社会化阅读检索服务模式

（1）知识图谱的构建流程涵盖了信息提取与知识存储两大关键环节。具体而言，这一流程涉及从海量数据中精准高效地提取出有价值的信息，这一过程被称为信息提取。随后，所提取的信息需要经过一系列的处理与整合，最终被妥善地存储于知识图谱的特定结构中，该环节即知识存储。信息提取与知识存储两者相辅相成，共同构成了知识图谱构建流程的核心组成部分，为后续的知识应用与推理提供了坚实的基础。

部分文献在目录体系中可能处于孤立状态，与其他文献缺乏必要的关联路径，从而形成了所谓的“孤岛文献”。为破解这一难题，公共图书馆可积极探索多元化的文献关联策略，如基于作者背景的关联、基于文献类型的关联、基于出版机构的关联以及基于出版时间的关联等，以此为基础构建出立体且多层次的文献知识图谱。这一图谱旨在将各类文献资源紧密地联结为一个有机整体，实现文献资源间的深度互联与互通，具体架构如图 2-3 所示。

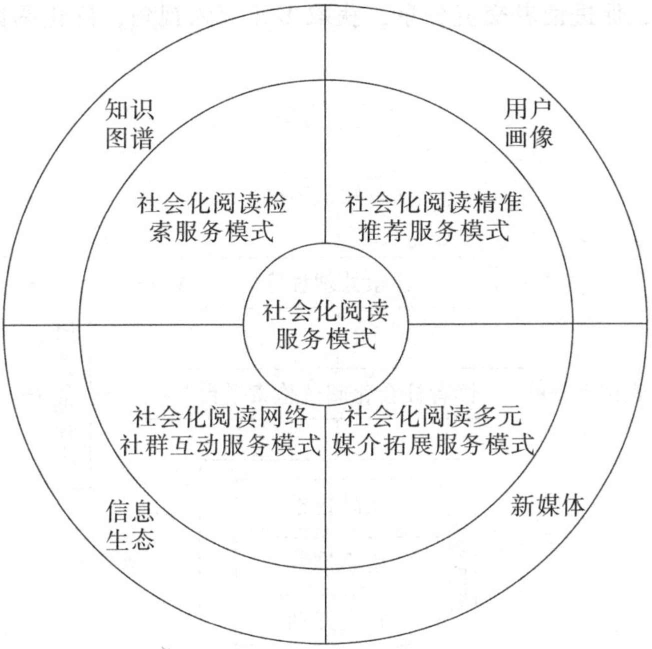

图 2-2　基于智慧技术的公共图书馆社会化阅读服务模式框架图

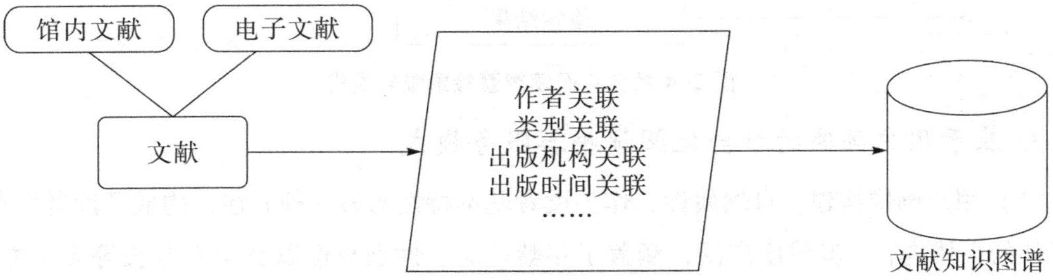

图 2-3　文献资源知识图谱的构建

（2）模式构建探究。在传统关键词匹配检索基础上，融入知识图谱技术，大幅提高了图书馆资源检索的精准度、效率与覆盖面。本书系统构建了知识图谱支撑的公共图书馆社会化阅读智慧检索服务模式框架（见图 2-4）。该体系将海量文献资源组织为结构化语义网络知识库，存于数据库。读者通过检索平台提交关键词需求，平台语义处理模块构建需求数据库。检索模块利用此数据库，在知识图谱中精细比对搜索，兼顾显性需求与潜在、模糊需求，返回高度匹配结果。相较于传统系统，此模式能更精准地捕捉读者意图，展现更高智慧与灵活性。

（3）服务范畴概述。社会化阅读检索涵盖文献检索、推荐服务及社交互动三大板块。首先，借助语义网技术，深入剖析读者检索需求，精准区分显性、模糊及隐性需求，全面把握检索意图，通过逻辑推理推送高度契合的检索结果。其次，检索推荐服务体现在：

①基于历史记录与需求数据库，智能推荐关联词汇或热门检索项；②检索后提供主题相近、作者相同或符合隐性需求的文献推荐，拓宽阅读视野。最后，社交元素融入检索系统，辅助阅读决策，促进读者交流分享，获取多元深入视角，优化阅读体验，提高决策质量。

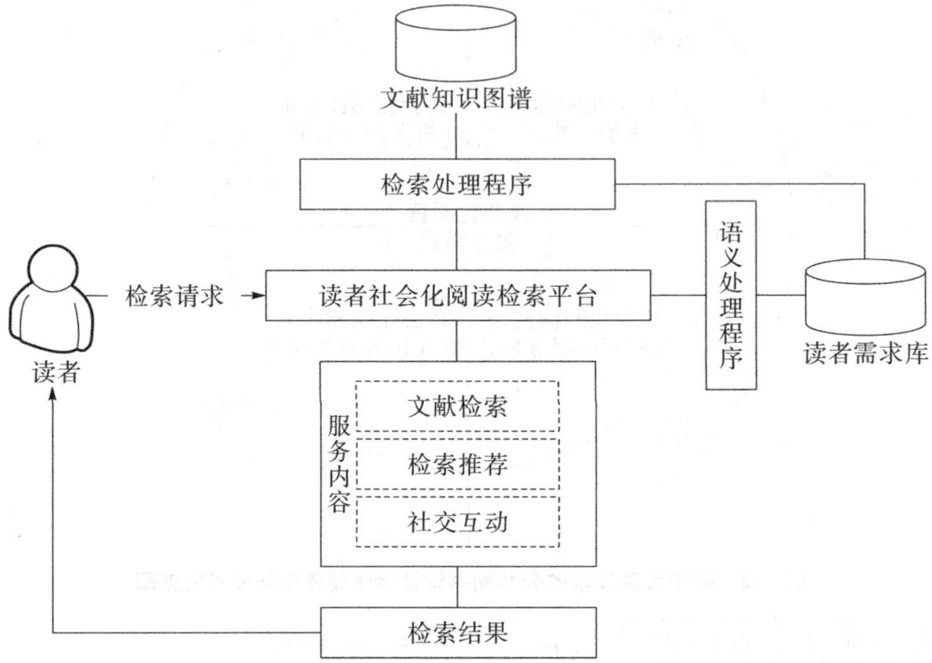

图 2–4 社会化阅读智慧检索服务模式

3. 基于用户画像的社会化阅读推荐服务模式

（1）用户画像构建。自然属性，作为读者基本特性的另一种表述，构成了读者静态信息框架的主体内容，其维度广泛，涵盖了年龄范畴、性别身份以及学术专长等多个方面。这些属性信息在读者初次注册时即由系统自动采集并存储，便于后续调用与分析。自然属性作为读者基本轮廓的描绘工具，是构建用户画像不可或缺的基本元素，为画像的初步架构奠定了坚实的基础。

社交属性则侧重于分析读者间的互动行为模式，这种互动可细化为直接互动与间接互动两大类别。当读者对某文献产生浓厚兴趣并倾向于在社交媒体或网络平台上分享其内容时，基于对读者阅读历史记录的深入分析，可揭示读者间潜在的社交联系。具体而言，若两位读者均拥有对同一文献或相似文献的阅读记录，则他们之间便形成了间接互动的关系纽带。

兴趣属性涵盖读者与文献两方面：读者行为（如浏览、收藏）反映兴趣所在，文献属性（标题、作者、主题标签）则揭示阅读偏好。位置属性涉及居住、常访及偶访地域。选定数据类型后，需精心挑选建模算法（如向量空间、主题、神经网络及动态贝叶斯网络）

构建标签体系。尽管个体用户画像能显著体现个性化，但存储与维护成本相对较高。因此，可考虑聚类分析形成群体用户画像，以其共性特征为阅读推荐提供参考，既减轻系统负担，又提升推荐精准度。图 2-5 展示了用户画像从数据采集至应用实践的构建流程。

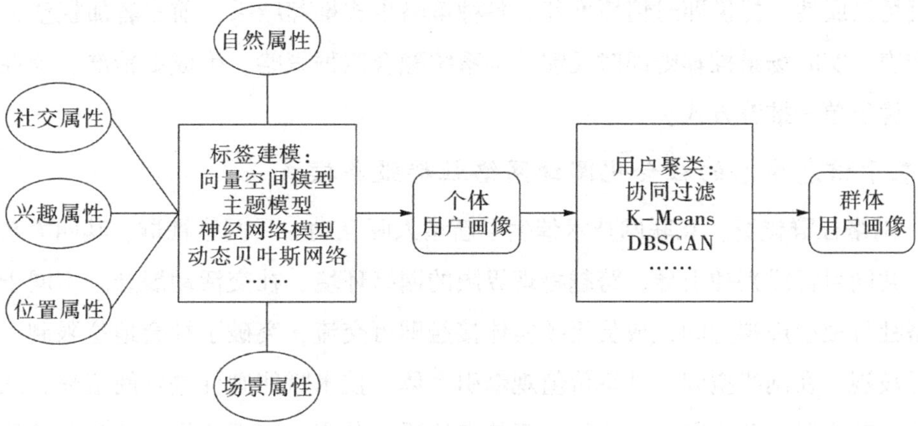

图 2-5 用户画像的构建

（2）模式构建策略探究。作为一种非个性化、批量化的推送方式，主要包括新书速递、热门精选、借阅榜单等内容。然而，读者群体的阅读兴趣深受性别、年龄、教育背景等多重因素的综合影响。

当前读者阅读需求日益个性化，导致静态推荐效用减弱。因此，本书系统构建了基于用户画像的公共图书馆社会化阅读动态推荐服务模式（见图 2-6）。该模式基于数据收集预处理，构建起个体或群体画像。运用相似度算法与推荐技术，实现相似读者群、文献内容、地理位置及即时情境推荐。个性化结果能够通过社会化阅读平台进行展示，读者可反馈阅读兴趣喜好。系统可根据即时反馈智能调整算法，实现自我迭代升级。

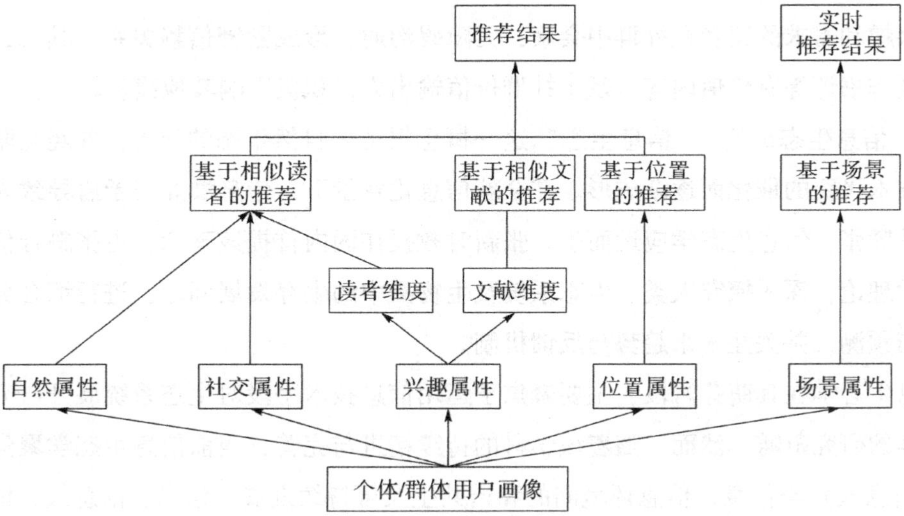

图 2-6 社会化阅读动态推荐服务模式

（3）服务内容概述：社会化阅读推荐涵盖长期与实时文献推荐。系统通过分析用户画像的自然、社交及兴趣属性，识别相似读者，推荐兴趣相投文献，实现相似读者群推荐。深入剖析兴趣属性中的文献维度，实现内容相似性推荐。利用位置属性，执行地理位置推荐。挖掘场景属性，提供即时情境推荐。各种策略生成推荐结果，前三者加权整合形成长期综合列表，实时场景推荐则即时反馈。本系统融合四种策略，生成更精准、个性化的推荐结果，优于单一推荐方式。

4. 基于信息生态的社会化阅读网络社群服务模式

（1）网络社群概览。互联网技术催生了新型人际互动——网络社群。其四大基石为人群聚集、共同目标或兴趣引导、跨越物理界限的网络环境、社交活动展开。不同于现实社群，网络社群根植虚拟空间，成员无须实体接触即可交流，突破了社会地位限制，减少了社会阶层歧视。在网络空间，共享价值观牵引个体，技术赋能则促进空间汇聚，从而形成网络社群。其本质为关系联结，价值在于信息流通与共享，广泛应用于信息系统研究。本文定义网络社群为：网络空间内，由共享兴趣、需求或目标的个体构成，旨在促进信息传播与知识共享的社交群体。

网络社群的显著特征：高交互性、时空跨越性、言论高度自由及去中心化。由于网络社群是基于共同兴趣所构建，因此社群内交流活跃，交互性强。而互联网技术则打破了物理界限，能使成员随时随地参与社交，展现了跨时空优势。由于在网络空间模糊了身份界限，因而言论自由度较高。社群构成无差别虚拟域，每位成员皆为中心，体现了去中心化特点。

图书馆社会化阅读服务中，网络社群聚集了对特定文献感兴趣的读者。社群读者可随时交流文献观点，促进深度互动。作为读者与资源的纽带，社群作用重大。其一，具有相似阅读兴趣和需求的读者在社群中会聚，无障碍沟通，形成紧密信赖关系。其二，社群读者通过创作书评等有价值内容，赋予社群价值输出力，积极影响其他读者。

（2）信息生态综论。“信息生态”这一概念根植于自然生态的沃土，并经互联网普及与信息技术飞跃的催化而逐渐成形。在全球信息化背景下，信息爆炸与矛盾导致人与信息环境关系紧张，信息生态学应运而生。张新时教授在国内首提该理念，主张融合信息科学与生态学理论，深入探究人类、生态系统及生物圈中的生存发展问题，进行综合分析、精准模拟与预测，并关注未来趋势与反馈机制。

信息生态学在其萌芽阶段，主要聚焦于运用信息技术手段对生态系统展开研究，归属于生态学的研究范畴。然而，随着该学科的持续精进与完善，当前信息生态学聚焦于信息主体（信息人）与信息、信息环境间的和谐共生及可持续发展。信息、信息人、信息环境构成信息生态系统的核心。与自然生态系统相似，信息生态系统亦展现出高度的多样性与动态性。信息人作为核心，包括所有需求信息及参与信息活动的个人或组织。信息是核心加工对象，在系统内不断更新传递，形成信息流。信息环境则指影响系统主体生存发展的外部要素总和，为系统稳健运行提供条件。信息生态学作为信息学与生态学的交叉学科，运用生态学理论与方法，剖析人、信息、信息环境的关系网络，旨在解决信息生态失衡问题，维持系统动态平衡与持续发展。

（3）模式设计探索。本研究基于信息生态学理念，通过深入剖析社会化阅读网络社群生态系统，提炼出公共图书馆社会化阅读服务的关键社交功能要素。依据信息生态学框架，构建了公共图书馆社会化阅读网络社群信息生态系统模型（见图2-7）。该模型本质在于促进社群内部深度交流及与外部环境的广泛信息传递，旨在达成动态平衡与持续优化。就社群结构而言，依据参与度及贡献度，将读者分为关键读者与普通读者。关键读者凭借深厚知识、高信息素养及社群活跃表现，成为核心力量；而普通读者知识有限、信息素养稍低，参与度偶发。在社群内，关键读者引领辅助普通读者，后者则充分信赖其指导。

信息的传递则更多地依赖分享与转发机制，实现了知识与见解的跨社群流通。这一生态系统的精妙设计，与社会化阅读所倡导的读者间交流互动、资源共享的理念不谋而合，彰显了其在促进知识传播、增强社群凝聚力方面的独特价值。

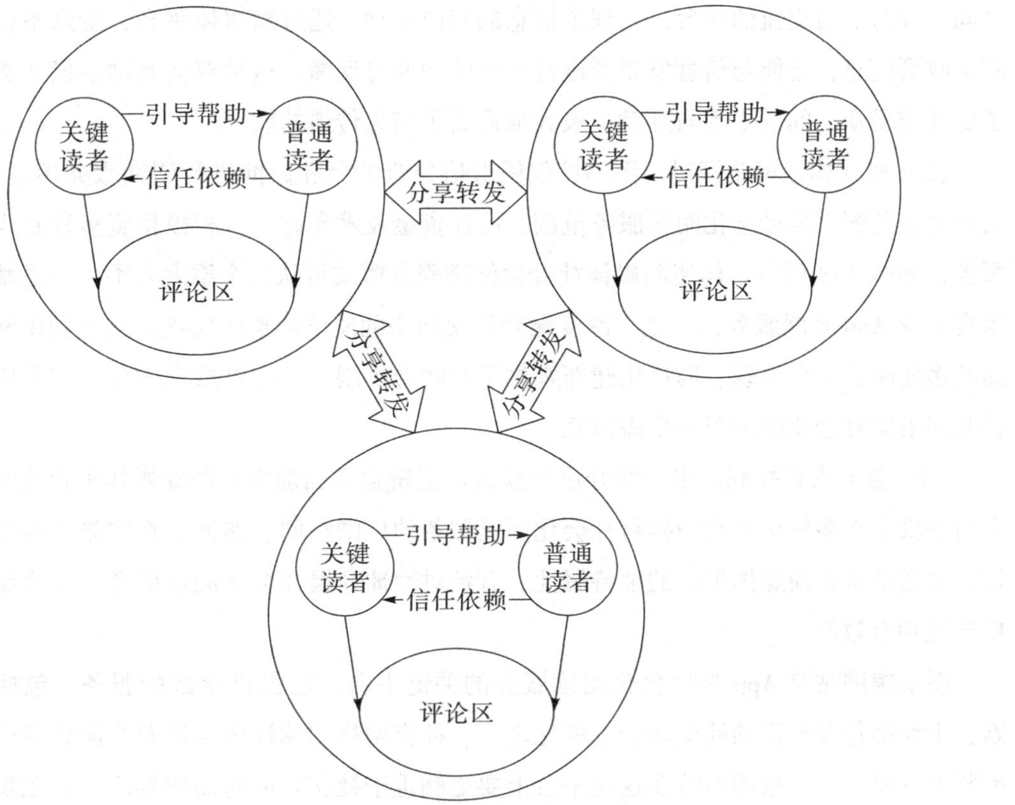

图2-7　社会化阅读网络社群信息生态系统模型

（4）服务范畴阐述。在信息生态系统中，需精心规划与细化评论区功能，具体涵盖书籍评论、内容批注、话题讨论以及原文精选摘录等多个模块。在书籍评论板块，读者能够依据所阅读的文献资料，撰写精练的书籍概述，以此分享个人的阅读感悟与理解。在内容批注区域，读者则可针对文献中的特定语句或段落，添加个性化的注释与解读，从而深化对文本内容的把握。话题讨论区则为读者提供了一个自由发表与书籍相关话题的平台，无论是作品解读、作者背景探讨，还是阅读体验分享，均可在此展开。尤其是为了确保读者间交流的便捷与高效，每条评论均应配备点赞与回复功能，以此促进读者群体间的直接沟通与互动，共同营造积极向上的阅读社群氛围。

5. 基于新媒体的社会化阅读多元媒介服务模式

（1）新媒体作为电视、广播、报刊及户外四大传统媒体之后崛起的信息传播新形态，标志着信息传播领域的一次深刻变革，实现了信息的精准推送与个性化定制。它依据受众的细分特征，将定制化的信息内容精准送达目标群体。在内容呈现上，新媒体融合了文字、图像、音频、视频等多种媒介元素，打造出多元化、立体化的信息传播形式，且不受时间束缚，信息的编辑与发布极具灵活性。

新媒体最为显著的特征在于其强大的交互性。它搭建了一个信息接受者与信息传播者之间平等对话与交流的平台，实现了信息的双向互动。通过新媒体平台，受众不仅能够即时接收到信息，还能与信息发布者进行实时的沟通与反馈，这种双向互动的模式真正实现了媒体与受众之间的平等与互动，极大地提高了信息传播的效率。

（2）模式构建策略探讨。图书馆仅凭微信公众平台和微博进行阅读服务还远远不够。为拓宽公共图书馆社会化阅读服务范围，应在资金技术允许下，积极拓宽多种新媒体平台服务，如图 2-8 所示。构建新媒体社会化阅读服务模式可从三个维度入手：一是基于图书馆官网及 App 开展服务；二是在深度融合社交网络的阅读社群中实施；三是利用网络运营商的多元阅读平台呈现。通过构建新媒体平台联动机制，旨在打造全方位、多渠道并行的公共图书馆社会化阅读服务生态体系。

（3）服务内容探究。多元媒介服务模式广泛覆盖了当前主流的新媒体平台范畴，为图书馆提供了在多样化平台中推行社会化阅读服务的广阔空间。然而，在实施过程中，图书馆需紧密结合各新媒体平台的独特属性，有针对性地开展社会化阅读服务，以确保服务的精准性和有效性。

图书馆网站及 App 是社会化阅读服务的关键平台，能提供全面的服务，包括高效检索、个性推荐及丰富的社交功能。相比之下，社交网络阅读社区与运营商阅读平台在检索推荐上有所欠缺，故图书馆在这些平台上要更侧重于社交功能与阅读推广，以激发读者兴趣，扩大影响力。此外，这些平台也为学科馆员提供了新阵地，可发布主题文章，会聚具有共同兴趣的读者，促进深入学习与交流。同时，学科馆员还能依据群体用户画像，为读者推荐契合其兴趣的阅读资源，从而有效激发读者的阅读热情，深化阅读体验。

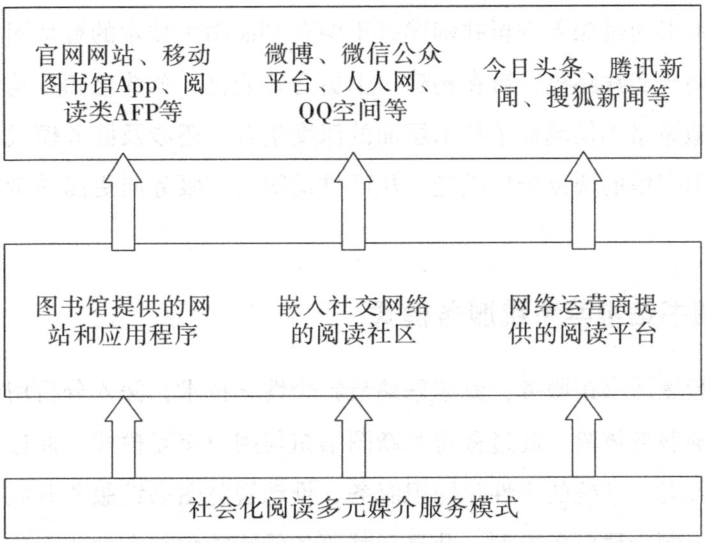

图 2-8　社会化阅读多元媒介服务模式

三、智慧图书馆阅读推广服务模式

ChatGPT，作为一种前沿的自然语言处理人工智能聊天机器人，凭借其卓越的智能化与自适应特性，能够精准捕捉并响应用户的具体需求与兴趣偏好，进而提供个性化的信息推荐与服务方案，极大地优化了用户体验并增强了用户的满意度。

具体而言，图书馆需要探索如何利用 ChatGPT 的技术优势，提高智慧图书馆在阅读推广服务中的质量与效率，以满足当代用户对于个性化、智能化服务的新期待。这一挑战不仅要求图书馆在技术应用上进行创新，更需要在服务模式与策略上进行深刻的变革。

（一）ChatGPT 应用于智慧图书馆阅读推广服务的 SWOT 分析

在智慧图书馆阅读推广服务的背景下，对 ChatGPT 技术的引入进行 SWOT（优势、劣势、机会、威胁）战略评估，旨在全面剖析该技术在此领域应用的内外部条件。通过这一分析框架，能够系统地识别 ChatGPT 在智慧图书馆阅读推广中的潜在优势、存在的劣势、面临的机会以及潜在的威胁，从而为图书馆制定科学合理的策略提供有力依据。

（二）基于 ChatGPT 的智慧图书馆阅读推广服务模式重构

在智慧图书馆的发展进程中，对阅读推广服务模式的重构已成为一项重要课题。本文旨在探讨如何利用“ChatGPT”这一前沿技术，打破传统服务模式的局限，构建出一个更加智能化、个性化和高效化的阅读推广服务体系。

（三）基于 ChatGPT 的智慧图书馆阅读推广服务实现路径

在智慧图书馆阅读推广服务的创新探索中，ChatGPT 技术的引入为实现服务升级提供了全新的视角。本书通过深入剖析并阐述基于融合 ChatGPT 技术的智慧图书馆阅读推广服务的具体实施策略与实践路径，旨在构建一个更为智能化、个性化和互动化的阅读推广服务体系。这一实施策略不仅涵盖了技术层面的深度整合，还涉及服务模式的创新优化，全方位提升了智慧图书馆的阅读推广效能，从而推动图书馆服务向更高质量、更高效率的方向发展。

四、智慧图书馆推荐系统服务模式

为深度优化智慧图书馆服务，就应采纳最新个性化技术，深入分析用户需求，整合数据资源，提供精准服务体验。此过程将革新图书馆与用户交互模式，通过协同平台智慧推荐，提供高效、及时、准确的个性化知识服务，推动智慧图书馆服务升级。智慧推荐能够依据用户需求，定制专属服务方案，凸显智慧服务的智能化与个性化。本节研究基于推荐系统的智慧图书馆服务模式，以读者需求为导向，利用信息技术构建个性化、智能化服务体系。服务聚焦于智慧数字图书馆与移动终端两大领域，细化为智慧检索、推荐机制、手机应用及微媒体平台四大模块。在技术架构上，从技术支撑、资源管理、服务提供到应用实践四个维度构建，确保智慧图书馆服务灵活、可扩展、可维护，为个性化、智能化服务创新与发展奠定基础。

（一）智慧检索

1. 智慧检索流程

智慧推荐系统的构建离不开“智慧检索”这一基础。作为用户获取信息流程的首要环节，智慧检索在图书馆中的应用能够极大提高读者检索信息的速度、精确性、效率与条理性。相较于传统检索模式，智慧检索展现出了显著的优势。它不仅能够实时追踪并分析用户的检索行为模式，精准捕捉用户显性或隐性的需求倾向，为用户推送高度相关的检索结果；而且能依据用户对检索结果的反馈与评价，自动调整检索算法，确保用户能够获取与自身需求最为契合的资源信息，从而在检索过程中享受到更为智慧化的体验。

传统信息检索主要依赖关键字匹配或相似性比对，而智慧检索则在此基础上迈出了重要一步，其核心理念在于精准满足用户的特定需求。智慧检索能够智能地剔除对用户可能无实际价值的信息，助力读者迅速且精确地锁定所需资源。

2. 智慧检索模型设计

用户行为信息蕴含着丰富的知识与规律。智慧检索服务通过分析用户检索及关联行为，运用数据挖掘等技术，在详情页为未登录用户提供个性化推荐，涵盖相似或相关书籍，助力用户快速精准定位所需图书，减少盲目性，降低复杂度。本质上，智慧检索属非个性化推荐，是数据挖掘与分析在信息资源检索的具体应用。联机公共检索目录作为高校图书馆主要检索门户，是读者查询浏览图书的核心平台，其设计与实现直接影响图书馆服务质量和资料利用率。因此，智慧检索技术的发展高度依赖联机公共检索目录系统的支持。

用户检索图书馆资源时，图书馆后台会自动生成查询日志，记录用户行为。智慧检索系统据此构建行为模型，挖掘潜在信息，预测用户偏好。之后，系统就可智能推荐与用户兴趣匹配的资源。通过关联分析用户行为与检索结果，智慧检索服务能够显性化隐性知识，从而推荐海量信息中的图书资源。这种高知识相关度的服务提升了检索精准度，带来了新颖多样化的体验，增强了用户吸引力，成为提高图书馆服务质量与体验的关键手段。

（二）智慧推荐

1. 智慧推荐模型

智慧检索作为智慧服务的起点，旨在服务普通用户，实现初步却关键的精细化服务。与传统信息检索系统相似，智慧推荐也专注于检索，但强调个性化、多样性与新颖性。智慧推荐系统超越了简单过滤与罗列，通过深入分析用户行为，构建精准模型，挖掘兴趣点，满足多样化信息需求，提高资源利用率，增强了智能处理能力。其核心在于融合数字资源，搭建用户与信息桥梁，实现从被动查询到主动推荐的转变，具有人性化、个性化、社交化特点。智慧推荐针对用户差异，能够主动提供定制服务，智能匹配需求内容。在智慧图书馆中，智慧推荐服务包括个性化定制推送、初步与深入推荐，共同构成完整的框架，从而提供全面、精准、个性化的信息服务体验。

2. 智慧推荐技术架构

智慧检索的推荐功能普及于大众及特定用户，不局限于个性化特征，服务对象广泛，但精准性受限。智慧推荐则聚焦于个体，提供高度个性化服务，超越了传统推荐系统的不足。其构成包括用户、推荐项目及算法，核心在于算法，可以深入挖掘用户兴趣资源并精准展示。智慧推荐考虑用户特征更为细致，它借助大数据、云计算技术，充分挖掘隐性信息，提升了精准度、多样性和层次性。

只有在书籍推荐基础上，进一步探讨智慧推荐实现模式，才能构建图书馆智慧化体系。智慧推荐实现按需、主动的信息获取，以用户特征和兴趣为指导，建立分类体系，定制推荐技术，满足了个性化需求。同时，结合自动化数据收集分析、社交网络、移动互联网，提高了用户黏着性，真正实现了智慧推荐。

在大数据与云计算技术背景下，图书馆面临着数据洪流，涵盖了多种形式。智慧图书馆时代，个人信息、借阅记录、书籍详情等数据交织，多维度数据影响了信息资源，塑造了信息丰富时代。智慧推荐系统依托数据挖掘、云存储、云计算技术，可提炼数据特征，分析文献关联。再经系统深入分析用户兴趣、需求及个性化行为后，会主动推送契合需求的知识服务，挖掘潜在价值信息，实现精准匹配。

云存储与云计算技术的融合，可支持大数据环境下的存储与高效计算，提高推荐结果品质与智能化水平。智慧推荐系统通过提供量身定制服务，彰显了技术智慧性，尊重了用户个性化需求，为智慧图书馆注入了新活力。

（三）智慧手机软件

1. 智慧手机软件服务设计

智慧图书馆之核心，在于智慧服务，以人为本，视用户为主体，竭诚满足个性化需求。随着移动互联技术的飞速发展，网络与通信深度融合，拓宽了互联网服务的时空范畴。移动互联技术与设备的便捷性，催生了众多智能移动终端，如手机、平板、阅读器等，成为公众获取信息的关键途径。这些设备打破了时空限制，使读者能随时随地获取所需资源。因此，移动图书馆及专属手机应用应运而生，成为趋势。

泛在服务，作为智慧图书馆的重要特征，依托智能移动终端，可提供全天候、个性化服务。在智慧图书馆环境下，应打破时空束缚，提供全方位、多层次的信息资源获取与智能推荐服务。泛在智慧服务借助云计算、物联网等前沿技术，推动了图书馆向双向智慧服务网络转型。而研发独立的智慧手机应用，是实现泛在智慧服务的关键举措。

2. 智慧手机软件层次架构

智慧型手机应用程序推荐机制是应对信息泛滥、提升用户体验、实现服务无界化的关键策略。这一推荐系统凭借移动网络环境的独特优势与便利条件，借助移动终端设备，能够依据用户所处情境提供定制化的推送服务。此机制能更精确地捕捉用户信息，有效预测用户偏好，且具备高度的实时性，使用户能够不受时空限制，畅享智慧图书馆提供的多元化资源与服务。此类服务不仅便捷智能，而且简洁高效，极大地拓宽了智慧图书馆的服务范畴与手段，真正实现了以用户为中心的服务理念。

图书馆应积极开发专属的智慧型手机应用程序，使之成为用户接入系统、完成书籍检索、借阅、预约、续借等基础服务的便捷通道。无论是隐性还是显性信息，都能精准捕捉，从而助力用户高效检索信息资源，实现差异化服务的精准供给。

（四）智慧微媒体

1. 智慧微媒体服务平台框架及内容

目前新媒体风头正劲，微信、微博、微电影等微型服务备受瞩目，预示微时代的来临。微信凭借其强大穿透力，跨越软硬件、运营商及社交平台界限，实现虚实无缝链接，成为沟通的桥梁，其内涵已超越普通术语，涉及人际交往、心理互动、生活习惯、文化交流等多维主题。

图书馆界历来对新技术非常敏锐，一直积极采纳并推广。微信公众平台作为信息技术产物，可以强化图书馆与读者互动，提升服务互动性，拓宽服务渠道，优化资源展现形态，提供多样信息获取途径。因此，微信应成为高校图书馆除微博等社交媒体外的重要自媒体平台。

相较于微博等社交平台，微信公众服务平台能够以一对一模式，实现与用户的紧密深入互动，从而增强用户忠诚度与黏性。平台通过融合信息技术，提供个性化、差异化服务，如精准图书推荐，积极提升图书馆品牌影响力，从而巩固在用户中的地位。

2. 智慧微媒体层次架构

当前图书馆微信服务距智慧服务标准尚有较大差距，内容、手段、创新及规划均处于初级阶段。因此，图书馆应善于运用微信平台，构建起智慧服务体系。在微媒体环境下，智慧微信服务能拓宽范围、丰富内容、创新模式，满足用户多元需求。传统图书馆受时空技术限制，难以满足非服务区、无电脑终端或非开放时段读者的需求。而微信平台能全天候服务已关注用户，提供咨询、信息推送等，还能个性化推荐，实现智慧服务。

在构建智慧微信服务时，应首先确保基本服务，如资源检索、借阅查询。其次，提供简易信息聚合与内容定制，如新书通报、讲座推送。再次，深入挖掘智慧服务潜力，分析用户信息，差异化推荐书籍资源，提供智慧咨询、自动应答、留言互动等功能，增强沟通，满足实时多样需求。最后，设用户分享模块，鼓励评价分享，利用社交媒体吸引更多用户，提供推荐服务。

图书馆应发挥微信平台优势，打造特色智慧服务体系，提升地位影响力，实现服务价值，提供贴心高效智慧服务体验。

（五）存在的问题及改进建议

当前图书馆所提供的推荐服务，相较于真正的智慧图书馆服务模式而言，尚存在一定的差距与不足。为了更有效地推动图书馆推荐服务系统的构建与完善，优化智慧图书馆的智慧服务模式，特提出以下几项有针对性的建议。

首先，需深入剖析当前推荐服务存在的问题与短板，明确智慧图书馆服务模式的核心理念与目标，以此为基础，逐步推进推荐服务的智能化升级。

其次，应加强对用户需求的精准把握与分析，通过收集用户行为数据、阅读偏好等信息，构建用户画像，为个性化推荐提供有力支撑。

再次，需不断优化推荐算法与技术手段，引入先进的机器学习、深度学习等人工智能技术，提高推荐系统的精准度与效率。

又次，应注重推荐服务的多样性与互动性，不仅提供书籍推荐，还应涵盖学术资源、文化活动等多种内容，并通过设置评论、分享等功能，增强用户参与感与体验感。

最后，应建立完善的反馈机制与评估体系，及时收集用户反馈意见，对推荐服务进行持续优化与改进，确保智慧图书馆服务模式的不断完善与升级。

第三章 智慧图书馆的管理技术

第一节 智慧图书馆的主要技术

智慧图书馆因其高度的数字化、广泛的泛在性以及智能化的服务而广受赞誉，技术的持续进步与创新在图书馆的发展历程中始终占据着举足轻重的地位。特别是在智慧图书馆体系的建设过程中，各类技术的深度融入与综合应用，对于充分释放智慧图书馆服务的潜能，实现服务效能的最大化，具有不可替代的作用。通过对各层次技术的深入剖析，可以更加清晰地洞察智慧图书馆建设的内在逻辑与技术路径，为智慧图书馆的未来发展提供有益的理论参考与实践指导。

一、智慧感知层技术

（一）可穿戴技术

可穿戴技术展现了计算与感知能力，是人类触觉的延伸与强化。其架构包含持续在线、即时反馈的独立计算单元，可全面收集、识别、感知并处理用户行为模式、行动路径及环境数据，实现灵活、高效的信息交互。结合人体感应、人机交互及信息处理技术，可穿戴技术将为图书馆员提供服务新途径：通过分析读者佩戴设备的数据，深入洞察用户行为特征与资源需求，迅速响应，提供个性化服务。

可穿戴技术展现出了多样化的应用潜力。它不仅能够帮助图书馆员实现用户的精确定位、图书的高效查找、自动化排架与上架流程，还能强化图书馆的安保功能等。展望未来，可穿戴技术在图书馆领域的全面普及应用已指日可待。然而，在其广泛应用的过程中，数据安全和读者隐私保护这个不容忽视的问题逐渐浮出水面。为了规避此类风险，技术的持续完善与创新显得尤为重要，在填补潜在的技术漏洞的同时，政府层面亦需适时出台一系列法律法规，为读者隐私提供强有力的法律保障，从而消除用户对隐私泄露的担忧，确保他们在享受可穿戴技术带来的便捷服务时，能够拥有充分的安心与信任。

（二）传感器技术

在智慧图书馆的感知层级中，传感器系统扮演着举足轻重的角色，其构造精妙，囊括了被测量对象接口、感知组件、转换模块、信号处理电路以及辅助能源供应这五大核心组件。其中，感知组件作为首要环节，负责捕捉并量化周遭环境中的能量变化，这些能量变化与被测量的物理参数息息相关。具体而言，智慧图书馆中广泛部署的传感器类型多样，涵盖了温度传感器、湿度传感器、光照传感器以及气体传感器等，它们各司其职，共同守护着图书馆的环境质量。

转换模块则承担着将感知组件输出的物理信号转化为电信号的重任，这一转化过程为后续的信号处理奠定了坚实的基础。随后，经过信号处理电路的放大与功能调优，这些电信号得以被精准解读，进而实现对智慧图书馆内部温度、湿度以及光照强度的实时监测与异常预警。一旦发现环境参数偏离预设范围，系统便能迅速响应，采取相应的调控措施，以确保书籍保存环境的稳定与适宜，同时也为读者的身心健康提供了有力保障。这一系列精密的感知与调控机制，无疑为智慧图书馆的高效运营与优质服务提供了坚实的技术支撑。

（三）RFID 技术

RFID 技术，作为电子标签技术，通过无线电信号识别物体信息。其优势包括体积小、识别迅速、抗干扰强、可重用、大容量、穿透性好、耐用且安全保密。在图书馆领域，RFID 以芯片形式被广泛应用。其运用显著缩短了书籍分拣时间，提高了编排效率，还能精确校正错位书籍，实现自动借还、盘点等功能，推动图书馆向智能化、一体化管理转型，达到节约资源，降低成本的功效。

RFID 技术的标签合成功能，还能使图书馆实现馆藏标签电子化管理，精确记录书籍信息，带来管理便捷。将读者信息整合进 RFID 系统，通过识别服务，图书馆可轻松管理认证读者，同时，该系统还能与门禁系统无缝对接，实时监测书籍的遗漏与丢失情况，相当于在图书馆的安全管理中增设了一道坚实的屏障，为读者的人身安全、财产安全以及图书管理提供了有力的保障。这一系列的应用，无疑对提升图书馆的业务效率产生了极为积极的推动作用。

（四）视频监控技术

视频监控技术凭借其便捷的网络接入能力、远程操控的灵活性，以及显著提高图像保真度与监管效率的特性，展现出强大的应用价值。视频监控平台，作为智慧图书馆构建中不可或缺的辅助监管系统，是其“视觉感知器官”，发挥着至关重要的作用。

在智慧图书馆内，视频监控设备被巧妙地部署于人流密集区、期刊阅览室及多功能学术报告厅等关键区域，对于图书馆的日常运营监督及学术活动的录制具有深远意义。通过构建智慧化的数据源体系、实施有效的服务监督，以及确保人员、财产与物资的安全，从而构建了一个全面而高效的感知生态系统。这一生态系统的建立，不仅提高了图书馆的管理效率与智能化水平，更为广大师生提供了更加便捷、安全、舒适的学习与研究空间。

二、网络传输层技术

（一）无线网络技术

无线网络技术，凭借其核心无线通信技术，实现了网络覆盖的广泛与全面。图书馆，作为高校或城市中的标志性建筑，不仅是读者查阅书籍、进修学习的场所，也是提供优良阅读环境的公共空间。在此环境中，无线网络技术发挥着关键作用。

无线网络技术在图书馆环境监测、数据传输、信息交流等方面能够实时、准确传输环境监测数据至管理系统，支持环境优化。同时，该技术极大促进了读者与图书馆的信息交流，使读者能随时获取信息，从而提高了服务质量与阅读体验。

无线网络技术在图书馆的应用，不仅提高了管理效率与智能化水平，更为读者创造了便捷、高效、舒适的学习环境。

（二）三网融合技术

“网络”涵盖电信、广电及数字平台，技术创新与整合促进了资源共享、互联互通。智慧图书馆依赖“泛在网络”，可以实现服务全面覆盖。其服务特性体现于时空“无界”，用户随时随地以任意方式获取信息，无地域、语言、文化障碍。图书馆通过三网融合——电信、广电、数字平台，强化内部协作，提升用户接入服务的便捷与数量，摆脱网络形式与时间限制，即可轻松访问多样化的文献资源，享受智慧图书馆带来的全方位服务体验。这一变革不仅增强了图书馆服务的灵活性与普适性，也为用户的信息获取与学习交流提供了更加广阔的空间与可能。

（三）计算机通信网络技术

图书馆，作为文献资源的汇聚与利用枢纽，扮演着社会分工清晰、馆藏资源整合有序、面向公众提供公益服务的核心角色，而计算机通信网络技术则如同一位“创新者”，推动了图书馆服务理念的根本性转变。具体而言，计算机通信网络是指由地理位置分散且具有独立性的计算机相互连接的集合。

在智慧图书馆的广泛实践中，计算机通信网络技术的深入应用，彻底打破了时间与空间的限制。此外，计算机通信网络技术的应用，还极大地提升了图书馆对多样化文献资源的整合能力。通过这一技术，图书馆能够灵活应对来自多方面的信息需求，构建了一个具备高度系统服务能力的平台。这不仅增强了图书馆的信息处理能力，也为其在信息时代背景下，更好地履行知识传播与服务的使命奠定了坚实的基础。

三、数据资源层技术

（一）数据挖掘技术

在智慧图书馆的建设进程中，实时数据的广泛采集与高效组织挖掘等挑战，无疑给数据的智慧化处理带来了难以规避的困难。特别是在“互联网+”时代背景下，数据量的急剧膨胀更是加剧了这一难题。为了有效应对这一海量数据处理的困境，数据挖掘技术的引入不失为锦囊妙计，为问题的解决提供了有力的支持。

数据挖掘，亦可被视作知识发现的一种高级形式，它专注于从庞大且复杂、充满噪声与污染的数据环境中，深度挖掘出那些难以直观察觉、潜藏于海量数据背后的、事先未知但极具价值的信息。这一过程不仅要求高度的技术精准性，更需具备深厚的分析洞察力。数据挖掘作为一种深度的信息解析手段，能够揭示数据之间的内在联系与潜在规律，为智慧图书馆的数据处理与智慧应用提供强有力的支撑。

通过数据挖掘技术，智慧图书馆可以在海量数据中筛选出有价值的信息，进而优化其数据采集与处理的流程，提高智慧化服务的效率与质量。这一技术的引入，无疑为智慧图书馆在大数据时代的稳步前行注入了新的活力。

（二）云计算

近年来，云计算已成为社会各界瞩目的焦点，其与数据挖掘技术深度融合后，展现出了将知识转化为智慧的强大功能，预示着基于云计算的大数据应用将成为未来发展的主流趋势。因为图书馆服务领域的革新与进步，历来与新兴技术的演进紧密相连。

依托云计算平台，图书馆能够深入分析馆藏资源数据、用户行为数据以及图书馆业务数据等多维度信息，进而精准预测用户行为的未来走向与业务发展的潜在趋势。这一能力不仅显著提升了图书馆的服务品质，还极大增强了图书馆服务对用户的吸引力与黏性，深化了用户的服务体验层次。通过这一创新性的技术融合，图书馆正逐步迈向一个更加智慧、高效且以用户为导向的服务新时代。

（三）数据仓库技术

数据仓库技术可将零散多样的数据转化为同构数据，是为管理层提供决策分析的数据的理想存储环境。图书馆作为资源服务与科研关键机构，收集的测量属性信息对决策者极具参考价值，可助力服务创新与效益评估。因此，图书馆需要运用数据仓库技术，提升信息处理结果的易用性与适用性，满足服务评估多元需求。当前，知识服务与大数据技术融合趋势明显，如何高效整合馆藏资源，实现精准利用，已成为图书馆面临的重要课题。在此过程中，数据仓库技术发挥着举足轻重的作用。它不仅为智慧图书馆服务的拓展提供了坚实的数据支撑，还满足了智慧图书馆在多个服务维度上的数据存储需求，并为图书馆的决策制定提供了科学依据。通过数据仓库技术的应用，图书馆能够更有效地挖掘和利用数据资源，推动智慧图书馆向更高层次发展。

（四）语义分析技术

语义解析作为计算机科学研究领域的一项核心命题，旨在深入探索自然语言的理解机制与知识获取的精髓所在。这一过程涉及对句子间语法结构的剖析以及词汇间语义关联的精细解读，进而推导出能够全面捕捉句子意义的形式化表达。语义解析技术通过深入挖掘自然语言背后的深层语义信息，致力于搭建起计算机与人类之间沟通的桥梁，实现交流的无缝对接。借助这一技术，用户能够在浩瀚的信息海洋中高效地筛选出有价值的信息，从而极大地提高信息检索的精准度与效率。通过语义解析的助力，计算机不仅能够更好地理解人类的意图，还能在复杂的语言环境中准确捕捉关键信息，为智能交互与信息处理领域的发展开辟了新的路径。

（五）信息推送技术

信息推送作为一种新型通信方式，依据技术规则与协议，定期向用户传递信息，旨在减轻信息过载。其核心理念在于深入理解用户需求，主动精准推送最新资讯，拓宽优化信息接收渠道。在图书馆个性化服务中，信息推送技术能根据用户检索习惯、行为倾向、学术领域及历史记录，精选内容进行推送，以个性化、图文并茂、用户友好界面展现，增强了服务的主动性与导向性。

相较于传统被动服务模式，信息推送技术以主动服务为特征，能显著提高资源使用效率，减轻网络传输负担。该技术使图书馆实现了定制化、场景化服务，带来了前所未有的个性化阅读体验，是图书馆服务从被动响应向主动提供转变的重要标志。

四、智慧应用层技术

（一）数据可视化技术

在大数据背景下，面对多源数据的复杂多样，数据可视化技术成为高效分析并直观呈现数据的智慧之选。该技术借助计算机，将数据转化为清晰直观的视觉形式或转化为易于理解和感知的视觉语言，深化了对抽象数据的理解、认知及创新思维。

将可视化技术应用于智慧图书馆，可实现知识多重转化：隐性知识显性化，模糊知识清晰化，抽象知识具体化。此技术使智慧图书馆在处理复杂数据关系时游刃有余，通过巧妙转换数据维度为视觉维度，实现深入挖掘数据内部知识结构与发展趋势。这一过程不仅提高了数据处理分析效率，还为用户提供了直观深入的知识体验，推动图书馆服务向智慧化、个性化发展。

（二）虚拟现实技术

虚拟现实技术融视觉、触觉及嗅觉模拟为一体，构建三维交互体验环境，以其多维感知、直观、沉浸与交互特性，在图书馆领域获得广泛认可。目前，该技术主要应用于图书馆虚拟馆舍构建，使用户自由互动，感受立体真实。步入虚拟空间，用户直观掌握布局，即时获取资讯，以生动方式洞悉运行机制，直观展现智慧图书馆优势，增强用户对虚拟环境的亲近与认同。

此外，虚拟现实技术的应用有效地弥补了传统图书馆网站在信息获取上的局限性与片面性，它使用户能够全方位、深层次地探索图书馆资源，不再受限于网站信息的局部呈现。通过这一技术，智慧图书馆不仅提升了用户体验的深度与广度，还进一步强化了用户对图书馆虚拟现实服务的情感联结，为智慧图书馆的发展注入了新的活力。

（三）增强现实技术

当前，智能化与物联网技术的迅猛进展，为增强现实技术在图书馆的创新运用奠定了坚实的基础，并推动了图书馆服务的多元化变革与技术理念革新。增强现实技术，作为融合虚拟信息与真实世界的先进手段，能将虚拟元素无缝融入现实场景。在智慧图书馆构建中，该技术为读者营造了沉浸式虚拟空间，激发了读者在场景化服务中的兴趣与热情。

作为虚拟现实技术的独特分支，增强现实技术以卓越交互性、深度虚实集成及精准三维定位而著称，融合了三维注册与虚拟兼容技术。面对图书馆拓宽公共文化服务范围的迫切需求，引入增强现实技术尤为关键。通过这一技术的运用，图书馆能够以焕然一新的面貌向读者展示其服务模式，不仅丰富了服务形式，还通过高质量的资源建设进一步提高了图书馆的核心竞争力与服务质量。因此，尽早采纳增强现实技术，对于图书馆而言，是迈向高效、多元化服务的重要一步。

（四）多媒体技术

互联网信息处理技术的飞跃与视频时代的到来，正驱动着图书馆服务向多媒体化转型。由于用户普遍倾向于可视化、互动化的信息获取方式，致使多媒体技术备受瞩目。作为一种应用信息技术，多媒体技术能够借助计算机技术高效处理、深入分析文字、图像、视频等数字化资源的优势，并广泛传播，积极满足了用户需求。

这些资源广泛涵盖了哲学、文学、管理学等众多学科领域，为用户提供了丰富多彩的知识盛宴。通过这一举措，图书馆不仅极大地丰富了多媒体服务的内涵与外延，还有效激发了用户对图书馆多媒体服务的浓厚兴趣与高度热情，进一步推动了图书馆服务质量的全面提升。

第二节　智慧图书馆技术的应用

为了构建一个更为先进、智能的图书馆体系，增强图书馆工作人员的作业效能，并优化读者的服务体验，以下将对智慧图书馆中所运用的技术进行详尽的剖析与探讨。

在此过程中，我们将聚焦于各项技术在智慧图书馆中的实际应用，以期通过技术革新推动图书馆管理与服务的全面升级，进而实现图书馆系统的智慧化转型。通过深入分析这些技术的功能特点与实际应用效果，希望能够为图书馆工作人员提供更为高效的工作手段，同时为读者带来更加便捷、优质的服务体验。

一、智慧图书馆中虚拟现实技术的应用

在智慧图书馆的构建与发展进程中，虚拟现实技术的应用不仅丰富了图书馆的服务形态，还极大地提升了用户体验。具体而言，虚拟现实技术通过模拟生成逼真的三维环境，使用户能够身临其境地沉浸在图书馆所营造的知识海洋中。这一技术的应用，不仅拓宽了图书馆服务的边界，还能使用户在享受图书馆资源与服务的过程中，获得更为直观、生动且富有沉浸感的体验。

在智慧图书馆的背景下，虚拟现实技术的融入，标志着图书馆服务向更加智能化、个性化方向迈出重要的一步。通过这一技术，图书馆能够打破传统物理空间的限制，为用户提供一个不受时间、地点约束的虚拟学习环境。用户只需通过相应的设备，即可轻松进入虚拟图书馆，自由浏览、检索并获取所需的资源，从而极大地提高了信息获取的便捷性与效率。

二、智慧图书馆中 AIGC 技术的应用

在智慧图书馆的革新进程中，AIGC 技术（人工智能生成内容技术）的融入正逐步重塑图书馆的服务生态，为图书馆的资源建设与服务模式带来了深刻的变革。AIGC 技术以其强大的内容生成与处理能力，不仅极大地丰富了图书馆的馆藏资源，还为用户提供了更为个性化、智能化的服务体验。

具体而言，AIGC 技术在智慧图书馆中的应用，使图书馆能够依据用户的需求与偏好，自动生成多样化的内容资源。这些资源涵盖了文本、图像、音频、视频等多种形式，极大地拓宽了图书馆的服务范围与深度。同时，AIGC 技术还能够根据用户的反馈与行为数据，不断优化内容生成的算法与模型。

通过结合其他先进技术，如大数据分析、自然语言处理等，AIGC 技术能够实现对用户需求的精准捕捉与预测，从而为用户提供定制化的服务方案。这种服务模式不仅提高了

图书馆的服务效率与质量，还增强了用户对图书馆的满意度与忠诚度。

三、智慧图书馆中 ChatGPT 技术的应用

在智慧图书馆的构建与演进过程中，ChatGPT 技术的引入标志着人工智能技术在图书馆领域的深度渗透与融合，为图书馆服务模式的智能化转型开辟了新路径。智慧图书馆，作为 AI 技术全面赋能图书馆的典范，致力于为用户提供高度个性化、智能化及多元化的信息服务体验。通过整合并优化多种 AI 技术，智慧图书馆能够精准捕捉并响应用户的多样化信息需求。

ChatGPT 技术，凭借其独特的底层逻辑架构，在智慧图书馆领域展现出了广泛的应用潜力。具体而言，其潜在的应用场景涵盖多模态内容的高效生成、智能参考咨询服务的提供、代码开发的辅助以及移动视觉搜索功能的实现等。这些应用不仅丰富了智慧图书馆的服务内涵，还显著提高了服务的智能化水平。

本书在深入剖析 ChatGPT 技术的核心特征、运行机制及未来发展趋势的基础上，进一步探讨了其在智慧图书馆领域的潜在应用前景以及实际应用过程中可能面临的挑战。通过这一探讨，旨在为智慧图书馆的智能化发展提供有益的参考与启示，推动智慧图书馆在 ChatGPT 技术的助力下实现更高质量的发展。

四、智慧图书馆中 RFID 技术的应用

在智慧图书馆的构建与运营过程中，RFID 技术的应用，标志着图书馆向智能化、自动化管理迈出关键的一步。作为智慧图书馆技术体系的重要组成部分，RFID 技术以其独特的非接触式自动识别特性，为图书馆的资源管理、用户服务及运营流程带来了深刻的变革。

具体而言，RFID 技术在智慧图书馆中的应用，不仅极大地提高了图书资源的盘点效率与准确性，还使图书的借阅、归还等流程实现了自动化处理，从而显著提高了图书馆的服务效率与用户满意度。此外，再结合其他智能技术，如大数据分析、物联网等，RFID 技术还能够为图书馆提供更为精准的用户行为分析、资源布局优化等决策支持，进一步推动智慧图书馆的智能化发展。

在智慧图书馆的建设与发展历程中，RFID 技术的融入为图书馆服务模式带来了显著的优化与升级，促使图书馆服务由传统的读者被动接受模式转变为读者主动、自助式的服务模式。这一转变不仅提升了读者的服务体验，还极大地减轻了图书馆馆员在低知识密度、高体力劳动强度的任务上的负担，如图书的借阅、归还及查找等，使他们能够将更多精力投入更具创新性和更有价值的服务中去。

具体而言，RFID 技术的应用使图书馆馆员能够摆脱烦琐的日常事务，转而专注于提供个性化信息咨询、学科前沿推送以及读者信息素养提高等高质量服务。这些服务不仅满足了读者日益增长的多元化、个性化需求，还进一步提升了图书馆的服务品质与竞争力。同时，读者在享受 RFID 技术带来的便捷服务的同时，也能深刻感受到图书馆服务的人性化与智能化，从而增强了他们对图书馆的信任与依赖。

综上所述，RFID 技术在智慧图书馆建设中的应用，不仅推动了图书馆服务模式的深刻变革，还为图书馆馆员提供了更多发挥创意与专业技能的空间，使读者在享受高效、便捷服务的同时，也能获得更加丰富、多元的学习体验。

第四章　智慧图书馆的资源管理与用户体验

第一节　数字化文献馆藏管理与开放获取

智慧图书馆能够借助先进的数字化技术，将以往依赖纸质载体的传统文献转化为数字格式，并实现在网络环境中的高效存储、系统化管理及广泛传播。数字化文献馆藏管理策略，不仅极大地缩减了物理空间的占用，降低了运营成本，还为用户带来了前所未有的便捷性——他们能够不受时间、地点限制，即时访问并获取所需的各类文献资源。

更进一步地，智慧图书馆积极响应开放获取运动的号召，致力于提供免费、无障碍的数字化资源服务。这不仅彰显了图书馆作为知识传播重要阵地的角色，更在推动知识的广泛共享与深入传播方面发挥了积极作用。通过开放获取，智慧图书馆打破了传统知识获取的壁垒，使更多用户能够平等、便捷地获取到高质量的知识资源，促进了学术交流与合作，加速了知识创新与应用的步伐。

一、数字化处理与存储

智慧图书馆运用先进的数字化手段，实现了将传统纸质文献向数字形态的转变。这一转变过程，依托高精度的扫描技术、摄影技术等多样化手段，将浩如烟海的文献资源精心转化为清晰的电子文件，进而妥善保存在服务器、云存储等高效的数字存储平台上。通过数字化处理，智慧图书馆不仅显著提高了文献馆藏的管理效率，还有效地解决了纸质文献在空间占用与长期保管方面所面临的诸多难题。这一创新性的管理策略，不仅优化了图书馆的资源布局，更为读者提供了更为便捷、高效的文献获取途径，从而有力地推动了知识的广泛传播与深入利用。

（一）数字化技术的应用

在智慧图书馆的构建与运营过程中，数字化技术通过将传统的纸质文献转化为数字形态，为文献馆藏的管理与传播带来了颠覆性的革新。以下将详细阐述数字化技术在智慧图书馆中的具体应用，并深入剖析其所蕴含的重要意义。

智慧图书馆凭借前沿的数字化技术，诸如高精度扫描、专业拍摄等手段，将浩如烟海的纸质文献转化为保持原样的、清晰的数字形式。这一转化过程涵盖了电子书籍、学术期刊、报纸摘录、珍贵历史档案等多种类型的文献资源，使这些宝贵的知识财富得以以数字文件的形式永久保存与传承。数字化技术的应用，有效抵御了时间与环境的侵蚀，为后世留下了珍贵的文献遗产。

通过数字化技术，纸质文献被巧妙地转化为数字形态，并存储于服务器、云存储等高效、安全的数字平台上。这一转变极大地缓解了传统纸质存储方式所面临的空间占用与保管难题，无须占用实体空间，显著节省了图书馆内部的物理资源。这一创新性的存储方式不仅提高了文献馆藏的管理效率，还有助于环境保护，减少了纸张等资源的消耗，彰显了智慧图书馆的绿色、可持续发展理念。

此外，数字化技术的应用还使文献资源能够通过“互联网”这一广阔平台实现便捷的访问与传播，打破了实体图书馆开放时间与地点的限制。这种前所未有的便捷性极大地拓宽了文献的受众范围，使知识传播更加普惠、广泛。用户可以在任何时间、任何地点通过智慧图书馆的数字化平台，轻松获取所需的知识资源。

综上所述，数字化技术在智慧图书馆中的应用具有深远而广泛的意义。它不仅使传统的纸质文献得以永久保存与传承，还显著提高了文献馆藏的管理效率并扩大了其传播范围。数字化技术为智慧图书馆开辟了更加广阔的发展空间，为知识的广泛传播与文化的持续创新提供了强有力的支撑与保障。

（二）高效的管理与维护

在智慧图书馆的运营框架内，数字化处理策略不仅极大地促进了文献馆藏管理的高效运作，还开辟了一条维护文献资源的便捷途径。借由先进的数字化技术，纸质文献被巧妙地转化为数字文件，这一转变不仅奠定了高效管理与维护的坚实基础，更彰显了智慧图书馆的创新精神。

在智慧图书馆环境中，数字化文件的管理流程得到了显著的优化。这些数字资产通过集成化的信息管理系统得以精细分类、明确标记与高效索引，从而极大地提升了检索的便捷性与定位的精确度。相较于传统纸质文献需依赖烦琐的手工整理与分类的过程，数字化文献则能借助自动化工具实现更为精准的分类与索引，这无疑为文献管理效率的提高注入了强劲动力。图书馆管理员可以借助这些先进的管理系统，对文献资源进行有条不紊的整理、适时的更新与周密的维护，确保其长期可用性与价值最大化。

相较于传统纸质文献，数字化文献在维护方面展现出了无可比拟的优势。纸质文献往往易受制于时间流逝、环境变化及人为因素的侵扰，存在受损、破损乃至遗失的风险。而数字化文献则可通过定期的备份与存档机制，有效规避这些潜在问题。即便某份数字化文献因故受损或遗失，图书馆也能迅速从备份中恢复，确保重要信息资源的完好无损。此外，数字化文献的修订与更新过程同样便捷高效，图书馆能够即时对文献内容进行修订与更新，确保用户能够获取到最新、最准确的信息资源。

数字化文献的另一大显著优势在于其易于分享的特性。数字化文件能够轻松跨越时间与空间的界限，通过网络实现广泛共享与传播。这一特性使智慧图书馆能够与其他机构或个人建立更为紧密的合作关系，共同分享资源，加速知识的流通与共享。相比之下，传统纸质文献在共享过程中往往需要经历复制、邮寄等烦琐步骤，这无疑限制了资源的流动效率与范围。

综上所述，数字化处理策略为智慧图书馆的文献馆藏管理与维护带来了前所未有的高效性与便捷性。通过信息管理系统的深度应用，数字化文献得以实现精确分类与高效索引，管理员能够轻松进行管理与更新工作。同时，数字化文献在备份与共享方面的显著优势，也为智慧图书馆的资源管理与知识传播提供了强有力的支撑与保障。

（三）节省空间与资源

在智慧图书馆的运营范畴内，数字化处理策略不仅显著提高了文献管理的效率，还有效应对了传统纸质文献所带来的空间占用与资源消耗难题，这对于推动图书馆的可持续发展进程及践行环保理念具有深远的意义。

纸质文献的存储历来是图书馆面临的一大挑战，因其往往需要庞大的物理空间作为支撑。为确保数量庞大的书籍、期刊及其他文献资源的妥善陈列与保存，图书馆不得不配置大面积的书架与储存区域，这无疑增加了建筑设施的投资成本，并在一定程度上限制了图书馆的扩展潜力与发展空间。然而，数字化技术的引入为这一困境带来了转机，它极大地缓解了空间占用的压力。数字化文献能够便捷地存储于服务器、云存储等数字媒介之上，无须占用实体空间，这一转变使图书馆能够得以重新规划原本用于纸质文献存储的空间，进而创造出更为灵活多变、高效利用的使用环境，显著提高了空间资源的利用效率。

此外，数字化处理策略在资源的可持续利用方面也展现出了积极的影响。传统媒介如纸张的生产往往伴随着大量自然资源的消耗，而数字化文献的存储与传播则无须依赖大量的纸张与印刷设备，从而有效减少了资源的使用量。这一转变不仅降低了印刷成本，更有助于保护宝贵的森林资源，减轻环境污染，与当前全球范围内广泛倡导的可持续发展理念不谋而合。智慧图书馆通过实施数字化文献处理策略，为资源保护与环境保护事业作出了积极的贡献，彰显了其在可持续发展领域所承担的责任与使命。

综上所述，数字化处理策略为智慧图书馆带来了显著的空间与资源节省效益。通过将纸质文献转化为数字文件并存储于数字平台之上，图书馆成功消除了传统媒介所需的大量实体空间，进而提高了空间资源的利用效率。同时，这一策略还有助于保护自然资源，减轻环境负担，充分体现智慧图书馆在推动可持续发展进程中的积极作用与深远意义。

（四）便捷的访问与传播

在智慧图书馆的运营范畴中，数字化处理开创了一种前所未有的便捷访问与传播模式，使用户能够借助互联网的广泛覆盖，轻松且高效地获取到所需的文献信息。这一变革不仅显著提升了传统图书馆建筑内部的服务体验，更在全球范围内极大地拓宽了文献资源的受众范围，进而对知识传播与获取的格局产生了深远影响。

在传统模式下，纸质文献的获取往往需要读者亲临图书馆实体空间，并在既定的开放时段内进行查阅。这一限制无疑阻碍了许多潜在用户的访问，特别是对于那些时间资源紧张、地理位置偏远的人群而言，更是构成了不小的障碍。然而，随着数字化处理技术的广泛应用，文献资源的获取方式发生了颠覆性的转变。用户如今只需拥有一台可连接至网络的设备，便能随时随地访问智慧图书馆中丰富的数字化文献资源，这一转变充分彰显了数字化技术的独特优势，为用户提供了前所未有的知识获取途径。

这种便捷的访问模式为远离图书馆服务范围的人群带来了极大的福音。他们无须再受地域或时间的束缚，便能轻松获取到所需的信息资源，从而实现了知识的广泛普及与共享。这一变革不仅促进了知识的普惠化进程，更为全球范围内的学术交流与合作奠定了坚实的基础。

数字化处理技术在智慧图书馆中的应用，不仅极大地提高了文献资源的访问便捷性，更是在全球范围内拓宽了知识的传播与获取渠道，为构建更加开放、包容的知识共享体系作出了重要贡献。

此外，数字化处理技术在智慧图书馆中的应用还极大地提高了文献传播的效率。相较于纸质文献传播所需经历的印刷、分发等烦琐环节，数字化文献的传播则显得更为迅速与便捷。借助互联网这一强大的传播媒介，数字化文献仅需经过一次处理，便能轻松跨越地域界限，在全球范围内实现无障碍的访问与共享。这一高效的传播模式不仅加速了知识的流通速度，更为学术交流与合作的深化提供了强有力的支撑。

最后，数字化文献的传播方式还兼具环保特性。它有效避免了纸张印刷与运输过程中所产生的资源浪费与环境污染问题，彰显了数字化技术在推动可持续发展方面所展现出的独特优势。通过数字化处理，智慧图书馆中的文献资源得以在互联网上便捷地流通与共享，这一变革不仅极大地拓宽了文献的受众范围，使知识获取变得更加普惠与便捷，还进一步加速了文献的传播进程，为学术合作的深化与环保理念的践行创造了有利条件。

综上所述，数字化技术在图书馆领域的应用为知识的传播带来了前所未有的便利与可能性。它不仅提高了文献传播的效率，还兼具环保特性，为智慧图书馆在知识共享与学术交流方面的发展注入了新的活力与动力。

二、网络存储与传播

由于数字化馆藏文献能够在互联网平台上进行安全的存储与广泛的传播，从而使全球范围内的用户能够不受时空约束，随时随地访问并获取其所需的多样化文献资源。无论是专业的学术论文、时效性强的报纸杂志，还是珍贵的历史档案，用户仅需借助网络连接，便能轻松触及这一浩瀚的信息宝库。这一特性所赋予的便捷性与普及性，深刻地重塑了用户获取知识的路径与模式。如今，信息的获取已不再局限于传统的物理空间与时间框架内，而是跨越了地域与时间的界限，实现了知识的无缝流通与共享。这一变革不仅极大地拓宽了知识获取的渠道，更为学术研究与知识创新提供了更为广阔的空间与可能。

（一）便捷的访问方式

随着数字化技术的持续演进，智慧图书馆在数字化文献馆藏的管理层面与开放获取实践上取得了显著的进步。在此过程中，网络存储与传输机制作为核心要素，为用户开辟了一条极为便捷的访问途径，从根本上革新了用户信息获取的模式与感受。

具体而言，数字化文献馆藏依托网络存储与传输技术，实现了信息获取便利性与灵活性的飞跃式提升。以往，用户往往需亲自踏入图书馆的物理空间，进行现场检索与阅读，这一过程不仅耗时费力，还受到地理位置与开放时间的严格限制。然而，智慧图书馆的数字化转型，使用户如今仅需借助互联网，便能轻松跨越时空界限，随时随地获取心仪的文献资源。这一转变打破了图书馆物理空间的桎梏，用户无论是在家中静谧的书房、繁忙的办公室，还是任何具备网络连接条件的场所，都能通过数字平台自由访问并阅读所需文献，从而极大地增强了信息获取的便捷程度。

这种网络化的访问便利性不仅对个人用户大有裨益，更在教育普及、学术研究深化以及商业创新推动等多个维度产生了深远的正面效应。教育机构能够借此为学生提供更为丰富且易于获取的学习素材，助力学者在学术探索的道路上迈出更为坚实的步伐，同时，企业也能凭借这一便捷渠道迅速捕捉市场动态与竞争态势，从而抢占先机。数字化文献馆藏借助网络存储与传播的强大功能，实现了知识的广泛普及与共享，让知识的光芒照进了更多角落。

此外，访问便利性还是知识的跨界融合与协同创新的坚实桥梁。全球范围内的各领域专家与学者能够轻松跨越地理界限，即时获取并交流彼此的研究成果，这一互动不仅促进了知识的深度交融，更为多领域间的合作与创新开辟了更为广阔的空间。数字化文献馆藏的网络存储与传播机制，如同一把钥匙，打开了知识壁垒的大门，为多领域的协同发展与创新实践搭建了一个更为宽广的舞台。

综上所述，数字化文献馆藏通过网络存储与传播的便捷访问方式，彻底颠覆了用户获取信息的传统模式与体验。它使用户能够摆脱地理位置与时间的双重束缚，随时随地畅游于知识的海洋，极大地促进了知识的普惠化和跨界交流与合作，为知识型社会的蓬勃发展注入了强劲动力，作出了巨大的贡献。

（二）开放获取的推动者

数字化文献资源在互联网平台上实现的开放获取机制，已然成为推动知识共享的重要引擎。智慧图书馆依托在线数据库、数字图书馆等一系列数字化载体，积极致力于向公众无偿提供涵盖广泛的文献宝藏，进而加速了知识的普及步伐，为社会教育事业的进步和全民素质的提升铺设了坚实的基石。

首先，这种开放获取的新模式彻底打破了传统知识获取途径的桎梏，使知识不再是象牙塔内的专属品，而是以前所未有的广度触及社会各阶层。智慧图书馆凭借数字化技术的强大支撑，将浩如烟海的学术论文、期刊精粹、报纸资讯等珍贵文献资源悉数免费开放，用户无须承担任何费用即可轻松享有这些知识瑰宝。此举对于学生群体、科研工作者、教育工作者乃至广大民众而言，均意义非凡。它不仅极大地促进了知识的广泛传播，而且为个人自主学习与社会创新的深化提供了更为充裕且多元的信息源泉。

其次，数字化文献资源的开放获取不仅彰显了知识普惠的理念，更为构建一个更加开放、包容且充满活力的知识社会奠定了坚实的基础。智慧图书馆作为这一变革的急先锋，正以其不懈的努力，引领着知识共享新时代的到来。

最后，开放获取模式在推动学术研究进步方面发挥着不可或缺的作用。凭借免费向公众开放的数字化文献资源，研究人员能够更为便捷地触及他人的研究硕果，从而加速了知识累积与交流的频率。学者们可以迅速把握研究前沿，拓宽研究视野，进而激发出学术创新的活力。此外，开放获取机制还显著提升了学术论文的可见度，使研究成果更易被引用与广泛传播，这无疑进一步增强了在学术界的影响力。

教育领域同样从开放获取模式中受益匪浅。教育者能够借由数字化文献资源获取丰富的教育素材，为教学活动注入更为多元且深刻的内涵。教材、教学课件、案例分析等宝贵资源得以通过开放获取途径免费拥有，为教育教学提供了更为充沛且多样的工具与素材，显著提高了教学质量与效率。

综上所述，数字化文献资源在互联网平台上实施的开放获取策略，为知识的共享构筑了强有力的支撑。智慧图书馆通过构建在线平台，无偿向公众开放文献宝藏，此举不仅极大地拓宽了知识的传播范畴，更为学术研究的深入与教育教学的发展注入了强劲动力。作为这一模式的积极践行者，智慧图书馆为知识社会的蓬勃发展与进步作出了不可磨灭的贡献。

（三）知识传播的加速

在互联网技术的推动下，数字化文献馆藏的知识传播速度得到了革命性的提升。当文献资源经过数字化转换并安置于互联网后，它们便能在极短的时间内被众多用户所触及与分享，进而实现知识的全球性即时流通。

这一高效传播模式首先显著缩减了信息传播的时间维度。相较于传统纸质文献在印刷、分发等烦琐流程中所耗费的大量时间，数字化文献馆藏凭借互联网这一快速通道，几乎达到了即时访问与传播的境界，使知识能够在瞬息之间触及更为广泛的受众群体。无论是学术论文的即时发布、新闻事件的快速报道，还是文化活动的广泛推广，都能借助网络的力量，在第一时间迅速传递至世界的每一个角落，极大地加速了信息的流转速度。

其次，互联网的高效传播特性对于学术与文化的繁荣发展起到了积极的促进作用。研究人员能够迅速获取到最新的研究成果，紧跟学术前沿的脉搏，从而迸发出学术创新的火花。学术论文的开放获取不仅使知识更易于被引用、评审与交流，还极大地促进了学术界内部的合作与资源共享。在文化领域，数字化文献馆藏的快速传播为文化活动的推广、展览的展示以及艺术品的传播提供了强有力的支持，使更多人能够便捷地参与其中，丰富了大众的文化生活体验。

最后，这种高效的传播方式还有力地加强了社会的信息互通能力。信息在互联网上的自由流动不受地理与时间的束缚，使不同地区的人们能够迅速了解到全球各地的事件动态、发展趋势与多元观点。这种跨越时空的信息传递机制极大地促进了不同社会之间的交流与合作，为全球化进程的深入发展注入了新的活力。

综上所述，互联网技术在数字化文献馆藏管理中的应用，极大地加速了知识的传播速度，缩短了信息传递的时间跨度，推动了学术与文化的繁荣发展，并加强了社会的信息互通能力。这种高速传播的特性对于构建知识社会、促进全球交流与合作具有不可估量的重要意义。

（四）多样化的资源形式

借助网络存储的先进技术，数字化文献馆藏得以向用户展现出多样化的资源形态，这一变革为智慧图书馆的发展拓宽了影响力与吸引力的边界。数字化技术打破了纸质文献的单一呈现方式，使文献馆藏能够化身为电子书籍、期刊论文、图像资料、音视频素材等多种媒体形态，从而精准对接不同用户的个性化需求。

首先，数字化电子书籍为读者开辟了一条便捷的阅读新路径。用户只需通过智能手机、平板电脑、电子阅读器等智能终端设备，便能随时随地沉浸于电子书籍阅读的世界，彻底摆脱了传统纸质书籍在时空上的局限性，真正实现了阅读的自由与移动化。无论是深奥的学术专著、引人入胜的小说故事、系统的教材资料，还是实用的自助指南，电子书籍的多样化呈现为读者提供了前所未有的阅读便利与选择空间。

其次，数字化期刊论文与学术论文的开放获取，无疑为学术研究与知识传播注入了强劲动力。研究人员只需轻点鼠标，便能轻松获取涵盖各个学科领域的学术期刊与论文资源，进而在全球范围内洞悉最新的研究成果与学术动态。这种开放获取的新模式极大地加速了学术交流的步伐，促进了学术合作与创新的深化，为学术界的长足发展奠定了坚实的基础。

最后，丰富的图像与音视频资源也为用户的知识获取增添了新的形成。作为一种更为直观且富有感染力的信息传递方式，图像与音视频能够生动展现历史瞬间、文化瑰宝与学术精髓，为用户带来更为震撼的视听盛宴。智慧图书馆借助数字化技术，将珍贵的历史照片、精彩的文化展览与深刻的学术讲座等内容以图像和音视频的形式进行呈现，可为用户的知识探索之旅增添无限乐趣与深度感受。

综上所述，数字化技术使智慧图书馆成为一个集多领域知识于一体的综合呈现平台。不同形态的资源呈现不仅满足了用户的多样化需求，丰富了用户的阅读体验，还为知识的传播与交流提供了更为多元且高效的途径。这种多样化的资源形式无疑将进一步推动智慧图书馆的发展，为知识社会的多元性与创新性贡献重要力量。

三、节省空间与成本

（一）数字化文献馆藏无须实体空间存放，极大地节省了图书馆内部的空间

智慧图书馆在空间与成本节约方面展现出的显著优势，主要体现在数字化文献馆藏无须实体存储空间这一点上。相较于传统图书馆在存储海量纸质文献时对庞大物理空间的依赖，包括书架、书柜及专用存储区域的广泛布置，智慧图书馆通过数字化技术的革新，成功实现了文献资源的空间解放。

在传统模式下，这些物理空间不仅资源有限，且面临长期维护与管理的高昂成本，这无疑增加了图书馆的运营负担。然而，随着数字化技术的飞速进步，智慧图书馆能够将纸质文献转化为数字文档，从而彻底摆脱了实体空间的束缚。这一转变意味着，图书馆不再需要大规模的书架和存储设施来容纳文献，而是可以将它们以数字形式存储在服务器、云存储等高效的数字平台上。

数字存储不仅为图书馆带来了空间上的极大节省，还实现了管理效率的大幅提高。相较于传统方式，数字存储减少了人力资源的投入，同时避免了纸质文献因物理磨损、老化而带来的损失。更重要的是，这种数字存储模式并非简单地将传统文献进行数字化复制，而是一种资源的虚拟化存储，它使图书馆的实体空间得到了前所未有的释放和再利用。

数字化文献馆藏摒弃了实体空间存储的需求，这一变革不仅显著提高了图书馆内部的空间利用效率，使其环境变得更为宽敞且井然有序，更为图书馆开辟了一系列多功能、高价值的空间资源。这些被释放出来的空间资源，经过精心规划与重新设计，能够灵活地转

化为举办各类文化活动、展览及讲座的理想场所，为用户带来前所未有的价值体验与心灵触动。

图书馆管理者可以充分利用这些节省出来的空间，通过创新性的设计理念，打造出既舒适又充满创意的阅读与学习环境，以精准对接不同用户群体的个性化需求。无论是追求静谧阅读氛围的学者，还是渴望在互动交流中激发灵感的学子，都能在这片精心打造的空间内找到属于自己的天地。

此外，这些多功能空间还可用于构建先进的数字化阅读区域，配备上电子书籍与数字资源的访问终端，从而进一步拓宽用户的阅读视野，丰富其阅读体验。用户可以在这里轻松获取到涵盖各个学科领域的海量数字资源，享受数字化阅读带来的便捷与乐趣。

数字化文献馆藏无须实体空间存储的特点，无疑为图书馆的内部空间管理带来了革命性的变革。它不仅为图书馆创造了一个宽敞整洁、高效利用的环境，更为其提供了举办多样化文化活动、展览及讲座的广阔舞台，以及构建数字化阅读区域的坚实基础。这一特性在智慧图书馆的建设与管理中占据着举足轻重的地位，将有力推动图书馆在数字化时代背景下持续的创新与发展。

（二）数字化文献馆藏的管理成本得到了有效降低

数字化文献馆藏管理在智慧图书馆优化空间利用与成本控制方面，展现出了显著的优势，特别是在降低管理成本这一点上更为突出。相较于传统图书馆在纸质文献管理中所需承担的购书经费、图书馆建筑与设施维护费用等多重经济负担，数字化时代的来临彻底改善了这种状况。

在数字化技术的驱动下，文献资源的数字化处理与存储成为可能，这一变革极大地降低了图书馆在管理成本上的支出。通过数字化手段，图书馆无须再为采购大量纸质书籍而投入巨额资金，同时，数字化文献的存储也无须占用实体空间，从而避免了因维护图书馆建筑和设施而产生的额外开销。

智慧图书馆凭借数字化文献馆藏管理的成本优势，在节省空间与成本方面取得了显著成效。这一变革不仅提高了图书馆的管理效率，更为其在数字化时代的发展奠定了坚实的基础。

首先，数字化转换有效降低了纸质文献的购置与保养开支。传统图书馆为满足读者的多元化需求，需购进海量的纸质书籍、期刊及报纸等，这不仅意味着高昂的购书经费支出，还伴随着图书馆建筑、书架及配套设施的维护费用的累加。然而，得益于数字化技术的革新，这些纸质文献转化为数字形态后，规避了实体书籍的购置成本，大幅度降低了购书预算。同时，数字化文档的存储无须依赖特定的物理建筑和设施，进一步缩减了维护成本的开支。

其次，数字化转换在资源节约与环境保护方面也发挥了积极作用。纸质文献的制作与打印需要消耗大量的纸张与墨水，这不仅加剧了自然资源的损耗，还对生态环境构成了潜在威胁。而数字化处理则将文献转化为电子文档，极大地减少了纸张与墨水的使用量，有助于遏制资源的无谓浪费，实现了文献管理的绿色转型。

最后，数字化文档的管理效率显著提高，有助于压缩文献整理与检索的成本。借助先进的信息管理系统，数字化文档能够轻松实现分类、标记、索引等操作，使文献检索过程变得更为高效且精确。相比之下，传统的纸质文献整理、归档及检索工作烦琐且耗时，需要大量的人力投入。而数字化管理则实现了这些流程的自动化与智能化，大幅度降低了人力成本，提升了文献管理的整体效能。

数字化文献馆藏管理成本的显著降低，其效益不仅局限于购书经费与维护成本的缩减，更在于资源利用的优化与管理效率的大幅提高。这一优势特性赋予智慧图书馆以更强的能力，使其能更为高效地整合并提供多样化的数字化资源，从而为用户营造更为优越的阅读与学习氛围，深刻改善了用户的体验质量。与此同时，这一变革也为图书馆的长期发展奠定了坚实的基础，为其可持续性进步注入了强劲动力。

具体而言，数字化文献馆藏通过减少购书与维护的直接开支，实现了成本的有效控制。而更为重要的是，它促进了资源的合理利用，避免了纸质资源的无谓浪费，同时，数字化管理手段的应用显著提高了文献检索、分类及归档等工作的效率，使图书馆的服务响应更为迅速，用户体验得到全面提升。这一系列积极变化，无疑为智慧图书馆的未来发展拓宽了道路，使其在信息时代的浪潮中保持领先地位，为知识的传播与文化的传承贡献更为卓越的力量。

（三）数字化处理和存储降低了文献馆藏的长期维护成本

在智慧图书馆的文献管理实践中，数字化处理与存储技术的运用，不仅实现了空间利用的最大化并有效降低了采购开支，更在长远视角下，对维护成本实现了显著的缩减效应。相较于传统纸质文献易受时间流逝与环境因素侵蚀的特质，导致图书馆需频繁进行维护与修复工作，这无疑加重了图书馆的运营负担，并增加了人力、物力及财力的投入。然而，数字化文献馆藏凭借其独特的保存优势，有效缓解了长期维护成本的攀升趋势。

具体而言，数字化文献馆藏通过消除对物理存储空间的依赖，以及减少纸质资源的购置需求，为图书馆带来了即时的成本节约。更为重要的是，数字化文献的长期保存特性显著降低了因物理老化或环境损害所引发的维护与修复成本。这一转变不仅减轻了图书馆的财务压力，还使图书馆能够将更多资源投入提高服务质量与用户体验的改进工作中，从而进一步强化了智慧图书馆在信息时代的竞争力与影响力。

首先，纸质文献在历经岁月的洗礼与环境因素的侵扰下，往往会面临书页褪色、纸张老化以及书籍腐蚀等一系列问题。这些问题要求图书馆进行定期且繁复的维护与修复作业，进而产生了庞大的人力、物力及财力的消耗。与之相反，数字化文献依托数字平台进行保存，其稳定性与耐久性显著增强，不受时间与环境的制约。这一特性大幅度降低了文献馆藏长期维护的需求，有效规避了频繁的修复与保养所带来的经济负担。

其次，数字化文献在存储与管理层面展现出了更为便捷的特性，进一步缩减了长期维护的成本开支。数字化文件能够借助信息管理系统实现高效的分类、标记与索引操作，极大地便利了检索与管理流程。相比之下，纸质文献的整理、归置与检索工作烦琐且耗时，不仅需要大量的人力投入，还极易导致文件的损坏与遗失。数字化管理以其高效性与自动化特征，显著降低了长期维护过程中的人力操作成本。

最后，数字化文献的长期保存无须特定的环境控制条件，如湿度与温度等参数的严格调控。而纸质文献则需在适宜的环境条件下进行妥善保管，这往往需要额外的设备与资源投入，从而增加了维护成本。相较之下，数字化文件的保存方式更为简便灵活，有效降低了与环境控制相关的费用支出。综上所述，数字化文献在降低长期维护成本方面具有显著优势，为图书馆的资源管理带来了实质性的效益提升。

在智慧图书馆的文献资源管理实践中，数字化处理与存储技术的运用显著缩减了文献馆藏的长期维护成本。借助数字化技术的力量，文献馆藏的保存稳定性得以显著增强，从而大幅度降低了对维护与修复工作的需求，有效减少了操作成本与环境控制成本的支出。这一系列积极变化为智慧图书馆的稳健发展构筑了更为牢固的基石，使其能够以更高水平的服务质量满足用户需求，有力促进了知识的广泛传播与服务的持续创新。

具体而言，数字化处理与存储技术通过提高文献资源的数字化保存质量，显著增强了其耐久性与稳定性，减少了因物理老化或环境因素导致的损坏风险。这一转变使图书馆在文献资源的长期维护上无须投入过多的人力与物力，有效降低了维护成本。同时，数字化文献的存储与管理更为便捷，无须特定的环境控制条件，如湿度与温度的严格调控，从而进一步降低了环境成本。

综上所述，数字化处理与存储技术在智慧图书馆的文献资源管理中的应用，不仅降低了长期维护成本，还为图书馆的可持续发展提供了强有力的支撑。这一变革使智慧图书馆能够以更高效、更环保的方式服务用户，推动知识的广泛传播与深入创新，为学术研究与文化交流搭建起更为宽广的平台。

（四）智慧图书馆实现了空间和成本的双重节省

智慧图书馆成本节约举措不仅显著提高了图书馆运营管理的效率，而且为资源的可持续利用及环境保护事业作出了积极贡献。数字化文献馆藏凭借其节省空间与降低成本的显著优势，将在很大程度上驱动智慧图书馆的蓬勃发展，进而为用户提供更为卓越的服务质量与体验感受。

具体而言，数字化文献馆藏的推广与应用，极大地减少了实体空间的需求，同时降低了与纸质文献相关的各项成本开支。这一转变不仅优化了图书馆的运营流程，提高了管理效率，而且彰显了图书馆在资源可持续利用方面的前瞻视角与环保担当。通过数字化手段，图书馆得以在保障服务质量的同时，减少对环境的影响，体现了智慧图书馆在可持续发展道路上的坚定步伐。

进一步而言，数字化文献馆藏的普及将促使智慧图书馆提供更加个性化、便捷化的服务，满足用户日益增长的多元化需求。用户将能够轻松访问到丰富的数字化资源，享受更为高效、灵活的检索与阅读体验，从而推动知识的广泛传播与深入交流。综上所述，数字化文献馆藏的节省空间与成本优势，无疑将成为推动智慧图书馆发展、提升用户服务体验的关键因素。

四、开放获取运动的参与

智慧图书馆在推动开放获取运动中致力于向广大用户免费提供丰富的数字化资源。这一创新模式极大地促进了知识的共享与传播，尤其惠及那些难以轻松获取付费文献的群体，诸如学生、科研人员及社会公众等。开放获取机制的推行，使知识资源的获取变得更加平等与便捷，有效打破了信息获取的壁垒。

智慧图书馆通过开放获取平台，将原本受限的学术资源转化为可自由访问的公共资源，此举不仅拓宽了知识传播的渠道，还增强了知识的可及性与影响力。对于学生而言，开放获取意味着他们能够获取到更多高质量的学术资源，以支持其学习与研究；对于科研人员，开放获取则加速了科研成果的流通与验证，促进了学术创新；对于社会公众，开放获取则拓宽了知识视野，提升了全民素质。

智慧图书馆在开放获取运动中的积极参与，不仅彰显了其作为知识传播者的社会责任，还有效推动了知识的平等化与普及化，为构建知识共享的社会环境作出了重要贡献。

（一）数字化资源免费使用

在开放获取运动的浪潮中，智慧图书馆担当了知识共享的重要倡导者与积极实践者，凭借先进的数字化技术和便捷的在线平台，向广大公众慷慨提供了一系列丰富的数字化资源。这一举措不仅深刻影响了知识传播的格局，还在社会与文化领域激起了积极的变革浪潮。

智慧图书馆通过构建在线数据库、数字图书馆等多元化平台，深度融入了数字时代的知识共享洪流。这些平台广泛收录了电子书籍、期刊论文、报纸文章、学术论文等多种类型的知识素材，覆盖了众多学科领域与文化范畴，形成了一座座知识的宝库。用户无须支付订阅费用或购买成本，仅需通过网络连接，便能轻松获取所需的知识资源。

开放获取模式的推行，如同一把锋利的宝剑，刺破了传统信息获取的壁垒，消除了知识传播的障碍，让知识真正成为全民共享的公共财富。这一模式不仅提高了知识传播的效率与广度，还促进了学术研究的深入与创新，为社会的全面进步与文化的繁荣发展注入了强劲动力。

智慧图书馆在开放获取运动中的积极作为，不仅彰显了其在知识共享领域的领导力与责任感，还为社会与文化的繁荣进步贡献了重要力量。未来，智慧图书馆应继续深化开放获取实践，探索更多创新模式，为构建知识共享、文化繁荣的美好社会贡献力量。

开放获取模式不仅极大地促进了知识资源的广泛流通，还在一定程度上加速了学术研究的创新步伐。研究者能够更迅速更方便地获取前沿的学术研究成果与文献资料，从而在研究进程中取得更为显著的进展。同时，这一举措也极大地加强了学术界的知识交流，使研究者能够更为广泛地分享各自的研究成果，促进了学术合作与协同创新的发展。

尤其是开放获取运动所展现出的普惠性与包容性特质，对于那些难以轻易获取付费文献的群体，如学生、教师、研究者以及广大社会大众而言，无疑是一大福音。智慧图书馆所提供的免费数字化资源，使这些群体能够轻松获取到所需的知识资料，有力地支持了他们的学习、教学、研究与创作活动。这种开放的知识共享模式，为社会各阶层提供了平等的学习机会，有助于缩小知识获取的鸿沟，进而推动社会的可持续发展。

智慧图书馆凭借先进的数字化技术与便捷的在线平台，向公众免费提供了丰富多样的数字化资源，极大地推动了知识的共享与传播。这种开放获取的模式，为知识社会带来了深远的变革，不仅扩大了知识的受众范围，还促进了学术研究与文化创新的繁荣发展。此外，这一举措在智慧图书馆的发展历程中具有举足轻重的地位，使其成为知识传播与社会发展的领航者与推动者。智慧图书馆以其开放、包容的姿态，推动着知识社会向着更加公平、更加包容的方向发展。

（二）促进知识的共享

在开放获取运动的浪潮中，智慧图书馆有力地促进了知识的广泛共享与传播。这一创新模式积极倡导作者、研究者及创作者将其宝贵作品无偿上传至在线平台，使其学术研究成果与文化创作成果能够跨越界限，被更广泛的人群认知与利用。

智慧图书馆通过提供免费的数字化资源，为研究者与创作者们搭建了一座与世界沟通的桥梁。研究者可以将他们的学术论文、调研报告等学术产出上传至在线数据库，使这些珍贵成果能够迅速被同行学者及研究者获取并引用，进而推动学术研究的深入与拓展。同时，文化创作者亦可将他们的小说、诗歌、艺术品等作品呈现给更为庞大的受众群体，让更多人得以欣赏其艺术魅力并从中受益。

此种共享模式不仅加速了知识的流通速度，还促进了知识的代际传承。开放获取机制使前沿的学术研究能够以前所未有的速度传播至全球各个角落，为科技的创新与进步注入了强劲动力。与此同时，文化创作亦能跨越时空的界限，为后世留下一笔笔宝贵的文化遗产。这种知识的共享与传承，无疑为构建一个更加丰富多彩、多元共生的知识社会奠定了坚实的基础。

智慧图书馆在开放获取运动中的积极作为，不仅彰显了其作为知识传播者的重要使命，还为学术研究与文化创作的繁荣发展作出了积极贡献。未来，智慧图书馆应继续深化开放获取实践，探索更多创新路径，为构建知识共享、文化繁荣的美好愿景贡献力量。

开放获取机制不仅在推动学术与文化领域的知识共享方面发挥了至关重要的作用，同时也在一定程度上消除了信息隔阂，使知识传播展现出前所未有的平等性与包容性。无论个体身处何地、拥有何种社会身份或经济状况，均能无障碍地访问并利用这些丰富的免费数字化资源，从而极大地拓宽了知识获取的边界。这一平等的知识获取途径，对于提高公众的信息素养水平、促进社会的整体进步具有深远的意义。

智慧图书馆通过慷慨提供数字化资源，积极投身到知识的共享与传播事业之中。这一创新模式不仅使学术研究与文化创作成果得以更广泛地触及公众，还加速了知识的流动与传承进程，更为社会各界提供了均等的知识获取路径，有力地推动了社会的全面与均衡发展。在此过程中，智慧图书馆以其前瞻性的视野与积极的行动，推动了知识的传播与文化的交流，为构建一个更加开放、包容的知识社会作出了重要贡献。

（三）服务多样化用户群体

智慧图书馆在开放获取领域的积极参与，为多元化的用户群体带来了诸多实质性的益处，特别是对那些难以轻松获取付费文献的群体，如学生、研究人员及广大社会民众，开放获取模式提供了前所未有的便捷途径，极大地支持了他们的学习、科研及创作活动。

首先，对于学生群体而言，开放获取的数字化资源无疑为其学术探索与学习之旅提供了极大的便利。学生可以无障碍地访问学术论文、研究报告、专业书籍等宝贵资料，这不仅极大地促进了他们的课程学习与科研活动，还显著降低了学习成本，使学术追求不再受限于经济因素。智慧图书馆所提供的开放获取平台，成为学生获取知识、提升学术能力的强大后盾。

其次，研究人员同样从开放获取模式中受益匪浅。在科研活动中，广泛获取并引用学术文献是至关重要的。开放获取平台使研究人员能够轻松访问各类学术资源，这无疑加快了研究进程，促进了学术交流的深化与合作的加强。这种便捷性不仅提高了研究效率，更为科研创新注入了强劲动力。

最后，社会民众亦是开放获取运动的积极受益者。对于那些对特定领域充满好奇却缺乏专业知识的民众而言，开放获取为他们打开了一扇了解知识与学习技能的大门。智慧图书馆的平台上，各类主题丰富的文章、报纸、杂志等触手可及，使民众能够根据个人兴趣自由探索，不断拓宽知识视野，满足对知识的渴望与追求。

综上所述，智慧图书馆通过积极参与开放获取运动，为多元化的用户群体提供了公平、便捷的知识获取机会。无论是学生、研究人员还是社会民众，均能在这一过程中获得实质性的帮助与支持。这种开放的知识共享模式不仅推动了学术与文化的繁荣发展，还为个体的学习、科研及创作活动提供了坚实的保障。智慧图书馆在此过程中扮演着至关重要的桥梁与推动者角色，致力于创造了一个更加开放、包容且充满活力的知识环境。

（四）促进学术研究和教学发展

在智慧图书馆的积极推动下，开放获取运动对学术研究与教学发展的促进作用十分显著，为学术界与教育界带来了诸多深远影响与多重福祉。这一模式不仅极大地便利了学者与教师的资源获取过程，还激发了学术研究的创新性活力，并推动了教学方法的多元化与丰富性创新。

首先，开放获取为学者在从事学术研究时提供了前所未有的资源获取便捷性。他们无须再受订阅费用或文献购买成本的束缚，可以自由地浏览并广泛引用各类学术资源，包括学术论文、期刊文章及研究报告等。这一转变不仅拓宽了学者们的研究视野，还深化了研究领域的探索，为学术研究的跨领域融合与创新提供了强有力的支撑。

其次，开放获取为教育领域注入了丰富多样的教学资源。无论是教师还是学生，均能免费获取这些宝贵的数字化资源。教师可以巧妙地运用这些资源，为课堂教学增添新的活力与色彩，通过引入丰富的案例与实证，能有效激发学生的学习兴趣并提高理解深度。而学生则能在学习过程中，借助开放获取的途径，轻松获取丰富的背景知识与相关素材，极大地丰富了他们的学习体验与知识积累。

最后，开放获取还极大地促进了教育方法的创新与变革。教师可以充分利用数字化资源的优势，构建更加多元化与个性化的教学内容与方式。例如，通过应用多媒体素材、在线教学工具及互动平台等，教师可以更好地满足不同学生的学习需求与兴趣，从而进一步提高教育的效率与质量。这种教学方法的创新，不仅有助于培养学生的自主学习能力与批判性思维，还为他们提供了更加开放与包容的学习环境。

综上所述，开放获取运动借助智慧图书馆所提供的免费数字化资源，在推动学术研究与教学发展方面发挥了举足轻重的作用。学者与教师能够更便捷地获取所需资源，这不仅促进了学术研究的广度与深度拓展，还为教育方法的创新提供了广阔的空间与机遇。这种开放的知识共享模式，无疑为学术与教育领域的蓬勃发展注入了强劲的动力，为知识的传播与学习创造了更加开放、包容且充满活力的环境。

（五）社会责任和影响力

智慧图书馆作为当代知识社会架构中的核心要素，承载着重要的社会责任与广泛的影响力，尤其在推动开放获取运动方面，不仅在知识的广泛传播上发挥了积极作用，更深刻体现了其肩负的社会使命及所产生的深远影响。

首先，智慧图书馆通过无偿提供丰富的数字化资源，充分彰显了其积极践行社会责任的坚定立场。在信息不对称与知识获取存在壁垒的当下，开放获取模式有力地促进了知识的平等传播，使知识能够触及每一个渴望学习的个体，特别是那些难以承担付费文献费用的群体。这一公益性质的行为，不仅回应了社会各界对知识的迫切需求，更凸显了智慧图书馆作为社会责任担当者的光荣使命。

其次，智慧图书馆在开放获取运动中的积极参与，对社会产生了积极而深远的影响。通过提供免费的数字化资源，智慧图书馆不仅激发了知识共享与传播的活力，更为广大民众提供了宝贵的学习、研究与创作契机。对于学生、研究者、教育工作者等关键群体而言，开放获取运动无疑为他们的学术探索与教育教学工作带来了显著的正面影响，有力地推动了知识的创新与传承。

最后，智慧图书馆的社会责任与影响力还体现在其引领了知识传播的新风尚。开放获取不仅是一种资源的提供方式，更是一种倡导知识共享、促进智慧交流的新理念。智慧图书馆的积极参与，引发了社会各界对知识传播模式的深刻反思，鼓励和鞭策着更多机构与组织投身到知识共享的浪潮中，共同推动社会的智慧积累与进步。

智慧图书馆作为知识传播的重要载体，在开放获取运动中充分展现了其积极的社会责任与广泛的影响力。通过提供免费的数字化资源，它不仅有效回应了社会各界对知识的渴求，更引领了知识传播的新模式，为社会的文化发展与创新注入了强劲动力。智慧图书馆以其正面的社会形象与深远的影响力，成为推动社会进步与发展的重要力量。

五、文化遗产的保护和传承

数字化文献馆藏管理在保护与传承文化遗产方面起到了重要的作用。许多珍贵的历史文献、照片、音视频资料可以借助数字化技术得到妥善保存，有效抵御了时间与环境的侵蚀，避免了其逐渐消逝的风险。这不仅巩固了智慧图书馆在当代知识传播媒介中的地位，更使其成为连接当下与未来，将知识智慧薪火相传的重要桥梁。通过数字化手段，智慧图书馆不仅守护着人类的文化瑰宝，更为后代留存了宝贵的知识财富，确保了文化遗产的永续传承与发展。

（一）数字化保存与文化遗产保护

在文化遗产保护领域中，数字化保存策略为历史文献、图像资料、音视频记录等一系列珍贵文化遗产的长期保存与传承构筑起一道坚固的防线。智慧图书馆运用数字化技术，将这些承载着丰富历史信息的物质文化遗产转化为数字形态，有力地抵御了时间侵蚀与环境变化的威胁，确保了文化遗产的恒久留存与广泛可及。数字化保存实践对文化遗产保护工作产生了极为深远的影响，彰显了智慧图书馆在推动文化传承进程中的不可替代作用。

数字化保存策略的突出优势，在于其能够有效遏制文化遗产因时间推移与环境变迁而逐渐消逝的趋势。相较于传统物质文献易于遭受自然灾害、人为破坏以及自然老化等因素的侵扰，数字化转化手段使这些无价的文化瑰宝能够以数字档案的形式永续保存，从而规避了物理层面的损伤风险。此外，依托先进的数字文件备份与存储机制，数字化保存策略进一步强化了数据安全性，有效避免了信息丢失的风险，为文化遗产的全方位保护提供了坚实的技术支撑与可靠保障。

数字化保存绝非单纯的复制之举，它是一种能够详尽记录文化遗产每一细微特征与元素的高精度技术实践。借助高分辨率扫描、摄影等尖端手段，数字化资源能够精准捕捉原始文物从色彩、纹理到笔迹的每一处微妙细节。这一高精度特性为后世研究者提供了极具价值的资料，使他们能够更为真切地感知并深入理解历史的真实面貌。

数字化保存还具备将文化遗产从地理束缚中解放出来的独特优势，使其能够跨越国界与地域的局限，被全球范围内更广泛的人群访问与研究。无论是在严谨的学术领域，还是在广泛的大众社会层面，数字化资源的开放获取为人们搭建了一座便捷的桥梁，极大地深化了人们对多元文化与悠久历史的认知与理解。

智慧图书馆凭借数字化保存技术，成功完成了文化遗产的传承使命，将这些珍稀资源完好地传递给了后世。此举不仅是对过往历史的崇高致敬，更是文化血脉得以延续与传承的关键所在。通过数字化保存，智慧图书馆化身为历史文化的坚定守护者与传承者，为社会开启了一扇穿越时空的窗棂，引领人们深切感受历史的情感脉搏，传承并发扬光大文化的深厚价值。

（二）知识传承与文化延续

在智慧图书馆的运营范畴内，数字化管理扮演着维系知识传承与文化延续的核心角色，它通过将历史文献及其他珍稀资料转化为数字形式，确保了知识传递的无缝衔接与连续性。这不仅是对过往岁月的深情回望，更是对悠久文化传统的接力传递，将广博的知识体系与深刻的价值观念传承给后世子孙，有力地维系了人类文明的精髓与脉络。

数字化资源在此间充当了连接过去、现在与未来的桥梁纽带，将历史的深邃智慧与现代社会的蓬勃活力紧密交织在一起，为文化的代代相传奠定了坚实而稳固的基础。通过数字化桥梁，历史的记忆得以鲜活呈现，文化的精髓跨越了时空的界限，与现代社会的多元文化相互交融，共同构筑起人类文明发展的宏伟图景。

智慧图书馆凭借数字化管理手段，成功地将浩瀚的历史文献、珍贵的照片、丰富的音视频等多元文化资料转化为数字形态，有效地抵御了时间与环境的侵蚀，确保了这些宝贵文化遗产的长久留存。这种数字化传承方式超越了单纯保存的范畴，它实质上是对过往历史的深刻认知与全面理解，为当代人提供了洞察历史背景、把握文化传统及洞悉社会变迁的宝贵钥匙。数字化资源如同一扇通往过去的窗口，为后代开启了一段深入了解过往的旅程，使他们能够更好地把握当下，展望未来。

此外，数字化管理还具备将散落的文化知识整合归一的能力，为后代打造一个全方位、立体化的文化体验平台。智慧图书馆将各类文化资料，诸如文献、艺术作品、音乐作品等，悉数纳入数字化的统一管理框架之中，构建了一个多元且丰富的文化生态。这种集中化的管理方式极大地提升了用户访问的便捷性，同时也促进了不同文化领域之间的交叉融合，为文化创新提供了肥沃的土壤。

更为深远的是，数字化管理在激发创意与推动文化创新方面发挥着不可替代的作用。通过数字化资源的广泛呈现与高效传播，智慧图书馆成功吸引了众多创作者与艺术家们积极参与文化创作的行列。这些创作者与艺术家从历史文献中汲取灵感，巧妙融合当代元素，将创作出既富含历史底蕴又充满创意的独特作品，为文化的繁荣与发展注入了源源不断的活力。

智慧图书馆借助数字化管理的先进手段，圆满履行了知识接力与文化延续的神圣使命。在这一过程中，数字化资源是历史回溯、文化传承与创新激发的坚实基础，它让往昔的智慧在当代社会得以薪火相传，更为未来文明的多样发展铺设了无限可能。数字化管理不仅跨越了时空的界限，将古今中外的知识与文化紧密相连，更在深层次上触动了人们的心灵，使知识和文化的光芒在代际传承中熠熠生辉，犹如永不熄灭的火炬，照亮着人类文明前行的道路。

通过数字化管理，智慧图书馆不仅实现了文化资源的有效整合与高效利用，更促进了知识的广泛传播与深入交流。它让历史不再是尘封的往事，而是鲜活地呈现在人们眼前，激发着人们对过往的好奇与探索；同时，它也让文化不再是孤立的存在，而是跨越地域与民族的界限，实现了多元文化的交融与共生。在这一过程中，数字化管理不仅是连接时空的桥梁，更是连接人心、促进文化认同与共享的重要纽带。

（三）研究资源与学术价值

数字化馆藏文献管理在文化探究与学术研讨方面具有十分重要的作用，它向广大研究人员呈献了一系列丰富且极具价值的资源，极大地推动了对文化深度、历史脉络以及社会变迁等方面多维度的细致研究与深刻理解。智慧图书馆通过运用数字化手段精心保存与系统整理了历史文献、图像资料等宝贵的文化遗产，为学术界构筑了一座资源富饶的宝库，为研究者提供了一条更为便捷的探究之路，为知识的无尽探索开辟了一片崭新的天地。这不仅极大地提高了研究效率，更为学术创新与文化传承注入了不竭的动力。

数字化馆藏文献的管理为学术研究者开辟了获取珍贵历史信息与文化资源的全新途径。借由先进的数字化技术，各类历史文献、图像资料、音视频记录等被精确且细致地保存与记载，有效抵御了时间与环境的双重侵蚀，确保了这些无价之宝得以恒久留存。研究人员可以轻松访问这些数字化资源，获取详尽而准确的历史数据与文化典籍，进而能更为深入地开展研究工作，细致剖析历史的变迁轨迹与文化的传承脉络。这种管理模式不仅极大地丰富了研究素材，更为学术探索的深化与拓展奠定了坚实的基础。

数字化资源的系统化整理与细致分类极大地提高了研究工作的效率与质量。借助先进的信息管理系统，研究人员能够迅速且精准地检索并筛选出所需的研究素材，显著加快了研究进程。同时，数字化资源所展现出的丰富多样性，涵盖电子书籍、学术期刊文章、图像资料等多种形式，为不同学术领域的研究者提供了广泛且多元化的参考资料库。这一特性不仅拓宽了研究的视野，更为学科间的交叉融合与综合研究搭建了坚实的桥梁，促进了知识的深度整合与创新发展。

数字化馆藏文献的管理进一步推动了学术界对文化遗产的深度探索与理解。通过将这些历史文献、图像资料等转化为数字形式进行妥善保存，不仅使这些珍贵的文化遗产得以在新的视角下被重新审视与阐释，还为研究人员开辟了一条发现之旅的新路径。在这一过程中，研究人员能够洞察到以往未曾留意的细节之处，挖掘出不同历史事件之间的潜在联系，甚至开辟出前所未有的研究领域。数字化资源的广泛应用，无疑为学术界营造了一个更为宽广的研究空间，极大地激发了研究人员对文化遗产进行更深层次探究的热情与兴趣，为学术研究的不断进步与创新注入了强大的动力。

数字化馆藏文献的管理在文化探究与学术研讨领域内向文化研究者和学术探索者供应了珍贵且丰富的资源储备，极大地扩充了研究材料的范畴，推动了知识探索向更深层次迈进。得益于数字化的保存与整理技术，历史文献与文化遗产得以被永久性地呵护与传承，同时，也为研究工作者开辟了多元化的研究渠道与路径。数字化资源的广泛多样性与高效便捷性，不仅促进了研究者间的密切协作与深度交流，更为整个学术界的发展进程注入了源源不断的新活力与推动力，加速了学术成果的创新与涌现。

（四）文化多样性与社会价值

智慧图书馆在文化遗产的守护与传递历程中，凭借数字化文献馆藏管理的实施，肩负起了重大的社会责任，并彰显出了深远的影响。这一战略性举措不仅有力地支持了文化遗产的妥善保存与代代相传，更通过维护文化多样性的完整，极大地促进了社会文化层面的丰富度与多元性构建，使智慧图书馆成为连接过去与未来的关键文化纽带。

数字化文献馆藏管理为文化遗产的守护与传承工作构筑了一道坚实的防线。众多珍贵的历史记录，如文献、照片、音视频资料等，经由精细的数字化流程处理，得以在不受时光与环境侵扰的状态下永久留存，不仅实现了对文化遗产每一处细节的精准捕捉与记录，更将原本依附于物质载体的文化精髓转化为数字形态，从而原汁原味地保留了文化的原始风貌。智慧图书馆通过数字化技术，确保了这些承载着厚重历史与丰富文化内涵的遗产能够跨越时空，持续滋养后代人的精神世界，为他们提供宝贵的历史记忆与文化传承。

数字化资源的广泛开放获取策略极大地拓宽了文化传承与发展的参与群体。智慧图书馆借助在线数据库、数字图书平台等多元化媒介，将这些宝贵的数字化资源以无偿的方式呈现给广大公众，使文化遗产的信息与精髓能够触手可及，为更多人带来深入了解与欣赏的机会。此种开放策略不仅促进了文化遗产认知度的广泛提升，更为社会各界提供了丰富的创作灵感、研究素材及教育资源。通过数字化资源的共享流通，社会的文化凝聚力得以显著增强，不同群体间的文化认同感亦得到了有效提升。

智慧图书馆在文化遗产的守护与传承中所展现出的社会责任感与深远影响力，不仅体现在其作为文化资料的守护者身份上，更体现在其作为文化传承的积极倡导者与践行者身份上。通过先进的数字化保存技术与开放获取机制的建立，智慧图书馆为文化的延续与发展注入了强劲动力，有力地推动了社会文化的多元化发展进程与群体间文化认同的深化。这种勇于担当社会责任并积极发挥正面影响的举措，使智慧图书馆在当代社会中占据了举足轻重的地位，为文化的兴盛与传承书写了浓墨重彩的一笔。

第二节　个性化推荐与用户喜好分析

一、智慧图书馆利用个性化推荐技术，为用户提供定制化阅读推荐

智慧图书馆凭借对用户阅读历史、兴趣倾向及偏好模式的深入剖析，能够精准地把握每位用户的阅读偏好，进而精心挑选并推送与其需求喜好相契合的图书、文章及视频等多样化内容。这一个性化推荐机制，不仅被视为精准对接用户需求的有效策略，更是优化用户阅读体验、提升其阅读满意度的重要途径。通过此种方式，智慧图书馆不仅增强了服务的针对性与实效性，也进一步彰显了其在提升用户阅读享受方面的积极作用与深远影响。

（一）智慧图书馆借助个性化推荐技术能够深入挖掘用户的阅读历史

通过对用户过往阅读轨迹的详尽剖析，涵盖其浏览及借阅的书籍、文章、视频等多元媒介，图书馆能够捕捉到关于用户阅读兴趣倾向的珍贵线索。这些信息对于构建用户的个性化阅读档案至关重要，也能够更深入地洞察用户的阅读偏好及所关注的学术或兴趣领

域。智慧图书馆凭借尖端的个性化推荐技术，深度挖掘用户的阅读履历，旨在为用户带来更为贴合其需求的阅读体验。

该技术的精髓在于细致分析用户过往的阅读记录，这些记录广泛涵盖书籍、文章、视频等多种类型的内容，它们如同一面镜子，映射出用户的兴趣所在、求知欲及知识需求，为智慧图书馆构建用户阅读档案提供了不可或缺的素材。首先，通过细致解读用户的阅读历史，智慧图书馆能够精准捕捉用户的兴趣焦点。当用户在数字平台上浏览或借阅特定类别的书籍、文章等资源时，这一行为无疑揭示了他们对于某一主题或领域的浓厚兴趣。例如，若某用户频繁涉猎科技创新领域的文章，智慧图书馆便能据此推断出其对科学技术的热衷。此类分析为构建用户兴趣标签提供了坚实基础，为后续推荐服务提供了有力支撑。

其次，深入挖掘用户的阅读历史对于构建其阅读偏好档案同样具有重要意义。通过详尽记录用户曾涉猎的内容，智慧图书馆能够辨识出用户偏好的特定主题范畴、文风特点、青睐的作者群体等因素，从而为提供更加精准、个性化的阅读推荐奠定坚实的基础。

智慧图书馆通过深度剖析用户的阅读历程，能够更为透彻地把握用户的知识渴求与阅读趋势。对用户阅读行为的系统性分析，能映射出他们在不同学术领域中的好奇与热忱。这一洞察为智慧图书馆提供了宝贵的指引，使其能够更为贴切地推送跨领域或深度专业的内容，从而全方位满足用户多元化的知识渴求。

依托先进的个性化推荐技术，智慧图书馆通过深度挖掘用户的阅读历史，精心构建了详尽的阅读档案与个性化的偏好标签体系，实现了推荐服务的精准化升级。这不仅极大地促进了用户个性化知识需求的满足，还显著提升了用户的阅读体验，使之在知识的海洋中畅游得更加自如。更为深远的是，这一做法强化了智慧图书馆与用户之间的紧密联系与深度互动，构建了一座知识与用户之间无缝对接的桥梁，为智慧图书馆服务的持续优化与升级奠定了坚实的基础。

（二）基于用户的兴趣和偏好，智慧图书馆能够为每位用户推荐符合其口味的内容

智慧图书馆凭借对用户兴趣与偏好的精准捕捉，运用机器学习与数据分析的前沿技术，可为每位用户精心打造个性化的阅读推荐方案。这不仅精准响应了用户的个性化需求，更显著优化了用户的阅读体验，使用户能够轻松邂逅并沉浸于契合其阅读口味的丰富内容之中。具体而言，智慧图书馆利用机器学习技术，深入剖析海量的用户数据，这些数据涵盖了用户的阅读历程、借阅轨迹、点击行为等多个维度，从中挖掘出潜藏的兴趣点与偏好倾向。通过对这些数据的系统性收集与深度分析，智慧图书馆成功构建了用户兴趣的精细模型，进而为用户提供极具针对性的推荐内容。

在此基础上，智慧图书馆再进一步运用数据分析技术，对用户兴趣与偏好进行更为透

彻的剖析与挖掘。通过细致比对不同用户之间的相似性与差异性，能够洞察出用户群体间潜在的共同兴趣焦点，并据此为他们推送贴切的内容。同时，智慧图书馆还能够依据用户的历史行为模式，精准预测其未来的阅读兴趣走向，从而前瞻性地为其推荐相关内容。这种基于用户兴趣与偏好的个性化推荐，不仅充分满足了用户已知的兴趣需求，更引领他们勇敢探索未知的领域与主题，拓宽了知识的边界。

通过机器学习与数据分析技术的综合运用，智慧图书馆成功实现了基于用户兴趣与偏好的内容推荐，这种个性化服务不仅极大地满足了用户的阅读需求，更促进了知识的多样化获取与深入探索，为用户营造了一个更加丰富、有趣且充满启迪的阅读环境。

（三）个性化推荐技术还能够提升用户的阅读体验

个性化推荐技术在智慧图书馆中的应用，其深远意义远不止于为用户提供与其兴趣高度契合的内容，更在于它能够显著提升并优化用户的整体阅读体验。通过精心设计的定制化内容推荐，智慧图书馆能够在多维度上增强用户的参与度与满意度，进而深化用户与图书馆之间的互动与情感联系。

首先，个性化推荐技术的运用极大地简化了用户寻找感兴趣阅读材料的过程，有效节省了用户在浩瀚数字资源中搜索与筛选内容所需的时间与精力。过去，用户在庞大的数字资源库中寻觅符合个人兴趣的内容，往往是一项既耗时又费力的任务。然而，个性化推荐的引入如同一把精准的钥匙，打开了通往用户兴趣之门的锁，使用户能够迅速且高效地获取到与自身兴趣紧密相连的内容，从而极大地提高了知识获取的效率与阅读的愉悦感。

其次，个性化推荐技术显著增强了用户的参与度与互动性。当用户发现智慧图书馆能够精准捕捉并响应他们的阅读兴趣，为他们提供量身定制的内容推荐时，这种被重视与关注的感觉往往能激发他们与图书馆之间的情感共鸣。用户因此更加倾向于积极参与图书馆的各类互动活动，如发表评论、打分、提出建议等，这些行为不仅丰富了图书馆的社区生态，也进一步增强了用户与图书馆之间的情感联结。

最后，个性化推荐技术还扮演着拓展用户阅读视野与兴趣的重要角色。虽然人们往往因习惯或兴趣所限，仅关注某些特定领域的内容，但个性化推荐却能够打破这一局限，引领用户探索更广泛的主题与话题。这种跨领域的推荐不仅丰富了用户的知识结构，也激发了他们对多样化内容的兴趣与好奇心。智慧图书馆因此成了一个引领用户跨越知识边界、拓宽视野的窗口，为用户带来了更加多元、丰富且充满乐趣的阅读体验。

二、智慧图书馆通过个性化推荐技术，精准满足用户需求

（一）分析用户阅读轨迹，了解浏览的主题、领域和类型

智慧图书馆依托对用户以往阅读轨迹的细致剖析，能够洞察他们所频繁涉猎的主题范

畴、学术领域及内容类型。这一策略通过运用个性化推荐技术，基于用户的阅读足迹，旨在揭示其内在的阅读倾向，为每位用户打造专属的阅读推荐方案，以期提升用户的阅读体验与满意度。

智慧图书馆在对用户阅读记录的分析过程中，类似的信息被不断提炼而出并进行重新组合。举例而言，若某用户过往阅读历史中频繁出现历史、文化及人文社科领域的书籍与文章，图书馆便能据此推断出该用户对这些主题的浓厚兴趣。这预示着该用户或许对历史事件的深入剖析、文化传承的细腻描绘以及社会变迁的宏观视角抱有极大热情。基于这一深刻洞察，智慧图书馆能够有的放矢地为其推送更多关于历史、文化及人文社科的高质量内容，充分满足其深度阅读的需求。

个性化推荐的深远意义，不仅在于提升用户的满意度，更在于助力用户全面地探索自己感兴趣的领域。智慧图书馆能够根据用户的阅读记录，为其精选深度资料、学术论文及专业书籍，引导其深入挖掘兴趣所在。这不仅能够充分满足用户的知识渴求，还能激发其深入思考与探索的热情，从而进一步丰富其阅读体验并提升其知识水平。

综上所述，智慧图书馆通过对用户以往阅读轨迹的深入剖析，能够精准洞察其所热衷的主题、领域及内容类型。在此基础上，能够为每位用户量身定制阅读推荐，精准对接其阅读兴趣与需求。这种个性化推荐策略，不仅显著提升了用户的阅读体验，更能深度助力用户挖掘兴趣领域，有力促进了知识的获取与传播。

（二）根据用户的阅读行为和互动信息，了解他们的喜好和倾向

个性化推荐技术凭借其强大的分析能力，能够依据用户的阅读行为及互动反馈，深度洞察并准确把握用户的兴趣与偏好。智慧图书馆借助这一技术，不仅能更细致地剖析用户的阅读兴趣，还能依据用户的实际互动表现，为他们提供更加贴合个人需求的定制化内容推荐，从而在实质上优化阅读体验并提升满意度。

用户的阅读行为及互动反馈，作为一面镜子，深刻映照出他们的阅读兴趣与偏好。譬如，当用户针对某一特定主题频繁发表评论、点赞或进行分享时，这无疑透露出他们对这一主题的浓厚兴趣与喜爱。智慧图书馆通过细致解读这些互动数据，能够精准捕捉到用户的阅读倾向，并据此为其量身打造内容推荐方案。如若用户常在科技类文章下方发表见解并参与讨论，图书馆便能洞察出其对科技创新与技术动态的深切关注，进而为其推送更多科技领域的书籍、文章及视频资源，以精准对接其实际需求与兴趣所在。

这种基于用户互动信息的个性化推荐策略，不仅极大满足了用户的阅读偏好，还显著增强了用户与智慧图书馆之间的互动与联结。当用户感受到图书馆能够精准依据其互动行为推送内容时，他们会体会到被深度理解与重视，从而更愿意在图书馆的平台上沉浸阅读、积极交流。这一正向循环进一步促进了用户的积极参与，扩大了图书馆的影响力，并

深化了用户对图书馆的认同感与忠诚度。

综上所述，个性化推荐技术凭借对用户阅读行为及互动信息的深度剖析，能够精确捕捉用户的兴趣取向与偏好，进而通过定制化内容推荐，优化阅读体验，激发用户与图书馆之间的互动，并有力提升用户的参与度与认同感。

（三）利用机器学习和数据分析技术，识别用户感兴趣的主题和话题

在对个性化推荐服务的深度探索中，智慧图书馆能够充分发挥机器学习与数据分析技术的潜能，通过对用户阅读行为及偏好的深度剖析，精准捕捉用户可能青睐的主题与话题范畴。这不仅提升了内容推荐的精确度，更能发掘用户尚未明确表达兴趣的全新阅读领域，进而拓宽其知识边界与视野广度。

智慧图书馆依托机器学习与数据分析技术，可以构建精密的推荐算法体系，对用户阅读行为展开细致入微的挖掘与分析。具体而言，图书馆可依据用户所涉猎的书籍、文章、视频等多元化内容资源，准确辨识其频繁关注的主题与话题。譬如，若历史书籍爱好者群体中普遍存在对人物传记的浓厚兴趣，智慧图书馆便能巧妙地将这两大主题相融合，为初入用户精准推送与人物传记紧密相关的内容，以此实现更为精准的个性化推荐。

此外，机器学习技术还具备揭示用户潜在隐性兴趣的独特能力。即便用户尚未明确表达对某一主题的偏好，智慧图书馆仍能通过分析其阅读行为及喜好，敏锐洞察潜在的兴趣领域。举例来说，当用户频繁阅读科技创新类文章，却未曾涉足科幻小说领域时，图书馆可主动尝试推荐融合科技与未来元素的科幻佳作，以此激发用户的阅读兴趣，进一步丰富其阅读体验的深度与广度。

综上所述，智慧图书馆凭借机器学习与数据分析技术的强大支撑，能够精准捕捉用户可能感兴趣的主题与话题。通过构建精密的推荐算法模型，深入分析用户阅读行为与偏好，图书馆可以更为精确地预测用户阅读倾向，为其提供量身定制的个性化内容推荐，从而极大地丰富用户的阅读体验，有力推动知识的获取与广泛传播。

（四）不断优化推荐算法，使推荐更加准确和精细化

在智慧图书馆的服务体系中，个性化推荐技术的应用并非仅限于一次性的推荐实践，而是一个涵盖推荐算法持续优化、旨在实现推荐精准化与细致化的动态过程。随着用户在智慧图书馆平台上阅读行为的持续累积，图书馆能够依据用户的即时反馈与互动数据，灵活调整推荐策略，从而显著提升推荐的精准度与用户满意度。

这一持续性的优化流程，构成了个性化推荐技术的核心要素。智慧图书馆首先可通过详尽分析用户的点击行为、收藏偏好、分享活跃度及评论倾向，深入理解用户对不同类型内容的偏好程度与关注的焦点。举例而言，当某一特定领域的内容收获了大量用户的点击与收藏时，图书馆便可将此领域作为重点推介对象，向更广泛的用户群体推荐相似内容。

此外，用户的直接反馈也是优化推荐策略的重要参考。当用户给予某项推荐内容积极评价时，图书馆可适当增加同类内容的推荐频次，以更好地满足用户的个性化需求。

智慧图书馆还致力于通过构建用户反馈机制，进一步细化推荐算法。用户可对推荐内容进行评分、标记喜欢或不喜欢，甚至提供更为详尽的反馈意见。这些反馈的信息，为图书馆提供了深入理解用户兴趣与偏好的窗口，进而指导推荐策略的调整与优化。同时，图书馆亦引入协同过滤等先进技术，基于用户间的相似性与群体行为特征，进行更为精细的内容匹配。随着用户群体的不断壮大与数据的持续累积，智慧图书馆的推荐算法将日益精准与细致。

经过持续的优化，确保了推荐内容能够紧密贴合用户的实际需求与阅读偏好，以便此后为用户提供更具价值的内容推荐。这种高度个性化的精准推荐，不仅极大地满足了用户的阅读兴趣，还促进了用户对多元化知识的深入探索与广泛获取，进一步丰富了用户的阅读体验与文化素养。个性化推荐技术的持续优化，是智慧图书馆致力于提升用户体验的关键所在。通过深度分析用户行为、广泛收集用户反馈、巧妙融入协同过滤等策略，图书馆得以不断改进推荐算法，使其更加精确、实用且贴合用户期待，从而持续提升用户的满意度与参与度。这一持续优化的过程，充分彰显了智慧图书馆对于提供高质量知识服务的坚定承诺，为用户带来了前所未有的阅读价值与体验升级。

三、个性化推荐满足用户需求，同时拓宽知识视野

智慧图书馆能够依据用户的阅读历程，为其推送与其兴趣相近却又略有差异领域的内容。这一推荐机制旨在协助用户发掘新的阅读热点，推动知识的多元化吸纳，进一步充实用户的阅读经历与体验。

具体而言，智慧图书馆通过分析用户的阅读历史记录，能够精准把握其兴趣所在，并在此基础上推荐那些与用户既有兴趣关联，又带有一定新颖性的领域的内容。这种策略不仅有助于拓宽用户的阅读视野，还能激发其对新知识的好奇心与探索欲，从而在知识的海洋中不断探索与发现。

此外，该推荐机制还强调了对知识多样化获取的重要性。通过引入与用户兴趣相似但又略有不同的内容，智慧图书馆鼓励用户跳出舒适区，尝试接触并理解不同领域的知识体系，进而促进个人知识结构的完善与丰富。这一过程不仅丰富了用户的阅读体验，还为其提供了更为广阔的知识视野与思维空间。

（一）根据用户偏好采用精准的推荐策略

智慧图书馆依托个性化推荐技术，深度剖析用户的阅读历程与偏好倾向，旨在为他们精心挑选既与已知兴趣领域相契合，又略带新颖元素的内容。目的在于不仅要深化用户的

阅读体验，还要致力于拓宽其知识视野的边界。在智慧图书馆的运营实践中，这种推荐策略发挥着双重功效：一方面，它精准对接了用户在已知领域的阅读需求；另一方面，它引领用户跨越了熟悉的阅读疆域，去积极探索并吸纳多元化的知识体系。

通过对用户阅读历史与兴趣点的细致分析，智慧图书馆可以构建详尽的阅读档案，全面洞悉用户在特定领域的阅读习惯与偏好。譬如，当用户频繁涉猎历史战争类书籍时，图书馆便能敏锐捕捉到其对历史题材的热衷。基于此认知，智慧图书馆会以用户的这一兴趣为基点，推荐与之相关但略具差异的内容，诸如历史文化剖析、历史人物传记等。此类推荐不仅贴合了用户对历史的浓厚兴趣，还助力用户全方位把握历史背景与文化脉络，进而在广度与深度上双重拓展其历史知识框架。

个性化推荐策略的核心，在于巧妙联结用户的已知兴趣领域与相关但稍有不同的新知领域，使用户在不感到陌生之余，逐步踏入新知探索的旅程。通过把精心筛选的相似却富含新意的内容呈现给用户，智慧图书馆循序渐进地拓宽用户的阅读边界，促使他们在新知领域中获得独到见解与全新体验。这一策略有效激发了用户的好奇心与求知欲，使阅读成为不断发现与学习的过程，从而实现知识的持续累积与自我充实。

综上所述，智慧图书馆凭借对用户阅读历程与偏好的深刻洞察，精心推荐与已知领域相契合却略带新颖的内容，旨在为用户带来更加丰富的阅读体验，并引领他们勇敢跨越已知边界，探索并拥抱多元化的知识世界。这不仅满足了用户在熟悉领域的阅读渴望，更为他们开启了新知探索的大门，使阅读之旅充满了无限乐趣与深刻启发。

（二）采用跨领域推荐机制

智慧图书馆致力于构建一种跨领域的推荐体系，旨在为用户提供一个涵盖多元学科的知识交叉学习平台，通过将不同学科领域的内容融汇联结，极大地丰富用户的阅读体验，并深化与拓宽其知识范畴。这一战略不仅有效应对了用户多元化的知识渴求，还极大地激发了他们在跨领域探索中获取新颖见解与灵感的潜能。

智慧图书馆依托对用户阅读历程与兴趣倾向的深入分析，能够精准识别用户对不同学科领域的偏好。例如，当用户展现出对科学新发现与艺术创作的双重兴趣时，智慧图书馆便能智能地将相关的科学理论与艺术作品相互推介。这种跨领域的推荐机制，为用户在不同学科间搭建起沟通的桥梁，促使他们超越单一学科的界限，拓宽自身的知识视野。通过整合不同领域的内容，智慧图书馆为用户构建了一个综合性的知识生态系统，使他们能够在一个平台上轻松获取科学、艺术、历史、文化等多个学科领域的内容推荐，实现知识的无缝衔接与深度融合。

跨领域的推荐机制不仅极大地丰富了用户的知识阅读体验，还助力他们在不同学科间发现共通点与交叉区域，从而推动跨学科思维与创新的发展。当用户接触不同学科的内容时，他们可能会萌生出新的疑问与创意，进而驱使他们深入探索其他相关领域。这种跨领域学习的历程，不仅提高了用户的学习效率与认知水平，还培养了他们的综合思维与创新能力。

智慧图书馆通过精心设计的跨领域推荐机制，为用户搭建了一个知识的交叉学习平台，实现了不同学科领域内容的有机整合，不仅鼓励用户跨越单一学科的樊篱，实现知识的多维度交融，而且提升了他们的学习与认知能力，塑造出具备综合思考与创新能力的新时代知识探索者。

（三）展示新颖且吸引人的内容

在智慧图书馆中，通过凸显那些新颖且极具魅力的信息，从而点燃用户的兴趣火花，激发其探索未知的好奇心，促使他们的知识版图得到拓展。

智慧图书馆通过深度剖析用户的阅读行为与偏好，能够精准捕捉到那些富有创新性及广泛热议的内容。以人工智能领域的阅读者为例，图书馆不仅会根据其阅读习惯推荐相关的最新研究成果、尖端技术及应用实例，还会特别呈现这些内容的独特魅力，以此激发用户对该领域的浓厚兴趣。这种个性化的推送方式，不仅使用户能够洞悉领域的最新动态，更能启发他们深入挖掘相关议题，从而在知识深度上实现飞跃。

此外，新颖内容的凸显在激发用户好奇心方面发挥着不可小觑的作用。当用户在推荐列表中偶遇那些与日常阅读略有偏差却极具吸引力的内容时，这份新奇感往往会成为他们探索未知的驱动力。智慧图书馆正是巧妙地运用这一心理机制，将那些饶有趣味且新颖独特的信息呈现给用户，引导他们跨越熟悉的阅读边界，迈向全新的知识领域，从而极大地拓宽了他们的知识视野。

除了推荐那些具有创新性及广泛影响力的内容，智慧图书馆还承担着帮助用户紧跟社会与科技最新发展的重要职责。用户通过阅读这些内容，能够迅速把握当前的热门话题、新兴领域及行业趋势，从而保持对世界变化的敏锐洞察力。

综上所述，个性化推荐技术在智慧图书馆中的应用，不仅实现了根据用户阅读行为与兴趣提供定制化内容的初衷，更通过突出新颖且吸引人的信息，成功激发了用户的兴趣与好奇心，促使他们主动探索新领域，不断拓宽知识广度与深度，同时丰富了用户的知识体系，更为他们在多领域的学习中提供了持续成长与发展的动力。

（四）根据用户目标推荐知识资源

在智慧图书馆的应用场景中，个性化推荐技术能够进一步融入用户的个人发展目标，为其量身打造知识资源的配置方案，以助力其个人成长与发展愿景的实现。

智慧图书馆依托对用户个人信息的深度剖析，包括其职业背景、兴趣方向及学习目标等，能够精准捕捉用户的发展需求。举例来说，若用户旨在职业生涯中寻求晋升，智慧图书馆便能依据其所属行业、当前职位及职业晋升路径，为其精心筛选与职业发展紧密相关的专业书籍、专业技能培训材料、行业深度研究报告等资源。个性化推荐策略，旨在精准对接用户的实际需求，引导他们更加高效地汲取知识与信息，从而为其职业成长与发展之路铺设坚实基础。

更进一步，将个性化推荐与用户个人发展目标相结合，能有效激发用户的学习热情与动力。当用户发现智慧图书馆能够依据其个人发展需求，提供非常贴合的知识资源时，他们往往会更加主动地投身于学习之中，积极探索未知领域，以期达成个人目标。这种个性化推荐模式，不仅满足了用户的求知欲望，更点燃了他们内心的自我驱动力，成为推动个人成长与进步的强大引擎。

综上所述，个性化推荐技术在智慧图书馆的应用中，通过紧密结合用户的个人发展目标，为其提供了与需求高度契合的知识资源，有力促进了用户的职业成长与个人发展，不仅精准回应了用户的实际需求，更激发了他们的学习兴趣与积极性，为个人的持续进步与发展注入了不竭动力。

四、个性化推荐技术推动智慧图书馆知识传播多样化

智慧图书馆通过为用户提供跨领域的内容推荐，能够消除用户的信息隔阂，引领他们涉足更为广阔的知识范畴。此举对于提升用户的综合知识素养具有显著作用，并且能够培育他们的跨学科思考与整合能力，推动知识的深度交融与创新发展。

具体而言，智慧图书馆通过智能分析用户的阅读偏好与兴趣领域，可以精心策划跨领域的内容组合，使用户在享受个性化阅读体验的同时，也能接触与自身兴趣相关联但又不局限于某一特定领域的知识信息。这种跨领域的内容推荐模式，不仅打破了用户原有的信息界限，还为他们打开了通往新知世界的大门，使他们能够在更宽广的知识海洋中遨游。

在此过程中，用户的综合知识素养得到了显著提升。他们开始学会从不同学科视角审视问题，思考方式也变得更加多元与开放。这种跨学科思考能力的培养，不仅增强了用户对复杂问题的理解与分析能力，还激发了他们的创新思维与创造力。当用户在不同领域的知识间建立联系时，新的想法与观点便应运而生，从而推动了知识的交叉融合与创新发展。

综上所述，智慧图书馆通过向用户推荐跨领域的内容，有效消除了信息壁垒，拓宽了用户的知识视野，提升了他们的综合知识素养与跨学科思考能力。这一系列举措不仅促进了知识的深度交融，更为创新思维的孕育与成长提供了肥沃的土壤。

（一）拓宽视野

个性化推荐技术在智慧图书馆中的运用展现出了突破用户信息茧房、拓宽知识视野的

显著效能。通过精心策划的跨领域内容推荐，智慧图书馆可引领用户触及并深入了解那些平时鲜少涉猎的科研主题与知识领域。这不仅极大地扩展了用户的知识边界，还极大地丰富了他们的学习经历，使用户能够从多个维度汲取知识的养分。

智慧图书馆的个性化推荐技术，为用户开辟了一条通往广泛知识体验的路径，促使他们能勇敢地跨越学科界限，打破既有的信息壁垒。通过为用户精心挑选涵盖多元学科知识的内容，智慧图书馆为用户搭建了一座探索多元领域的桥梁，使他们有机会深入挖掘那些平时未曾触及的主题与议题。这种策略不仅有效拓宽了用户的认知视野，还激发了他们对不同学科领域的浓厚兴趣，使他们能够在浩瀚的知识海洋中自由遨游，汲取无尽的智慧。

智慧图书馆的个性化推荐技术并不仅仅局限于满足用户已知领域的兴趣需求，更是一种引领用户踏入未知领域的创新手段。用户往往习惯于在熟悉的学科领域内寻找知识，但有时却可能因缺乏探索的动力而错过了其他同样具有价值的领域。智慧图书馆通过实施跨领域的推荐策略，引导用户将目光投向那些可能并不在他们日常选择范围内的学科领域，从而打破了信息茧房的束缚，为他们开启了一个全新的学习视角。

这种个性化跨领域的推荐策略，其目的不仅在于激发用户的好奇心与探索欲，更在于拓宽他们的知识视野与认知边界。通过接触并学习不同领域的内容，用户能够构建起更加全面且多元的知识体系，形成更为丰富的认知模式与思维方式。例如，一个对历史抱有浓厚兴趣的用户，在智慧图书馆的跨领域推荐下，可能会接触艺术、科学等领域的知识，进而发现这些领域与历史之间存在着千丝万缕的联系，从而深化了对历史的理解与认知。这种交叉学习的经历不仅极大地提升了用户的综合素养，还有助于培养他们的跨学科思维与创新能力。

综上所述，智慧图书馆通过个性化推荐技术实现了跨领域的内容推送，成功引导用户走出熟悉的学科舒适区，探索更为广阔的知识天地，不仅极大地丰富了用户的学习经历与知识获取途径，还为他们构建了一个跨学科的学习平台，促进了知识的交叉融合与创新发展。通过打破信息壁垒，智慧图书馆引导用户踏上了充满无限可能与机遇的知识探索之旅。

（二）培养跨学科思维能力

个性化推荐技术在智慧图书馆中的应用，其深远意义不仅局限于满足用户的阅读偏好，更在于培养用户具备跨越学科界限的思维能力。智慧图书馆通过将不同学科领域的内容相互关联并推荐给用户，成功激发了用户在多元学科间进行深度思考与探索的潜能，进而促进了其跨学科思维模式的形成与发展。

在传统知识体系中，各学科往往被严格划分并相互隔离，然而，现实世界中的问题与挑战却日益展现出其复杂性与综合性，亟须人们跨越学科界限，进行综合性的思考与创新性解决。智慧图书馆借助个性化推荐技术，为用户揭示了不同学科之间的内在联系与交叉点，引导他们在阅读与学习中摆脱学科桎梏，构建出跨学科的认知框架。例如，一位专注于工程技术的用户，在浏览科技类文章时，可能会通过智慧图书馆的推荐，意外接触艺术、哲学等领域的精彩内容，这种跨界的阅读体验极有可能使他在技术创新中融入更多元的思想火花与人文情怀。

跨学科思维的培养，对于用户的个人成长与职业成就而言，均具有不可估量的价值。在当下这个瞬息万变的社会里，面对复杂问题的求解与创新实践的推进，往往需要从多角度进行审视，并融合多学科的知识与方法。智慧图书馆通过个性化推荐技术，为用户搭建了一座通往不同学科领域的桥梁，使他们有机会在不同的知识海洋中遨游，不断培养与提升跨学科思维能力。这种思维模式不仅能够帮助用户更全面、深入地理解问题本质，还能使他们在面对挑战时展现出更高的灵活性与创造力，从而有效提升其创新能力与问题解决能力。

综上所述，个性化推荐技术在智慧图书馆中的运用，不仅极大地丰富了用户的知识体验，更为其跨学科思维能力的培养提供了有力支撑。智慧图书馆通过精心策划跨领域的内容推荐，鼓励用户跳出学科局限，形成跨学科的认知视角，激发其多角度思考与探索的潜能。这种思维方式不仅在促进知识的交叉融合与创新发展中展现出巨大价值，更在应对现实挑战与未来需求时发挥着不可替代的作用，为用户的个人成长与职业成功奠定了坚实的基础。

（三）促进知识交叉渗透与革新创造

在智慧图书馆的个性化推荐体系中，跨领域推荐策略不仅极大地拓宽了用户的知识视野，还深刻地促进了知识的交叉渗透与革新创造。当用户穿梭于不同学科领域的内容之间，发掘出彼此间的联系与交会点时，他们往往会萌生出新颖独特的观点与洞见，进而催生出别具一格的思考路径，这对于知识的互通、交融与创新具有深远意义。

在传统的学科界限划分下，知识往往被严格框定在既定的领域范畴内，这无疑加剧了知识的碎片化与孤立状态。然而，创新思维的火花往往在最不经意的领域交叉地带迸发。智慧图书馆通过实施跨领域推荐策略，向用户展现了多元学科内容的交织互通，激励他们主动探寻不同领域间的潜在联系与共通本质。举例来说，一位用户在阅读科学类与哲学类文献的过程中，可能会意外发现两者之间的微妙关联，进而催生出全新的思考维度与见解。这种在交叉地带上的深度思考，往往能够孕育出具有颠覆性的创新观点与问题解决策略，为知识的深度融合与持续发展注入强劲动力。

此外，跨领域推荐策略还能够激发用户好奇心与探索欲。当用户被引领至那些平日里较少触及的领域时，他们往往会对新知产生浓厚的兴趣与强烈的探索冲动。这种好奇心被点燃后，能够驱使用户更加深入地沉浸于学习与探索之中，进而促进知识的交叉融合。在跨领域的探索之旅中，用户可能会发掘出不同领域间的共同特性与内在联系，从而为知识的创新与发展开辟出新的路径。

综上所述，跨领域推荐策略在智慧图书馆的个性化推荐实践中，不仅极大地丰富了用户的知识体验层次，更为知识的交叉渗透与革新创造提供了强有力的支撑。通过引导用户跨越学科界限进行深度思考与探索，智慧图书馆为他们搭建了发现新知、孕育洞见的思想平台，有力推动了知识的融合与创新，为整个知识体系的蓬勃发展注入了源源不断的活力与动能。

（四）提升综合素养

智慧图书馆中个性化推荐技术的应用，开创了一种新颖且高效的知识传播模式，此模式不仅精准契合用户的个性化兴趣与需求，更在深层次上促进了用户综合素养的全面提升。通过广泛涉猎多个学科领域的内容，用户在知识的广度与深度上均实现了显著的拓展，进而培育出更为全面均衡的综合素质，为个人的全面发展奠定了坚实的基础。

在传统的知识获取框架内，用户往往受限于特定学科的边界，只能在某一领域内精耕细作，而忽视了其他同样重要的知识领域。然而，现实世界以其多元性与复杂性而存在，因此，个体的综合素质成为衡量其现实世界发展潜力的关键指标。智慧图书馆凭借个性化推荐技术，引领用户跨越学科界限，广泛接触多元化的知识资源，有助于用户从多维度、多角度理解世界，从而全面提升其综合素质。例如，一位兼具科学探索精神与艺术欣赏热情的用户，可能会在推荐系统的引导下，同时接触到物理学原理与绘画艺术的精髓。

综合素质是个体在多个知识领域、技能层面以及道德品质上的综合体现。通过涉猎广泛的学习领域，用户能够培养出多元思维与跨学科整合能力，从而在面对复杂问题时，能够更全面地理解问题本质、分析情境要素，并创造性地提出解决方案。以兼具艺术与经济学知识的用户为例，他们或许能在市场营销实践中巧妙融入艺术创意，开创出别具一格的推广策略。这种综合素质的提升，无疑将使用户在个人成长、职业生涯以及社会参与中展现出更强的竞争力与影响力。

此外，多样化的学习经历对于培养用户的文化修养同样具有不可估量的价值。不同学科领域的知识与文化相互渗透、交融共生，为用户提供了更为广阔的文化视野与深厚的文化底蕴。他们能以更开阔的眼界审视不同文化间的联系与差异，从而增强跨文化理解与包容能力。这种文化修养的提升，不仅使用户在社交互动中展现出更加开放与包容的态度，也为构建和谐多元的社会环境贡献了一份力量。

综上所述，个性化推荐技术在智慧图书馆中的应用，开创了一种多样化的知识传播新范式。通过跨领域的精准推荐，为用户提供了丰富多元的学习体验。这种知识传播模式不仅精准满足了用户的个性化需求，更在深层次上促进了用户综合素质的全面提升。通过不断拓宽知识边界与深化理解，用户得以更好地拥抱这个多元复杂的世界，成长为更加全面、更具竞争力的社会人。

第三节　用户界面设计与互动体验

智慧图书馆高度重视用户体验的优化，通过一系列匠心独运的用户界面设计与互动机制的构建，确保用户在享受服务的过程中能够深切体会到便捷与舒适的双重感受。在用户界面的设计上，智慧图书馆充分融入了对用户需求的深刻洞察与习惯考量，使用户能够游刃有余地穿梭于图书馆的丰富资源之中，无论是资源的浏览、信息的检索、内容的阅读，还是图书的借阅，均能享受到轻松自如的操作体验。

此外，智慧图书馆还积极拓宽服务渠道，通过移动应用程序的便捷接入与在线客服的即时响应，为用户提供全方位、全天候的支持服务。这些举措不仅有效解答了用户在使用过程中可能遇到的各种疑问，更在无形中增强了用户的满意度与互动性，使智慧图书馆的服务体验更加贴心与高效。通过这些精心策划的服务细节，智慧图书馆不仅满足了用户的基本需求，更在深层次上提升了用户的整体感受，为构建更加和谐、高效的图书馆服务体系奠定了坚实的基础。

一、精心设计的用户界面

智慧图书馆的用户交互界面历经匠心打造，着重突出界面的明晰布局、直观易用的操作流程以及和谐友好的交互模式。用户能够流畅地穿梭于多样化的资源类别之间，诸如图书、期刊、学术论文等，借助细致的分类体系与精准的标签系统，轻松实现资源的筛选与检索。该界面设计充分考量了易用性原则，确保用户无须投入过多时间去适应过程，从而能够集中精力地投身于信息的获取与利用之中。这一设计哲学不仅提升了用户体验的流畅度，更为用户高效、便捷地获取所需知识资源提供了坚实保障。

（一）清晰布局和直观操作

智慧图书馆的界面架构以简洁明晰为宗旨，使用户能够迅速定位并获取所需资源。其界面设计精心规划了功能区块与分类体系，通过科学的分组策略，有效规避了界面的杂乱无章，确保了视觉上的井然有序。在布局层面，智慧图书馆将核心功能模块与资源类别合理分布于界面之上，摒弃繁复元素，使界面既简洁又不失功能性，这一布局策略不仅加速了用户的使用流程，还促进了用户对界面操作模式的快速掌握与适应。

在操作层面，智慧图书馆的界面设计同样秉持直观性原则，用户仅需通过简单的点击、拖拽及滑动等操作，即可完成信息的浏览与检索，无须记忆复杂的指令序列或遵循烦琐的操作步骤。这些操作模式与用户在日常生活中使用移动设备及电脑的习惯高度契合，极大地降低了用户的学习成本与时间投入，提高了操作效率与用户满意度。

此外，智慧图书馆在界面设计中亦充分考虑了用户的交互体验。界面元素的大小、布局及色彩搭配均经过深思熟虑，旨在确保用户能够轻松识别并作出选择。同时，界面上适时出现的反馈信息与操作提示，以友好的方式辅助用户理解当前操作的结果与状态，进一步增强了用户的操作信心与舒适度，减少了误操作的可能性。

综上所述，智慧图书馆在界面布局与操作设计上的清晰直观，为用户打造了一个便捷高效的信息获取环境。通过科学的分组策略、简洁的界面元素及直观的操作模式，智慧图书馆使用户能够轻松浏览并检索所需资源，显著提升了用户的满意度与使用信心。这一设计理念深刻体现了对用户需求的深刻洞察与细致关怀，为用户营造了一个愉悦且高效的界面交互空间。

（二）资源分类和标签

在智慧图书馆的用户界面架构中，各类资源，诸如图书、期刊、论文等，被精心策划并条理清晰地加以展示。用户能依据个人兴趣与需求，自由选择不同的分类路径，以便迅速锁定并获取所需信息。同时，为了深化资源的细分与定位，标签体系被巧妙地融入其中，用户凭借标签，能够精准筛选出与个人兴趣紧密相关的资源，这一举措极大地提高了检索的精确性与效率。

智慧图书馆的用户界面，在资源分类与标签体系的运用上展现出高度的技巧与创新，为用户构筑了一个更为便捷且精准的资讯检索环境。通过资源分类的明确界定与标签体系的逻辑排布，用户能够更为顺畅地定位并获取所需知识资源，充分满足其多样化的知识需求。

在界面布局的逻辑构建中，资源分类举足轻重。图书、期刊、论文等资源被井然有序地分门别类，并以直观的方式呈现于界面之上。此种分类策略，使用户能够迅速概览图书馆所囊括的丰富资源类型，进而在不同知识领域中精准定位其感兴趣的内容。举例而言，用户仅需轻点“图书”或“期刊”等分类导航，即刻可跳转至相应的资源列表页面，从而极大地提高了浏览与选择的效率与便捷性。

此外，智慧图书馆巧妙地融入了标签系统，此举极大地丰富了信息的分类维度与检索效能。标签，作为精练的关键词或短语，用以精准描绘资源的核心主题与内容特征，为资源的深层次细分提供了强有力的工具。智慧图书馆将标签广泛应用于各类资源之上，用户仅凭点击或输入特定标签，即可轻松筛选出与个人兴趣紧密相关的内容。譬如，当用户对“科技创新”领域抱有浓厚兴趣时，他们可选择或检索与“科技创新”紧密关联的标签，进而获取一份详尽的相关资源清单，从而更加精确地满足其阅读与学习需求。

资源分类与标签系统的精妙设计，不仅为用户在浩瀚的资源海洋中提供了清晰的导航，还显著提升了检索的精确度。通过依据特定的主题或学科领域对资源进行有序分类，用户能够迅速锁定自己感兴趣的内容区域，避免了在纷繁复杂的资源中迷失方向。与此同时，标签系统为用户提供了更为细腻且高效的筛选与匹配服务，使他们能够准确无误地获取与自身需求高度契合的资源。

智慧图书馆在用户界面的精心规划中，巧妙地融合了资源分类与标签系统，用户能够便捷且精确地进行信息检索。凭借清晰的资源分类框架与有序的标签排列，用户能够以前所未有的速度定位并获取所需内容，同时，检索的准确性与用户的满意度亦得到了显著提升。这一设计理念深刻体现了对用户需求的细致洞察与深切关怀，为用户构建了一个既便捷又高效的资源探索与检索平台。

（三）多样化的检索方式

在智慧图书馆的检索系统构建中，除了沿用传统的关键词搜索模式，还创新性地融入了多元化的检索手段，诸如高级检索、精细化过滤以及个性化排序等功能。这些精心设计的检索功能旨在全方位地响应并满足用户的多样化检索需求，进而为用户提供更为精确且贴合其期望的资源检索体验。

智慧图书馆对于检索方式的多样化处理，体现了对用户个性化需求的深刻洞察与积极响应。除了继续保留关键词搜索这一经典检索模式，图书馆还巧妙地引入了高级检索、细致过滤与灵活排序等进阶功能，使用户能够依据自身的具体情境与检索目标，灵活选择最为适宜的检索路径，从而极大地加速了信息检索的进程，确保了用户能够迅速锁定所需内容。

高级检索作为检索系统中的核心组件，它为用户提供了极为丰富的检索选项，使用户可以依据作者、出版年份、主题范畴、关键词等多个维度来精细地调整检索条件。借助高级检索的强大功能，用户能够轻松剔除那些与自身需求不符的冗余信息，显著提升检索的精确度。例如，当用户意图搜寻某位特定作者在某一特定年份内所撰写的关于环境保护主题的论文时，完全可以借助高级检索中的作者与出版年份选项，快速且准确地定位到目标资源，极大地提高了检索效率。

在智慧图书馆的检索系统中，过滤与排序功能为用户提供了管理搜索结果的全新的便捷途径。面对海量的搜索结果，用户可以借助过滤功能，根据资源类型、时间范围、作者身份等多重维度对结果进行精细筛选，从而迅速锁定与目标最为契合的资源。与此同时，排序功能赋予了用户依据不同标准对搜索结果进行重新排列的能力，无论是按照相关性高低、时间新旧等维度，用户均可自由设定，以便更加高效地浏览与获取所需信息。

这些多元化的检索策略，不仅显著提高了用户的检索效率，更为用户提供了依据个人需求灵活选择信息获取方式的自由。用户能够依据自身的兴趣焦点与具体需求，灵活切换检索模式，从而以更高的精度捕获目标资源，极大地减轻了在大规模信息海洋中搜寻的负担，节省了宝贵的时间与精力。这种以用户体验为核心的个性化设计思路，深刻彰显了智慧图书馆对用户需求的深切洞察与细致考量，为用户营造了一个更为便捷、灵活且高效的信息检索生态。

（四）自定义设置

在智慧图书馆的用户界面构建过程中，个性化定制作为一项核心特色，能够全方位地贴合不同用户的独特偏好，为用户带来更加贴心且顺应其使用习惯的操作体验。智慧图书馆通过赋予用户高度自定义的权限，为每位用户精心塑造了一个专属的界面环境，使他们能够依据个人的需求与喜好，灵活调整界面的各项参数配置，实现与个人使用习惯的完美契合。

个性化定制功能所涵盖的范畴广泛而深入。首先，用户能够自主调控界面的显示风格。鉴于不同用户对色彩有着各异的偏好，有的用户钟情于明亮生动的界面，而有的用户则可能更偏爱沉稳低调的暗色调。因此，用户可以根据个人的审美倾向，自由选择适宜的界面色彩方案，以确保在长时间的使用过程中，视觉感受始终保持舒适，有效避免视觉疲劳的产生。

其次，字体大小的调整也是个性化定制中不可忽视的一环。字体的大小直接关系到用户阅读的舒适度与效率。部分用户可能由于视力原因或阅读习惯，更倾向于较大的字体，以便能够清晰地辨识文字内容；而另一些用户则可能更偏爱紧凑的排版，希望通过较小的字体来容纳更多的信息。智慧图书馆充分尊重用户的这一差异化需求，允许用户自由调整字体的大小，以确保每位用户在进行阅读时，都能享受到既无视觉压力又高效便捷的阅读体验。

在智慧图书馆的用户界面设计中，界面的布局调整与界面的视觉效果相辅相成。用户被赋予了高度的自主权，能够自主决定常用功能或分类在界面上的具体位置，这一设计旨在优化资源访问路径，缩短用户达到目标资源的操作序列，进而提高整体使用效率。

为了进一步简化用户的自定义流程，智慧图书馆还贴心地提供了预设的界面配置方案，供用户根据自身需求轻松选用。举例来说，用户若需在低光照环境下阅读，可便捷地选用“夜间模式”，以减少眼部疲劳；而对于追求更多专业功能与深度设置的用户，“专业模式”则成为理想之选。这些预设方案不仅为用户提供了即插即用的界面定制便利，还显著缩短了用户摸索个性化设置的时间成本。

通过这一系列精心设计的自定义功能，智慧图书馆不仅大幅提升了用户的满意度，更深刻体现了对用户个性化需求的深切理解与尊重。用户能够依据个人偏好，灵活调整界面布局与设置，使界面更加贴合个人的阅读习惯与使用模式，从而极大地增强了使用的舒适度与体验质量。这种界面个性化的创新设计，不仅加深了用户与智慧图书馆之间的互动联系，更激发了用户在该平台上积极获取信息、享受阅读的内在动力。

二、个性化定制和推荐

在用户界面的设计中，对用户个性化需求的考量被置于核心地位，为此，系统特别引入了个性化定制的功能模块。用户可以依据个人的兴趣倾向与偏好，对界面进行深度定制，这一机制确保了系统能够精准捕捉并推荐与用户喜好高度契合的内容。

这种基于用户特性的个性化推荐策略，其核心价值在于能够大幅度提升用户寻找感兴趣资源的效率。通过智能分析用户的偏好模式，系统能够迅速定位并呈现出用户可能感兴趣的资源，从而有效缩短用户的搜索路径，使资源获取过程变得更加直接且高效。这一设计不仅显著优化了用户体验，更在深层次上提升了用户的满意度，体现了智慧化服务对用户个性化需求的深刻洞察与细致响应。

（一）用户界面的个性化设置

在智慧图书馆的用户界面设计中，个性化设置界面允许用户精心挑选自己热衷的主题、专业领域及关键词等，将个人的兴趣与偏好精准地映射至系统之中。举例来说，若用户对科学技术领域抱有浓厚兴趣，他们便可通过这一界面设定相关偏好，系统则会据此智能推荐与科技紧密相关的资源，诸如最新的科研论文、前沿科技动态等。这种精细的个性化设置机制，能够深入洞察并准确把握用户的兴趣所在，确保所推荐的内容与用户的需求高度契合，呈现出极强的针对性。

智慧图书馆致力于提供更为贴心、个性化的服务体验，对用户的兴趣与偏好给予了充分的考量。通过用户界面内嵌入的个性化设置功能，用户能够依据自身喜好，定制化地塑造搜索与推荐体验，真正成为服务流程的主导者。这一创新功能的融入，不仅进一步强化了系统对用户兴趣的捕捉能力，更使所推送的内容与用户兴趣点紧密相连，实现了内容与用户需求的无缝对接。

在个性化设置界面中，用户可自由选定自己关注的主题范畴、专业领域及关键词等，以此明确表达个人的兴趣所在，并据此构建起一套专属的信息筛选准则。以科学技术领域为例，若用户对该领域怀有浓厚兴趣，他们可在设置环节明确指定相关偏好。系统则会基于这些详尽的偏好信息，智能筛选并推送与用户兴趣紧密相关的内容，如最新的科研进展、突破性科学发现等。这种个性化的设置方式，极大地减轻了用户浏览海量信息的负担，使他们能够直接触及并获取到真正感兴趣的内容，从而显著提高了信息获取的效率与质量。

个性化设置的功能不局限于关键词的简单匹配，而是深度融合了自然语言处理与数据挖掘等先进技术，旨在全面且深刻地洞悉用户的真实意图与个性化偏好。系统会对用户所设定的信息进行详尽的收集与深度分析，进而构建出一幅精准描绘用户特征的个性化画像。凭借这幅画像，系统能够更为精确地预判用户的兴趣走向，并据此推送与之紧密相关的内容资源。举例来说，用户的兴趣或许不局限于“科学与技术”这一宽泛领域，而是对该领域下的某些具体子分支抱有更为浓厚的兴趣，这些细微且深入的偏好均可通过个性化设置得以精准表达。

个性化设置的融入，使用户界面不再局限于一种固定模式，而是能够依据用户需求的多元化进行灵活地调整与变化。用户可以根据自己的兴趣导向与实际需求，自由调整各项设置，从而使搜索与浏览的流程变得更加高效且充满乐趣。这种高度定制化的体验，不仅极大地满足了用户的个性化需求，更在无形中增强了用户对智慧图书馆的黏性与忠诚度。当用户感受到自己的兴趣得到了充分的重视与尊重时，他们自然会更加倾向于在智慧图书馆的平台上进行深入的搜索、浏览与互动。

在用户界面设计中，智慧图书馆借助个性化设置功能，为用户提供了更为贴心且极具针对性的服务体验。用户能够依据自己的兴趣点与偏好倾向进行个性化设置，进而促使系统能够更为精确地为其推荐符合个人口味的内容资源。这一创新功能的实现，不仅显著提高了用户的满意度水平，更在深层次上促进了用户与图书馆之间的紧密互动，共同营造出一种极佳的用户体验氛围。

（二）用户兴趣和需求的精准把握

智慧图书馆的个性化内容推荐机制，其核心在于对用户阅读历史及行为模式的深度剖析，以此实现对用户兴趣与需求的精准把握。这一机制依托强大的数据分析与机器学习技术，旨在为用户量身打造专属的内容推荐方案，进而赋予阅读体验以更高的价值。

通过细致入微地分析用户的阅读历史，智慧图书馆能够全面洞察用户过往的阅读轨迹、倾向及偏好。这一过程远非对用户浏览内容的简单累积，而是借助先进的数据挖掘技术，深入挖掘潜藏于历史数据之中的模式与关联性。举例来说，若某一用户历史上频繁涉猎历史文化类内容，系统便能据此推断出该用户对于历史与文化领域抱有浓厚的兴趣。这种对用户喜好的深刻把握，为系统提供了坚实的运行基础，以便能够为用户提供更为贴合其个性化需求的内容。

智慧图书馆通过深度挖掘与分析用户的阅读历史，不仅能够精准捕捉用户的兴趣所在，还能够为用户提供更加个性化、有价值的内容推荐服务，从而极大地提升了用户的阅读体验。

此外，智慧图书馆还会对用户检索行为进行深度剖析，以期精准捕捉用户当前的关注焦点与实际需求。具体而言，若某用户在短期内频繁检索科技发展相关内容，系统即可合理推测其可能对最新的科技动态抱有浓厚兴趣。这种即时性的分析手段，使推荐服务能够更为迅速且精确地响应用户的即时需求。

智慧图书馆在综合考量用户的阅读历史与行为特征的基础上，精心构建了用户画像。这一画像作为对用户兴趣、偏好及需求的全面而抽象的描绘，为系统提供了宝贵的参考依据。依托用户画像，系统能够精确预测用户可能感兴趣的内容范畴，并在用户访问平台之际，主动为其推送相关联的资源信息。这种个性化的推荐模式，不仅极大地提高了用户的满意度水平，更为用户打开了一扇通往符合其兴趣领域的更多知识的大门，积极助力其知识体系的拓展与深化。

个性化推荐技术，凭借其对用户阅读历史与行为模式的深度挖掘能力，得以更为精准地洞悉用户的兴趣导向与需求特征。该技术的广泛应用，不仅显著优化了用户的阅读体验，更为用户提供了极具针对性的内容推荐服务，从而在用户与智慧图书馆之间搭建起了一座互动的桥梁，促进了双方关系的深入发展。

（三）用户需求的个性化推荐

在信息泛滥的当今时代，面对浩瀚如烟海的数据与资源，用户在探寻所需信息时往往陷入迷惘与困惑之中。个性化推荐技术的引入，为用户带来了一种卓有成效的解决方案，能够助力用户迅速锁定感兴趣的资源，从而大幅度提高了用户的满意度水平。

回顾传统的信息检索模式，用户不得不投入大量的时间与精力，逐一审阅搜索结果，以期从中筛选出最贴合自身需求的内容。这一过程不仅冗长乏味，还极易引发用户的挫败感与不满情绪。然而，个性化推荐技术的横空出世，彻底扭转了这一被动局面。该技术通过对用户的阅读履历、兴趣偏好及行为模式的深度剖析，可以全面洞察用户的内在需求与兴趣导向。从用户踏入智慧图书馆平台的那一刻起，系统便会依据这些信息，为其精心呈现一系列高度契合其兴趣的内容推荐，这些推荐能恰如其分地捕捉到用户可能感兴趣的资源范畴。

个性化推荐技术凭借其强大的信息筛选与匹配能力，能够在浩如烟海的信息洪流中迅速定位到与用户最为相关的内容，并将那些极有可能满足用户兴趣的资源置于显眼位置。这一创新性的检索方式，使用户得以摆脱烦琐的搜索与筛选流程，直接触及并获取所需的信息资源。这种高效且便捷的检索机制，不仅显著提高了用户的使用效率，更为用户带来了一种前所未有的便捷与舒适的搜索体验。

借助个性化推荐机制，用户可以更迅速地触及心仪的资源，并且拥有探索未曾留意领域的宝贵机会。这些领域或许并未成为用户主动搜索的焦点，却与用户的兴趣紧密相连。因此，个性化推荐技术不仅极大地提升了用户的满意度，更为他们开辟了一片更为广阔的知识与信息的新天地。

个性化推荐技术的广泛应用，使用户能够以前所未有的速度锁定感兴趣的资源，显著增强了用户的满意度。这一变革性的技术使用户摆脱了漫长搜索与筛选等待，使他们能够将更多精力倾注于阅读与学习的过程中，从而获得更为高效的信息获取体验。个性化推荐技术的蓬勃发展，赋予了智慧图书馆更为强大的信息处理与精准推荐能力，为用户带来了更为优质且便捷的服务体验。这一技术的革新，不仅彰显了智慧图书馆在信息时代的领先地位，更为用户的信息获取提供了便捷的途径。

（四）促进用户的深度参与和持续互动

在智慧图书馆领域，个性化定制与推荐技术的融合应用，不仅达成了信息的高精度匹配，而且深度促进了用户的积极参与和连续性互动，从而塑造了一个更为生动且多元的知识互动与分享平台。智慧图书馆通过个性化的内容推介，能够更为精确地响应并满足用户的独特需求。用户可以依据个人的兴趣、偏好及需求，进行定制化的设置，从而使系统能够为其精准推送最为贴切、富有价值的资源。这种个性化的体验模式，能让用户深切感受到自身阅读偏好得到了应有的尊重与重视，进一步强化了用户与图书馆之间的情感。因此，用户对于那些能够贴合个人需求的服务展现出更为浓厚的兴趣，更愿意在图书馆的平台上沉浸于阅读、借阅、发表评论及分享心得等活动。

个性化推荐技术的作用不仅局限于满足用户的阅读兴趣，更在于拓宽用户的视野，引领他们探索更多元化的内容领域。通过向用户推介与其已知兴趣相近但又略有差异的领域内容，智慧图书馆为用户开启了全新的阅读视野。这种策略不仅能助力用户发掘新的兴趣焦点，还促进了跨学科的学习与思考，激发了用户深入探索知识领域的热情，从而与图书馆建立起更为紧密且深入的互动关系。

此外，个性化推荐技术还能够激发用户的好奇心与求知欲。系统通过凸显新颖且极具吸引力的内容，可引导用户主动探索那些未曾涉足的知识领域。这种策略极大地调动了用户的主动参与意识与探索精神，使用户更加专注于知识的获取与探索。用户因获得了更多富有趣味性与价值性的内容，从而增强了与图书馆的持续性互动。

综上所述，个性化定制与推荐技术在智慧图书馆中的应用，不仅精准地满足了用户的个性化需求，更通过激发用户的深度参与和连续性互动，共同构筑了一个更为活跃、多元且充满价值的知识互动与分享平台。用户在此平台上感受到了个人需求的被关注与尊重，进而更加主动地参与图书馆的各项活动，有力地推动了知识的共享、交流与创新的进程。

三、多渠道的支持和互动

智慧图书馆致力于通过多元化的渠道为用户提供全面的服务支持与丰富的互动机遇，

旨在确保用户的各类问题均能得到迅速且有效的回应。移动应用程序的引入，使用户能够不受时间与空间限制，轻松访问图书馆的各项资源与服务，这一举措显著提升了用户在使用过程中的便捷程度。与此同时，智慧图书馆还配备了在线客服系统，该系统允许用户与图书馆工作人员进行即时的在线沟通，从而迅速解决用户在使用过程中遇到的任何疑问或难题。

这种即时且高效的互动模式，不仅为用户带来了极大的便利，更在无形中强化了用户与智慧图书馆之间的紧密联系。通过在线客服系统，用户能够感受到图书馆对其需求的密切关注与积极回应，这种互动体验无疑加深了用户对智慧图书馆的信任与依赖，同时也促进了双方之间更为积极且深入的交流与合作。

（一）移动应用的便捷性

智慧图书馆凭借移动应用的创新性推出，为用户开辟了一条能随时随地访问图书馆资源与服务的新途径。用户仅需简单地在个人移动设备上搜索、下载并安装这一应用，便能即刻畅享图书馆内丰富的资源，并能进行图书、期刊、论文等多种资源的轻松浏览。这一举措不仅大幅度降低了用户亲临图书馆所耗费的时间成本，还赋予了他们无论何时何地均能迅速获取所需信息的强大能力，显著提升了用户在使用过程中的灵活性与便捷度。

智慧图书馆通过移动应用的部署，在提升用户体验与促进用户互动层面迈出了关键性的一步，精准响应了当代用户对信息获取即时性与便捷性的迫切需求。移动应用设计的核心理念，即在于确保用户能够不受时间与空间束缚，随时随地畅享对图书馆资源的无障碍访问。用户只需轻松几步，在移动应用商店中搜索“智慧图书馆”并下载安装，可即刻解锁对各类资源的便捷浏览权限。无论用户身处世界的哪个角落，只要随身携带移动设备，便能即刻翻阅图书、查阅期刊、研读论文，充分享受图书馆的丰富资源，彻底摆脱了传统模式下需等待或亲临实体图书馆的局限。这种即时且高效的资源获取模式，使用户的信息需求更加迅速地得到满足，极大地节省了宝贵的时间与精力。

此外，移动应用的诞生进一步赋予了用户前所未有的灵活性。用户无须再受制于图书馆的开放时间或地理位置，而是可以随心所欲地在任何时刻、任何地点浏览自己所需的资源。这种前所未有的便捷性，不仅显著提高了用户的阅读效率，更让用户能够充分利用日常生活中的碎片化时间，实现更加高效的学习与知识积累。

移动应用的推出，在提升用户体验的个性化层面发挥了重要作用。用户只需登录个人账号，便能自主设定兴趣领域与偏好，系统据此智能推荐与用户兴趣更为契合的内容。这种个性化的推荐机制，使用户能够迅速锁定自己感兴趣的资源，进而大幅提升了用户的满意度。更值得一提的是，用户还能根据个人喜好，灵活调整应用界面的显示模式、字体大小等细节，确保界面布局更加贴合个人的使用习惯，从而在无形中提升了用户的舒适度与整体使用体验。

智慧图书馆凭借移动应用的创新推出，成功为用户打造了一条能随时随地访问图书馆资源并享受其服务的便捷通道。移动化的解决方案，不仅大幅提高了用户的使用效率，更充分满足了用户对信息获取灵活性的迫切需求。同时，通过提供个性化推荐与设置选项，智慧图书馆进一步提升了用户的满意度与使用体验，为用户的信息获取增添了更多便捷与乐趣。

（二）在线客服系统的实时互动

智慧图书馆在线客服系统旨在搭建用户与图书馆工作人员之间的即时通信桥梁。用户借助这一平台，可通过直观的聊天界面提出疑问、分享见解或寻求帮助，而图书馆的工作人员则会迅速且专业地予以响应。这种即时性的互动模式，能够针对用户所遇难题迅速提供解决方案，从而显著提高用户的满意度水平。此外，用户在这一过程中深切感受到了图书馆工作人员的专业关注与全力支持，进一步强化了用户与图书馆之间的紧密联系。

智慧图书馆的在线客服系统，为用户带来了前所未有的实时互动体验，确保用户在使用各项服务时能够获得即时且有效的支持与解答。这一实时互动机制的引入，不仅极大地提高了问题解决的效率，还显著增强了用户与图书馆之间的互动感受，为用户提供了更为周全且贴心的服务体验。在线客服系统通过其便捷的聊天界面，将用户与图书馆工作人员紧密地连接在一起，使用户能够随时随地提出问题、发表意见或请求援助，而图书馆的工作人员则始终保持着高度的职业敏感性与响应速度，确保在第一时间为用户排忧解难。这种即时且高效的互动机制，有效避免了用户因长时间等待解答而产生的不满情绪，从而整体上提升了用户的满意度与忠诚度。

智慧图书馆的在线客服系统，凭借其卓越的实时性能，可有效助力用户在操作使用过程中更全面地理解并掌握系统功能。当用户面临界面操作的困惑，或对某项特定功能的运用方式心存疑虑时，他们能够即刻借助在线客服这一平台，获取详尽且精准的指引与帮助。这种即时的援助机制，极大地促进了用户对图书馆各项功能的顺畅运用，从实质上优化了用户的整体体验。

与此同时，在线客服系统的运用也显著加深了用户与图书馆之间的情感联结。用户在这一互动过程中，能够深切感受到图书馆工作人员所给予的悉心关注与全力支持，进而确信自己的问题与需求得到了充分的重视与回应。这种温馨且亲切的互动体验，无疑会激发用户对图书馆的强烈归属感与深厚信任，促使他们更加倾向于在图书馆的平台上进行深入的阅读、便捷的借阅以及积极的交流。这种正向且持续的互动循环，对于促进用户的深度参与具有不可估量的价值，使用户对智慧图书馆的使用态度将更为积极且持久。

综上所述，智慧图书馆在线客服系统，通过其高效的实时互动机制，为用户提供了即时且全面的问题解答与服务支持。这不仅显著增强了用户对图书馆的信赖度与满意度，还极大地提升了用户与图书馆之间的互动品质与体验。在线客服系统的广泛应用，为用户在智慧图书馆的使用过程中带来了更为便捷且周全的支持，推动了图书馆与用户之间建立更为深厚且稳固的互动关系。

（三）多种互动途径的选择

智慧图书馆在与用户进行互动时，采取了包括电子邮件、社交媒体平台在内的多元化沟通渠道，旨在全方位地响应并满足用户的多样化沟通需求。用户能够依据个人偏好，灵活选择最适合自己的沟通方式，向图书馆提出疑问、建议或分享反馈。这种广泛且灵活的互动途径，不仅彰显了图书馆的开放姿态与亲和力，更确保了每位用户都能获得贴合其需求的沟通体验。

智慧图书馆在促进与用户互动的过程中，精心设计了多种沟通渠道，旨在深化用户与图书馆之间的联结。电子邮件作为经典且正式的沟通手段，为用户提供了一个条理清晰、表达详尽的平台，使他们能够向图书馆详尽阐述问题、提出见解或寻求帮助。图书馆在接收邮件后，会进行细致的审阅并给予详尽的回复，确保信息的准确传递与有效处理。与此同时，社交媒体平台也已成为互动不可或缺的一环。智慧图书馆通过设立官方账号，与用户展开实时的在线交流。用户可通过私信、评论等多种形式与图书馆互动，甚至在公开帖子下发表疑问或分享观点。这种轻松便捷的互动模式，进一步拉近了图书馆与用户的距离，促进了双方间的联系。

提供多元化互动途径的优势在于，能够充分尊重并满足不同用户的个性化沟通偏好。部分用户可能更倾向于通过电子邮件进行正式且详尽的交流，而另一些用户则可能更偏爱在社交媒体上留言或私信。这种灵活性不仅体现了图书馆对用户需求的深刻理解与尊重，更激发了用户的参与热情，提高了满意度。此外，多样化的互动途径还有助于深化用户与图书馆之间的深层次互动。用户能够根据不同场景与需求，选择合适的沟通渠道与图书馆互动，从而更全面地了解图书馆的服务与资源。图书馆的关注与关怀，也将激发用户在图书馆平台上进行更积极的阅读、互动交流活动。

综上所述，智慧图书馆通过精心设计的多元化互动途径，如电子邮件、社交媒体平台等，使用户能够依据个人需求与喜好，灵活选择沟通方式。这种多样化的互动模式，不仅加强了用户与图书馆之间的联系，更精准地满足了用户的沟通需求，显著提升了用户的满意度与互动体验。

（四）用户社区和活动互动

智慧图书馆亦可采取构建用户社群及策划线上活动的策略，以催化用户间的交互与沟通。在社群内部，用户能够就阅读心得展开讨论、彼此推荐优质资源，营造出一种充满活力且互动性强的学习氛围。此外，通过一系列精心设计的线上活动，诸如阅读俱乐部、网络研讨会等，不仅为用户提供了与图书馆馆藏资源及内容深度互动的平台，还极大地丰富了用户的阅读经历与体验。通过这些多元化的互动形式，用户不仅能够深化对馆藏资源的理解与掌握，还能在与其他用户的交流中拓宽视野，共同促进一个积极向上、知识共享的学习社群的形成与发展。

首先，智慧图书馆通过构建用户社群，为用户开辟了一个在线的交互空间，在此他们可以无拘无束地进行沟通、研讨、共享与相互协助，成为会聚热爱阅读与学习者的群体之地。用户可以在此探讨心仪的书籍、篇章、创作者，分享个人的阅读经历与感悟，并向他人推介优质资源。社群互动不仅强化了用户间的纽带，更为他们拓宽了阅读的视野，激发了新颖的阅读兴趣，极大地充盈了用户的阅读体验。

其次，智慧图书馆还可不定期地策划线上活动，诸如阅读社群、网络研讨会等，旨在为用户提供更为深入的互动体验。阅读社群可围绕特定议题或书籍，邀约用户共读、研讨与分享，从而营造出集体研习的氛围。而网络研讨会则为用户搭建了与创作者、学者等交流的桥梁，他们可通过直播或点播的方式参与，与业界权威人士进行思想交流与学术对话。此类线上活动不仅深化了用户对图书馆资源的认知与运用，还使他们有机会与图书馆及其他用户构建更为紧密的联系。

通过构建用户社群与策划线上活动，智慧图书馆切实地增强了与用户间的互动与交流。这些互动形式为用户提供了分享、研习、沟通的平台，不仅拉近了用户与图书馆的距离，也极大地丰富了用户的阅读体验。用户社群与线上活动不仅满足了用户对于社交与交流的渴求，更为他们开辟了更为宽广的知识获取渠道，激发了他们的阅读兴趣与学习热忱，从而进一步提升了用户与图书馆间的互动体验。

四、反馈和改进机制

智慧图书馆在用户界面中，还特别融入了反馈与改良机制，旨在激励用户积极贡献他们的见解与建议，从而为图书馆持续优化并提升用户体验提供助力。智慧图书馆高度珍视用户的意见表达，视用户的反馈为不可或缺的改进动力，坚持不懈地对界面设计与功能配置进行迭代优化，以期更好地适应用户日益变化的需求趋势。

具体而言，智慧图书馆将用户的每一条反馈都视为宝贵的改进线索，通过深入分析用户的实际需求与期望，不断对用户界面进行精细化调整，以确保其功能布局更加合理、操作流程更加顺畅。同时，图书馆还积极采纳用户关于新增功能或改进现有功能的建议，力求在保持界面简洁易用的基础上，不断丰富和完善其功能体系，从而为用户提供更加个性化、智能化的服务体验。

总之，智慧图书馆通过构建高效的反馈与改良机制，不仅彰显了其对用户意见的尊重与重视，更为其持续优化用户体验奠定了坚实的基础。在这一过程中，用户的积极参与和宝贵建议成了推动图书馆不断前行的强大动力。

（一）用户意见的鼓励和收集

在智慧图书馆的界面设计中，特意融入了“反馈渠道”这一模块，旨在激励用户慷慨贡献他们的见解、提议及使用体验分享。反馈机制所展现出的积极性及诚恳的态度，能使用户深刻感受到他们的声音得到了倾听与珍视。用户能够借助在线问卷、电子邮箱，乃至直接在平台上发表评论等多种途径，便捷地传达自身的需求、关注的焦点及所遇到的问题，助力图书馆全面洞察用户的真实需求与关切。

智慧图书馆致力于打造一个与用户紧密相连的平台，其中，用户意见的征集与鼓励机制是其重要组成部分。在图书馆界面上，精心设置的反馈渠道为用户开辟了一个自由表达的空间，鼓励他们详尽阐述个人见解、提出改进建议，并分享与平台相关的使用体验。这不仅显著提升了用户的被关注度，更将他们的声音转化为智慧图书馆革新与进步的重要参考，进而在用户与平台间营造出更为活跃的互动氛围。用户可根据个人偏好与便利性，灵活选择在线问卷、电子邮箱留言或平台内评论等反馈方式，确保观点传达的便捷与高效。

用户所分享的内容可涵盖界面设计、搜索效能、资源多样性、服务质量等多个维度，同时也不乏针对特定问题提出创新解决方案。此类反馈不仅为智慧图书馆提供了深入了解用户需求的宝贵窗口，还为用户间的经验交流搭建了平台，促进了知识的共享与智慧的碰撞。此外，这一积极的反馈机制无形中增强了用户的归属感与参与感，使用户在智慧图书馆中的每一次意见反馈都能得到认真回应，让他们深刻体会到，自己的声音不仅是个人诉求的表达，更是整个用户社群共同关注的体现。

反馈体系的建立，有效巩固了用户对智慧图书馆的信赖基础，激发了他们更深入地参与平台使用的热情。智慧图书馆通过反馈渠道的设立与积极鼓励用户反馈的举措，充分彰显了对用户意见的尊重与珍视。这一机制不仅强化了用户与平台间的紧密联系，更为智慧图书馆的持续优化与升级提供了不可或缺的指引，确保其能够精准对接并超越用户的期望与需求。

（二）实时的反馈回应

在智慧图书馆的反馈与改进过程中，对实时性的强调占据了核心地位，旨在确保用户的意见与疑问能够即刻获得响应。这一即时互动的机制，不仅深刻体现了对用户的高度重视，更是推动服务优化与革新的关键环节。反馈渠道的即时响应特性，确保了用户所提出的问题与建议能够在极短的时间内得到处理，避免了用户长时间等待的情况发生。

智慧图书馆借助在线聊天工具、电子邮件及其他即时通信手段，能够在用户发出疑问的刹那迅速作出回应。这种近乎即时的互动模式，使用户能深切感受到被关怀与重视，从而显著提升了他们的满意度与忠诚度。通过即时反馈与快速响应，智慧图书馆不仅有效解决了用户的具体问题，还进一步强化了用户与平台间的情感纽带，构建了一个更加积极、高效的用户互动环境。

在此机制下，用户的每一条反馈都被视为宝贵的改进机会，智慧图书馆能够迅速捕捉到用户的需求变化与潜在问题，从而有针对性地调整服务策略与功能设计。这种即时、高效的互动模式，不仅加速了智慧图书馆的迭代升级进程，还为用户带来了更加流畅、便捷的使用体验。

与此同时，这种即时互动模式成为图书馆改进不可或缺的信息源泉。用户的见解与疑问直接揭示了平台现存的问题及潜在的优化潜力。图书馆凭借对用户反馈的迅速响应，能够深入洞察用户的需求与期盼，及时揭示存在的缺陷，并据此实施相应的优化措施。此反馈循环促使图书馆对用户反馈保持了高度敏感性，并快速迭代改进，进而全面提升平台的用户体验。

即时反馈与响应机制还促进了用户与图书馆间积极互动关系的构建。当用户获得迅速且精准的回复时，他们不仅感受到自身问题得到有效解决，还能体会到图书馆的关注与支持。这种积极的互动不仅增强了用户的信任，还激发了他们更积极地参与图书馆的使用与社区建设，为整体生态的繁荣贡献力量。

通过即时反馈响应机制，不仅彰显了智慧图书馆对用户的深切关怀与尊重，更为其提供了宝贵的改进与优化信息。这种即时互动模式不仅大幅提升了用户的满意度，还使图书馆能够精准捕捉用户需求，持续迭代升级平台功能，致力于为用户提供更为卓越的服务体验。

（三）用户反馈的整合和分析

图书馆运用尖端的数据解析技术，通过对累积的用户反馈进行系统的整合与深度剖析，并对海量用户意见深入挖掘，旨在揭示出用户频繁遭遇的问题、痛点及其核心需求。此类数据导向的分析手段，显著增强了图书馆对用户期望的精准捕捉能力，使其能够优先应对紧迫问题，并科学规划长期的改进策略。

在智慧图书馆的反馈与改进架构中，不仅积极倡导用户贡献意见与建议，更依托先进的数据解析技术，对汇聚的用户反馈实施了全面的整合与深度分析。这种数据引领的策略，极大地提升了图书馆对用户需求及问题的洞见深度，使其能更确切地把握用户的期望焦点与关注要点。用户反馈的整合与分析，实质上是一个将繁复数据精练为宝贵信息的过程。图书馆会广泛收集来自不同渠道的用户反馈，诸如在线问卷、电子邮件、交流记录等，并将这些信息条理清晰地整合归纳。此类集中式的数据汇总，为图书馆提供了一个全方位审视用户问题与需求的视角，使其能够洞察潜在的问题模式与共性特征，为后续的改进与优化奠定坚实的基础。

借助数据分析技术，图书馆能够从庞大的用户反馈数据中提炼出富含价值的信息。这一分析过程使图书馆能够洞悉哪些问题是普遍存在的痛点，哪些需求是当前最为迫切的。譬如，当同一问题被多位用户频繁提及，这便可能预示着一个系统性的难题，亟须获得优先解决。与此同时，深入分析还能揭示出用户的个性化偏好与需求，为图书馆提供精准服务创造可能。

数据分析的成效不仅体现在助力图书馆迅速应对紧急问题上，更在于为图书馆的长期发展提供指引。依据分析结果，图书馆能够精心策划改进策略，将用户普遍关切的问题置于首位，并精心规划未来的更新与优化路径。这种以数据为支撑的策略制定方式，能够确保图书馆在满足用户需求上实现精准服务，持续提升用户体验。

通过数据引领的用户反馈整合与深度分析，智慧图书馆能够更加深入地把握用户需求与问题所在，从而制定出更具针对性的改进策略。这不仅促进了用户体验的不断提升，更为智慧图书馆的持续优化与创新奠定了坚实的基础。在这一过程中，数据成了连接用户需求与图书馆改进策略的桥梁，引领着智慧图书馆不断前行，迈向更加卓越的服务境界。

（四）持续的改进和优化

图书馆不仅要着眼于即时的用户反馈响应，更要将用户的意见深度融入其长远的战略规划之中。通过持续不懈地剖析与归纳用户反馈，图书馆能够实现界面、功能及服务的渐进式革新。这一持续优化的进程，赋予了智慧图书馆紧跟时代步伐、灵活适应用户多变需求的能力，进而为用户提供愈发卓越的阅读与学习环境。

智慧图书馆以持续精进与提升为核心目标，将用户反馈视作制定长期战略蓝图的关键参照。其具备的深远洞察力，促使图书馆与用户建立起紧密无间的合作关系，推动服务与体验的持续升级，以应对需求变迁与技术革新带来的挑战。用户反馈不仅是应对即时问题的有效工具，更是透视用户深层次期望的窗口。通过对用户意见和建议的持续剖析与归纳，智慧图书馆能够挖掘出更为根本的问题与潜在机遇，从而实施更为全面且深入的改进策略。这种深度改进建立在对用户真实需求的深刻领悟之上，同时融入对服务与功能的长期布局考量。

在持续改进与优化的过程中，智慧图书馆将对界面、功能及服务的完善视为提升用户满意度与体验的关键举措。通过这一进程，智慧图书馆不仅能够高效解决用户面临的问题，更能满足其日益多元化、个性化的需求。这种持续性的优化机制，不仅强化了图书馆与用户间的紧密联系，更为用户提供了一流的服务体验，为图书馆的长远成功与持续发展奠定了坚实的基础。

第五章 智慧图书馆的数字资源

第一节 智慧图书馆数字资源概述

在当今互联网时代，数字资源重要性愈发凸显。为适应此变化，图书馆需适时调整资源配置与规模，以高效服务教师、学生及科研工作者。下文将详述智慧图书馆数字资源的核心理念与实践框架。

一、数字资源概述

随着现代信息技术飞速发展，社会迈入数字化时代，图书情报领域频繁出现“电子资源”“信息资源”等术语，且应用日益广泛。关于数字资源，学界有狭义与广义之分。狭义上，数字资源指文字信息的本体，如文本、影像、音视频及数据库等，经数字技术编辑处理后存于光、电、磁介质，供计算机等终端查阅学习。广义上，数字资源则涵盖所有数字化文献资料及形成过程中的支撑性资源，如设备、技术、人才、资金等，这为我们深入理解数字资源提供了更广阔视角。

（一）数字资源的类型

数字资源范畴广泛，形式多样，导致分类标准多样。高校图书馆数字资源分类主要依据存储媒介、内容展现形态及学科领域三个维度进行。按存储媒介分，有网络数字资源（通过互联网获取）、本地数字资源（存储于图书馆设备）、移动数字资源（借移动通信网络访问）及混合数字资源（兼具网络、本地与移动特征）。依内容展现形态，可分为电子期刊、电子图书、专业数据库、音像资料及多媒体资源等，可满足用户多样化信息需求。从学科领域看，可分为人文社科、医药卫生、自然科学、工程技术及农林渔牧等领域，利于精细化管理及用户精准检索。本文重点阐述以内容为核心的数字资源分类。

1. 电子图书

电子图书与纸质书籍之间存在着诸多共通之处：它们在内容上与纸质书籍保持着高度的一致性；排版布局方面，电子图书也遵循了传统纸质书籍的设计原则，以期迎合传统读者的阅读习惯；此外，无论是电子图书还是纸质书籍，其根本目的都是通过“阅读”这一行为来实现信息的有效传递。然而，相较于纸质书籍，电子图书所展现出的优势同样不容小觑，特别是其提供的便捷检索功能。

用户能够借助各类终端设备或资源导航系统，根据个人兴趣或实际需求对电子图书进行快速检索。这一功能极大地提高了用户查找图书的效率，使他们能够在浩瀚的电子图书海洋中迅速定位到所需内容。更为重要的是，电子图书还赋予了用户一系列附加操作，如复制、收藏等，这些功能进一步丰富了用户的阅读体验。

在当前数字化时代背景下，网络版的电子图书以及电子图书数据库正日益受到广大用户的青睐。越来越多的读者开始倾向于利用这些数字化资源来满足自身的阅读需求，这充分彰显了电子图书在现代社会中的独特魅力和广泛应用前景。

2. 电子期刊

电子期刊，亦被广泛称为网络版出版物或数字化出版物，凭借其依附的计算机平台所具备的庞大存储能力，能够大幅度地扩充自身的信息容量。此外，得益于其数字化的存在形态，电子期刊使用户在面对浩如烟海的信息时，能够充分利用计算机所提供的高效检索功能，迅速且精准地定位并获取到所需信息。这一特性不仅极大地提高了信息检索的效率，也进一步彰显了电子期刊在信息时代的独特优势与价值。

3. 电子报纸

电子报纸的信息承载量更为庞大，信息传播的速度也更为迅捷，此外，在信息的检索便捷性方面同样具有无可比拟的优势。电子报纸的信息容量远超纸质报纸，能够容纳更为丰富的内容；同时，依托先进的数字技术，电子报纸的信息传播效率得到了极大的提高，使新闻资讯能够以前所未有的速度抵达读者手中。更为重要的是，电子报纸所提供的检索功能，让用户能够轻松地在海量信息中迅速定位所需内容，极大地提高了信息获取的便捷性和效率。

4. 数据库

数据库大致可以划分为两大类别：非文献型数据库与文献型数据库。如今，绝大多数数据库均已实现与互联网的深度融合，用户能够借助多样化的远程终端设备轻松登录至这些数据库系统之中。一旦成功登录，用户便可以在这些数据库内自由地执行检索操作，以高效地获取所需信息。这一特性不仅极大地拓宽了用户访问数据库的渠道，还显著提升了信息检索的便捷性与灵活性。

（二）数字资源的特点

数字资源的迅猛发展势头不容忽视，其利用率之高，已然成为图书馆馆藏资源中最为活跃与富有生命力的组成部分。相较于传统文献资源，数字资源不仅同样具备传递性与再生性等基本特性，更展现出以下几个方面的显著优势与特点。

（1）高度时效性。数字资源具备即时更新的能力，能够紧跟信息变迁的步伐，确保内容始终处于最新且最精确的状态，从而极大地提升了信息的时效价值。

（2）检索高效灵活。数字资源作为一种超越时空界限的资源形态，其内容、标识符号等均可作为检索的切入点，用户仅需一台联网的计算机设备，便能随时随地访问全球范围内的各类资源，实现了信息检索的无缝对接与高效便捷。

（3）高转移性。在网络环境下，数字资源的转化效率显著提高，用户对于所需资源的获取仅需简单的复制、粘贴操作即可完成，部分平台还提供了全文下载与在线打印功能，进一步增强了资源获取的灵活性与便捷性。

首先，数字图书馆构建了一个包含多样化信息资源的丰富环境，这些资源涵盖了广泛的领域与类型；其次，数字图书馆高度依赖计算机技术与网络基础设施的支持，以确保信息的流畅传输与高效处理；再次，它创造了一个可访问、可交互、且具有一定开放性的环境，使用户能够便捷地获取并利用这些数字化资源；复次，数字图书馆的服务范围广泛，能够提供跨越全球的信息服务，满足不同地区、不同背景用户的需求；最后，它具备将传统文献以及那些无法以实体形式展现的数字化产品进行数字化保存与收藏的能力，从而极大地丰富了数字馆藏的内容与形式。

二、数字资源服务

（一）数字资源服务概述

1. 数字资源服务的内涵

计算机技术在图书馆领域的广泛应用，推动了数字资源在馆藏结构中占比的攀升，成为关键的一部分。在现代图书馆服务体系中，数字资源服务已成为核心，特别是在高校图书馆，服务模式正向数字化转型。关于数字资源服务，学术界定义多样。有学者认为，数字资源服务是指采取集成访问本地存储、远程获取等多特征手段使用信息资源，满足用户多样化需求的过程。具体而言，数字资源服务内容丰富，包括本地及网络馆藏资源，以及图书馆员提供的网站访问、数据库检索、文献传递、参考咨询等服务，构成现代高校图书馆数字资源服务的完整体系，为读者提供全方位信息支持。

2. 数字资源服务的原则

（1）用户中心原则。20 世纪末，图书馆领域确立了“读者至上”“服务为本”的理念，标志着向读者立场转变，开始提供个性化服务。如今，“以用户为中心”“满足用户信息需求”成为数字资源服务相较于传统服务的显著特征，也是其成功的关键。用户作为信息接收者，在信息交流中至关重要。信息资源价值通过与用户互动实现，用户成为衡量数字资源价值的基础。

在这一原则的指导下，数字资源服务不再仅仅局限于资源的提供与获取，而是更加注重用户的需求与体验，致力于构建一个以用户为中心的信息服务体系。通过深入了解用户的信息需求、行为习惯及偏好，数字资源服务能够为用户提供更加精准、高效的信息支持，从而进一步提升信息资源的利用价值与用户的满意度。

（2）最大化效益准则。“效益”这一术语，在经济学中代表着买卖双方追求利益最优化的理念。针对图书馆数字资源服务领域而言，实现效益最大化，意味着需深入发掘并整合数字资源，旨在全面满足用户需求，并力求使用户从中获得的益处达到最大化。

具体而言，高校图书馆应当首先致力于获取尽可能多的数字资源使用授权，这是构建丰富数字资源库的基石。在此基础上，需进一步推动数字资源的全面开放，确保用户能够便捷地访问这些资源。这包括提供充足且无间断的服务时间，以及确保用户只需拥有网络连接，就能随时随地查找到所需资源。前者为后者提供了坚实的资源保障，而后者则是前者所追求的最终成效。

综上所述，最大化效益准则应当被视作图书馆数字资源服务过程中的一项基本原则，它应贯穿资源采集、整合、开放及利用等各个环节之中。这一准则的遵循，对于推动图书馆数字资源的持续发展与优化升级具有不可或缺的重要作用。

（二）数字资源服务评价

1. 数字资源服务评价的意义

数字资源服务评价需全面审视数量、质量及效用等多维度特性，涵盖了资源启用、运用及结束后的综合评估，探究其是否符合用户需求、操作便捷性、服务宗旨及时代适应性。此活动称为数字资源服务评价，随着数字化浪潮推进，其范畴与深度也显著拓宽，吸引了众多学者进行研究。评价工作主要围绕指标选取、体系构建及模型设计三大环节，其中用户满意度是衡量服务成效的关键。用户认可与支持是数字资源服务稳健发展的基础，因此，深入洞察需求、优化服务体验成为提高质量、推动长远发展的关键。

对图书馆所提供的数字资源服务实施全面评价，旨在依据用户实际使用情况的反馈，促进图书馆服务的持续优化与改进。鉴于不同用户群体对于资源与服务的需求呈现出多样化的特征，在当下这个数字资源浩如烟海的时代背景下，图书馆有必要通过深入的评价研究，来更为精准地把握各类用户群体的基本需求及特殊需要。

基于此，图书馆需不断审视并调整其数字资源体系的建设策略，致力于构建一个更加完善、更加契合用户需求的资源架构。同时，加强图书馆数字资源服务建设，包括提高服务的便捷性、高效性及个性化程度，以确保能够为师生及其他科研工作人员提供更为贴切、更为优质的数字资源服务。

2. 数字资源服务评价方法

实施评价工作离不开严谨而系统的评价方法，恰当的选择不仅能够促进评价目标的顺利达成，还能显著提高评价的质量与效率。下面采纳“AHP-BP 神经网络”这一组合方法来进行综合性的分析探索。具体而言，首先运用层次分析法（AHP）来确定各项评价指标的权重分配，这一步骤能够确保各方面的意见科学合理地融入评价体系之中，再兼具 BP 神经网络在处理复杂数据关系上的强大能力，为数字资源服务的精准评价提供了有力的工具支持。

BP 神经网络在经历反复的学习迭代后，能够高效地调整并修正误差，从而最大限度地削弱主观判断对最终结果产生的潜在影响。依托强大的非线性计算能力，BP 神经网络能够更为深入地捕捉并理解变量间的复杂关联，同时，它还能将计算过程中隐含变量的影响直接融入并体现在最终的计算结果之中，从而提升了结果的准确性和全面性。

BP 神经网络训练时，输入样本先传至输入层，经隐含层处理后生成实际输出，由输出层输出。若实际输出与预设标准不符，即存在显著误差，为达精度要求，训练则进入误差反向传播阶段。此时，误差信号逆原神经元连接路径传递。

在反向传播过程中，各层神经元的权重值将被逐一调整，以减小误差。这一调整后的权重值将再次被用于输入层的数据计算，从而形成一个正向传播与反向调整的迭代循环。通过不断地重复这两个过程，BP 神经网络能够逐步优化其内部参数，以最小化网络的输出误差。

当输出误差降低至预设的允许范围以内，或训练达到预设的学习次数时，BP 神经网络的训练过程即可宣告结束。BP 神经网络在分类、聚类及预测等多个领域均展现出广泛的应用潜力。以下是对 BP 神经网络优势与局限性的详尽阐述。

①优点。首先，BP 神经网络展现出强大的适应性和自学力，能在特定情境下持续训练，并有序存储历次训练权值，直至稳定。其次，其容错性能通过分布式存储机制确保网络在部分神经元受损时仍能正常运作。再次，BP 神经网络在信息处理上展现出协同优势，各神经元独立接收、运算及输出信息，实现同层并行处理，快速传递至下一层，体现并行运算特点。复次，其泛化能力出色，能适度输出训练集外数据，对新输入数据自主收集整合，避免重复训练。最后，BP 神经网络具备卓越的非线性映射能力，各神经单元相互关联，输入输出间相互制约，为解决复杂问题提供了有力工具。

②缺点。BP 神经网络采纳梯度下降算法进行优化，然而，在此优化路径上，一旦触及局部极小值点，便易于陷入停滞状态，难以继续前行。当网络深陷局部最优的泥潭时，即便增加训练频次，其性能亦难以获得实质性提升，从而导致网络无法趋近于全局最优解。

研究者往往依赖经验公式或经由连续实验进行调试，再根据实验结果选定最优配置。这一现状导致在处理繁复问题时，网络的学习周期冗长，且效率欠佳。

基于此，AHP 与 BP 神经网络得以有机融合，共同构筑起一种综合性的评价方法——AHP-BP 神经网络评价法。

三、数字资源服务评价指标体系

高校图书馆的发展规划成功与否，数字资源服务水平的评价成为衡量其成效的关键标尺之一。为了构建一套科学合理的图书馆数字资源服务评价指标体系，我们引入了层次分析法作为设计框架。在此基础上，精心设计了专家调查问卷，旨在通过广泛征集并综合考量专家们的意见与建议，对各项指标进行严谨细致的筛选，并据此确定各项指标的权重分配。这一过程不仅确保了评价指标体系的全面性与准确性，还为后续的数字资源服务优化提供了有力的数据支撑与决策依据。

（一）可行性分析

针对高校图书馆数字资源服务评价指标体系的构建，我们提出综合采纳 AHP 与 BP 神经网络法的策略，并对其可行性进行深入剖析。

1. 方法可行性

AHP-BP 神经网络评价模型精妙结合了 AHP 与 BP 神经网络思想。近年来，该模型经国内外学者深入探索，广泛应用于交通管理、企业创新评估、信息安全预测等领域，促进了其理论与实践的日益成熟，也充分验证了其满足服务评价需求的潜力与效能。同时，AHP 方法在处理与评价紧密相关的问题时，展现出了其无可比拟的优势。鉴于此，我们采用 AHP-BP 神经网络的综合评价框架，对图书馆的数字资源服务展开深入细致的评价研究。在这一过程中，利用 AHP 的科学方法，为各项评价指标赋予合理的权重；同时，借助 BP 神经网络的强大功能，对这些权重进行进一步优化调整，从而直观而精准地反映出用户对图书馆数字资源服务的满意度情况。

2. 现实针对性

要确保服务评价指标体系具有强烈的现实指导意义，这一要求具体可从以下几个维度得以体现：首先，该体系必须能够全面且准确地采集到开展数字资源服务评价所需的各类数据信息，为后续的量化分析奠定坚实基础。具体而言，对于可量化的指标，应采用科学严谨的计算方法进行测定；而对于难以直接量化的定性指标，则可借助专家打分或问卷调查等手段加以确定，同时，还需清晰界定并合理划分不同层级的评价指标。

其次，鉴于信息技术的日新月异，评价指标亦会随之发生相应的变化。因此，所构建的评价模型需具备良好的普适性与灵活性，以确保在指标发生合理调整时，模型依然能够保持其有效性并得以持续应用。

最后，在分配数字资源服务评价指标的权重时，应充分考虑各图书馆的个性化特征，从而赋予各项指标以合理的权重与地位。这一过程不应局限于某一特定高校图书馆的实践范畴，而应具有更为广泛的研究视野与针对性。换言之，所构建的评价模型不仅应确保在其研究领域具有明确的针对性，同时也应兼顾广泛的通用性，以满足不同图书馆数字资源服务评价的实际需求。

（二）评价指标确定的原则

在构建评价指标体系时，各项指标核心要点因切入点与侧重点不同而应多样。一套结构完善、内容全面的指标体系，对确保高校图书馆数字资源服务评价的科学客观公正至关重要。基于现有指标体系原则，我们从服务内容与用户体验两维度深入剖析，提出确立指标需遵循的四大原则：科学性、全面性、可操作性及前瞻性。遵循此四大原则，旨在清晰界定评价指标，科学客观地构建完整评价体系。

1. 科学性原则

在图书馆数字资源服务评价中，科学性原则主要体现于对服务概念的精准理解，要求指标界定清晰、层次分明、标准统一，且指标间独立无冗余。此原则贯穿指标体系设计全过程，特别强调其专业性。据此，应采用严谨分析方法，借助可靠工具，基于真实数据，全面客观地评价服务。科学性原则确保了评价精准，提升了有效性与说服力。

2. 全面性原则

全面性原则在评估数字资源服务效能的过程中要求我们在衡量图书馆数字资源服务时，必须全方位地审视各项能力，力求真实且全面地映射出服务的全貌。为了确保评估结果能够精准地捕捉数字资源服务的实际表现，在构建评估体系时，必须审慎地考量定量与定性因素的选择与融合。

在定量指标的纳入上，应深入剖析其合理性，确保每一个指标都能精准地反映出服务某一方面的特性。而对于定性指标的设计与选择，则需秉持严谨求实的态度，不仅要清晰地界定指标的内涵，还需明确权重赋值的依据与方法，确保赋值的科学性与准确性。

通过巧妙地融合定量与定性分析，能够更加全面且深入地洞察数字资源服务的各个方面，从而得出更为精确、科学与客观的评价结论。

3. 可操作性原则

可操作性原则在构建评价指标体系时，主要体现在指标的可获取性、实施的可行性以及应用的实用性等多个维度。具体而言，指标的可获取性关注的是这些指标是否能够通过有效的工具测量、数据统计等手段轻松获取到所需的数据资料，从而为后续的计算分析提供坚实的基础。而实施的可行性则要求评价指标体系的设计需保持简洁明了，内容丰富但不过于繁复，所选指标应具备高度的实操性，确保在实际操作中能够顺畅无阻。

至于实用性，它强调的是该评价体系在高校图书馆中的广泛适用性与便捷使用性，这是构建评价体系时最为基础也最为关键的要求。

4. 前瞻性原则

鉴于数字资源相较于传统资源所展现出的独特性，设计数字资源服务评价指标体系时，不能简单地复制过往的评价模式，而应紧密贴合数字资源的本质特征。指标的构建需紧跟时代步伐，具备动态更新的能力，能够随时间推移而不断进化与发展，同时，根据评价目标的调整，能够灵活地变更指标项或调整权重分配，这对于推动数字资源服务评价指标体系的长远发展具有积极意义。

图书馆数字资源服务评价基准需随用户需求多样化而调整。构建评价体系时，需敏锐洞察图书馆学领域动态。服务提供不应仅关注资源本身，而应重视服务属性及用户体验反馈。应从用户视角全面评价高校图书馆数字资源服务，并以发展的视角设计指标体系，确保其既先进又具创新性。

（三）评价指标的选取和确定

通过对相关文献资料的系统性整合与深入分析，初步筛选出若干关键指标。为了进一步提升指标的科学性与合理性，可设计并发放问卷调查，广泛征集相关领域专家对初步选定指标的修改意见与建议。在此基础上，对指标进行细致的筛选与优化，经过多轮迭代与完善，最终确定了用于评价的数字资源服务指标体系。

1. 评价指标的选取

在着手设计指标体系之前，笔者广泛查阅了相关领域的文献资料，旨在深入了解当前数字资源服务评价体系的现状。经过细致的梳理与分析，笔者发现，尽管国内外学者在构建评价体系时所列出的指标存在一定的共性，但尚未形成统一的标准，部分指标间仍存在着显著的差异。鉴于此，笔者以评价指标的设计原则为基石，紧密结合国内图书馆数字资源服务的实际发展概况，积极与图书馆领域的资深专家进行了深入的交流与探讨。同时，笔者还充分借鉴了图书情报领域内专家学者的最新研究成果，经过审慎的考量与综合，初步拟定了一套涵盖资源内容、检索效率、交互体验及用户应用反馈四大维度的图书馆数字资源服务评价体系候选指标。这一体系旨在全面而深入地评估图书馆数字资源服务的整体效能与表现。

2. 评价指标的确定

在构建高校图书馆数字资源服务评价体系时，指标筛选与确定是核心环节。初步选定指标后，我们征求了专家与一线工作人员的意见，细致分析反馈，严格筛选实质性指标，舍弃冗余项，调整重叠内容，提升了体系合理性。在设计中，我们优化了四个一级指标，如将“用户使用情况”调整为“用户体验”，更直观反映用户满意度。在“资源内容”下，整合“种类数量”与“收录年限范围”为“丰富性”。针对“交互服务”，采纳专家建议，将“专业能力”“服务态度”及沟通能力等整合为“馆员素养”。因调研图书馆数据库信息有限，审慎删除“检索下载量”。对于知识产出，专家建议拓宽指标，将“科研贡献”改为“产出贡献”，涵盖多元化特征。最终，我们构建了包含 4 个一级指标、18 个二级指标的评价体系，全面评价数字资源内容、检索系统、交互服务及用户体验。各一级指标下设 18 个二级指标，实现精细化评估。以下详述各指标含义。

（1）首先，丰富程度体现了图书馆数字资源在种类与数量上的广泛性与多样性，是衡量其资源储备量的重要指标。其次，权威性质则关乎资源来源的可靠性及内容的准确性，是保障用户获取高质量信息的关键所在。再次，时间效用强调了资源内容的时效性与更新速度，对于满足用户及时获取最新信息的需求至关重要。最后，获取便捷性则涉及用户能否轻松、快速地访问并利用这些资源，是提升用户体验的重要一环。

综上所述，数字资源内容的这四个方面相互关联、共同作用，共同构成了评价图书馆数字资源服务质量的综合体系。

（2）检索系统在数字资源服务中为用户提供了一种高效且便捷的途径来定位和获取所需的数字资源。在这一流程中，多个关键因素共同影响着用户对检索过程的满意度。检索功能的全面性与灵活性、检索技术的先进性与准确性、检索结果的相关性与排序合理性，以及用户帮助信息的详尽性与易用性，都是评估检索系统效能的重要指标。此外，系统的稳定性与可靠性，以及用户界面的友好性与直观性，同样在很大程度上决定了用户能否顺利、高效地完成检索任务。

检索系统在数字资源服务中其性能与用户体验的优化对于提高整体服务质量具有至关重要的作用。

①功能的完善程度直接关系到用户检索时的便利性与可选范围的广度。功能越全面，用户在进行检索时所面临的选项就越丰富，从而极大地提升了检索的便捷性。

②检索技术的先进性。系统内置的检索技术，如引文检索与布尔检索等，能够使用户在信息检索过程中实现快速且精准的定位。

③检索结果优化展示至关重要。其查全率、准确率及呈现方式（如按相关性、时间、主题排序），还有显示格式及保存、打印等功能的便捷性，均深刻影响用户对数字资源服务的评价。优秀的检索系统需在这些层面为用户提供卓越体验。

④用户帮助文件的完善性。用户在查找资源时，能否顺畅无阻地获取信息同样至关重

要。重要的数字资源应配备详尽的链接与说明，即用户帮助文件的完整性、易用性以及与其他关联数字资源的链接通道的畅通性，都是衡量一个检索系统优劣的重要标准。

⑤确保系统稳定性。这主要体现在检索时页面加载顺畅、界面稳固、脱机或过载现象鲜见，以及浏览器兼容性强。用户在使用数字资源时，常面临服务器中断、并发用户限制等问题。网页响应迟缓也将大幅降低用户满意度，甚至引发负面情绪。因此，检索系统应力求简洁高效、运行稳定。此外，数据库供应商需提供持续及时的售后服务，确保问题迅速解决，使资源使用影响最小化。

⑥界面友好性关乎用户体验。系统界面应布局简洁明了，顺应多数用户使用习惯，提供多语言选项，设置便捷入口，助力用户迅速获取数字资源。导航应细分为学科与分类导航，便于用户按学科、类别检索文献信息。

（3）交互体验是衡量图书馆数字资源服务水平的关键维度之一，其涉及的多项因素共同作用于用户的整体满意度。具体而言，以下几个层面在评估图书馆交互体验的质量时显得尤为重要。

首先，图书馆能否为用户提供迅速且富有成效的数字资源咨询响应，成为衡量其交互体验优劣的重要标尺。这要求图书馆在面对用户的咨询需求时，能够迅速介入，提供精准、实用的解答，确保用户的信息需求得到满足。

其次，图书馆与用户之间的沟通渠道是否保持畅通无阻，同样对交互体验产生深远影响。一个高效的交互体系，应确保用户能够通过多样化的沟通方式（如即时通信、电子邮件、电话热线等）与图书馆保持联系，并在沟通过程中获得流畅、满意的体验。

再次，图书馆是否定期为用户组织恰当的教育培训活动，也是评估其交互体验不可忽视的一环。通过举办各类培训，图书馆不仅能够帮助用户更好地掌握数字资源的使用技巧，还能在一定程度上提升用户的信息素养和检索能力。

最后，图书馆员的专业素养与服务态度同样对交互体验产生重要影响。一名具备高水平专业知识和良好服务意识的图书馆员，能够为用户提供更加贴心、专业的服务，从而进一步提升用户的满意度和忠诚度。

综上所述，交互体验在图书馆数字资源服务中占据着举足轻重的地位。为了提高整体服务水平，图书馆应不断优化交互体验的各个环节，确保用户在享受数字资源服务的过程中能够获得更加便捷、高效、贴心的体验。

（4）用户体验是衡量图书馆数字资源服务质量的关键维度，它反映了用户在实际利用图书馆数字资源服务过程中的综合感受。这一体验涵盖了多个方面，包括用户的预期满足度、产出贡献度、参与程度以及用户黏性，这些因素共同构成了评价图书馆数字资源服务水平的重要参考指标。

具体而言，用户的预期满足度是指用户在使用数字资源服务前所持有的期望与实际使用体验之间的匹配程度。一个优质的数字资源服务应当能够充分满足用户的预期，甚至超越其期望，从而提升用户的满意度。

产出贡献度则体现了用户在利用数字资源服务过程中所创造的价值。这包括用户通过数字资源获取新知识、提升个人技能、完成学术研究或创新项目等方面所作出的贡献。一个高效的数字资源服务应当能够激发用户的创造力和生产力，促进知识的传播与创新。

用户参与程度反映了用户在数字资源服务中的活跃度和互动性。一个互动性强的数字资源服务能够吸引更多用户的参与，促进用户之间的交流与合作，从而增强服务的社区感和归属感。

用户黏性则是指用户对数字资源服务的持续使用意愿和忠诚度。一个具有吸引力的数字资源服务能够留住现有用户，并吸引新用户加入，从而形成良好的用户基础。

综上所述，用户体验是衡量图书馆数字资源服务水平的重要标尺，它涵盖了用户的预期满足度、产出贡献度、参与程度以及用户黏性等多个方面。图书馆应当重视用户体验的提升，通过优化数字资源服务的内容、功能、界面设计等方面，以满足用户的需求和期望，提高服务的整体质量。

第二节　智慧图书馆数字资源推广

一、智慧图书馆阅读推广转型架构设计

当前，高校图书馆在阅读推广领域正面临着一个关键的转型节点。本节旨在结合智慧图书馆的最新进展，深入探讨智慧图书馆在推动阅读推广转型过程中所扮演的核心角色及其关键驱动因素。通过对智慧图书馆特性的深入分析，旨在提炼和构建一套适用于高校图书馆阅读推广转型的先进理念，并在此基础上，对高校图书馆阅读推广的转型框架进行系统性设计。

在探讨过程中，我们将重点关注智慧图书馆如何凭借其先进的技术手段、丰富的资源储备以及高效的服务模式，为阅读推广转型提供强有力的支撑。同时，我们还将考察智慧图书馆在阅读推广内容创新、形式多样化以及受众覆盖面扩大等方面所展现出的独特优势，以及这些优势如何助力高校图书馆在阅读推广领域实现质的飞跃。

最终，将基于上述分析，提出一套具有前瞻性和可操作性的高校图书馆阅读推广转型架构设计方案，旨在为高校图书馆在未来的阅读推广实践中提供有益的参考和借鉴。

（一）智慧图书馆推动阅读推广转型的关键要素

智慧图书馆为高校图书馆的各项业务革新注入了全新的活力与动力，其在推动阅读推

广领域的转型过程中，展现出了一系列至关重要的核心要素，这些要素不仅彰显了智慧图书馆在技术创新与资源优化方面的独特优势，更为高校图书馆在阅读推广策略上的调整与优化提供了坚实的支撑。通过深入挖掘智慧图书馆的潜力，能够更有效地促进阅读文化的普及与深化，实现高校图书馆在阅读推广领域中的全面转型与升级。

1. 全域智能感知

智慧图书馆凭借其多元化的数据采集手段，在馆内遍布的数据采集终端与网络通信技术的协同作用下，正稳步迈向人与人、人与物以及物与物之间全面互联互通的境界。它不仅能够实时地感知并精确定位馆内的个体与物品，还能对各类设施实施高效管理，详尽地收集并记录读者的行为轨迹。这一全域智能感知能力的实现，标志着智慧图书馆相较于传统图书馆而言取得了跨越式的进展，为阅读推广工作的革新注入了强劲的新动能。

对于读者而言，智能感知技术的应用同样带来了极大的便利。他们能够快速获取馆内文献资源的分布信息以及各类设备的使用状况，极大地降低了资源获取与利用的难度，提升了阅读体验的整体满意度。

2. 知识深度整合

图书馆内藏有种类繁多的文献资源，长期以来，其一直在努力解决的一个核心问题是如何消除各类资源间的壁垒，实现不同性质资源的深度融合，以及提升读者在查找资源时的便捷程度。为了应对这一挑战，图书馆资源发现系统应运而生，成为一项极具创新意义的解决方案。

在这个过程中，对元数据的采集与整合更加全面而深入，每一份纸质文献与电子文献都经过了细致的整理与编目工作。并且智慧图书馆着力提升资源搜索与获取效率，简化文献输出流程。同时，依托大数据技术，深度挖掘知识内涵，从知识元层面细致展现资源内容，以应对读者日益精细的知识需求。这些努力不仅优化了图书馆服务，更为读者带来高品质、高效且个性化的阅读享受。

智慧图书馆凭借其卓越的知识深度整合能力，对阅读推广的资源组织模式进行了根本性的革新。这一变革使阅读推广不再局限于传统的按书籍整体进行推广的方式，而是能够细化到按篇章、按摘要乃至按综述进行推广，实现了纸质资源与电子资源的同步推广策略。

在阅读推广的实践过程中，智慧图书馆能够敏锐地捕捉读者的需求信号。随后，通过运用一系列先进的技术手段，深入挖掘并整理多种文献中相互关联的内容，进而输出价值密度更高、更具针对性的内容。这一过程不仅加速了读者对知识的获取速度，还确保了读者能够更全面、深入地掌握与其阅读兴趣高度契合的知识信息，从而极大地提高了阅读推广的效率与质量。

3. 个性化智慧门户

智慧图书馆的服务门户，作为其架构中的核心组件，构成了向读者提供前沿智慧服务的首要界面，承担着帮助用户迅速获取庞大资源库与便捷体验多元服务的核心职能。创新性的门户设计，相较于传统的图书馆服务门户，在多方面实现了显著的改进与优化。

以往，图书馆服务门户在设计之初就未能充分考量读者利用移动终端进行访问的实际需求，导致了读者在使用移动设备时难以获得满意的访问体验。然而，智慧图书馆的服务门户则成功打破了这一局限，确保了 PC 端与移动端在数据同步与应用体验上的一致性。无论是文献元数据、用户信息，还是服务流程与操作界面，在各大平台上均保持高度统一，从而确保了服务品质的一贯性与高标准。

此外，智慧图书馆的服务门户在整合服务平台方面也迈出了更为坚实的一步。它巧妙融合了多样化的应用场景，深度运用了用户行为分析技术，并以此为基础为读者提供个性化的信息推送服务。这一创新举措不仅极大地丰富了读者的阅读体验，还有效引导了读者进一步发掘并利用图书馆中更为广泛的文献资源与多样化服务，从而实现了智慧图书馆服务效能的全面提升。

在阅读推广实践中，图书馆可借助智慧门户这一创新平台，与读者展开高效且智能的交互对话。将一系列新颖且富有创意的交互应用精心设计并应用于智慧门户，极大地丰富了人性化的交互体验，使读者能够享受更加贴心与便捷的服务。智慧门户所具备的多终端一致性特性，为阅读推广工作的全面铺开提供了有力支撑，使推广内容能够跨越时空限制，实现全天候、全方位的传播，显著提高了读者对推广信息的接收效率。

在当前微信已成为人们日常生活中不可或缺的交流工具的背景下，图书馆应巧妙地将智慧门户嵌入微信平台之中。这一举措可使读者无论身处何地、何时，都能轻松访问并查看阅读推广的相关内容，极大地扩大了推广信息的覆盖面与影响力。

图书馆能够依据读者的不同需求与场景，如科研探索、课程学习等，量身定制并推送相应的阅读内容。这种高度个性化的服务方式，不仅满足了读者在多样应用场景下的差异化需求，也进一步提升了阅读推广的精准度与实效性。

4. 智慧的馆员和读者

在智慧图书馆构建中，虽然以智慧元素为核心，依托于智能设备与尖端技术，但更需智慧馆员服务与智慧读者参与。智慧馆员作为能力升级的关键，需具备专业技能、业务知识，并涉猎多个学科，了解读者需求，能熟练操作智能设备，支持读者获取知识与创新。智慧读者同样重要，经图书馆培养，他们积极探索新知，解决难题，与馆员共同促进图书馆发展。在阅读推广中，馆员的策划执行直接影响效能与智慧化、个性化水平。智慧馆员通过精细化编排内容，定制个性化服务，培育智慧读者，引导深入阅读，满足了多样化需求。智慧读者的积极参与，促进了信息广泛传播，优化了资源结构与服务模式，增强了推广效果，建立了紧密互动的桥梁。

（二）高校图书馆阅读推广转型理念

1. 回归学术性的根本属性

高校图书馆为学术研究之基础，是获取学术成就的关键。应坚守学术定位，将学术导向融入阅读推广。从填补知识空白到应对知识过剩，缓解信息不对称一直是图书馆学的核心价值之所在。随着馆藏激增，大学生面临从资源匮乏到选择困难的转变，尤其在急需学术文献时挑战巨大。学术阅读已成大学生必备的学习活动。因此，高校图书馆的阅读推广应聚焦于学术文献，解决馆藏不足或复本有限问题。同时，深度挖掘提炼不同主题学术文献，为大学生提供快速获取核心文献途径，辅以精练内容，助力其深入学习与研究。这些举措不仅能满足基本学术需求，更能为学术成长提供坚实支撑。

2. 用数据驱动全流程，使阅读推广智慧化

智慧图书馆的服务理念是以用户为核心，充分利用现代信息技术，全面响应用户多元信息需求。我国高校图书馆在智慧化建设中成效显著，大学生享受的智慧服务日益丰富高效，体验大幅提升。面对时代的发展，高校图书馆需并重数据资源管理与传统馆藏管理，利用海量数据资源，创新阅读推广模式，促进智慧化转型。数据驱动为智慧阅读推广的核心，涉及数据组织、呈现与服务。对于阅读推广工作高校图书馆需要进行战略布局，深入顶层设计，围绕数据三维度制定标准化规范，构建科学规范的阅读推广数据驱动模式。此模式旨在增强图书馆技术实力，其核心在于精准满足读者需求，解决需求模糊导致的推广低效问题，推动阅读推广至新高度。

3. 围绕一流学科，持续提升阅读推广的深度

一流专业设置是大学卓越之本。各大学虽然学科架构各异，但均为教学科研之基，保障了学校运行。高校图书馆资源构建与读者服务，需紧密围绕学科体系布局。特别是在“双一流”建设背景下，图书馆工作围绕学科开展更显迫切，尤其在阅读推广上，需勇闯学科前沿，发挥支撑引领作用。

图书馆阅读推广应以学科为核心，重专业教学与科研支撑，深化专业性，拓展学术性。需深入调研学科分类与专业发展，掌握文献需求与前沿动态，与各专业紧密合作，提供全天候嵌入式支持。

在策划实施推广活动时，需精准定位，针对特定专业大学生，确保资源甄选、活动内容设计更具针对性与实效。尽管推广活动的覆盖面可能相对有限，但正是这种“小而精”的模式，能够真正惠及某一专业的大学生，为他们带来切实有益的帮助与提升。通过这一

系列精心策划的推广活动，高校图书馆不仅能够有效促进学科专业的发展，还能进一步彰显其在“双一流”建设中的独特价值与重要作用。

4. 坚持文化育人，发挥阅读推广的教育性

大学之基石，在于树人育德。这就要求教学实践必须坚守教育原则，关注大学生全面发展与人格塑造，强化道德品格培养。高校图书馆是大学文化之瑰宝，应秉承树人育德宗旨，发挥文化滋养与人格塑造功能，以深厚阅读文化底蕴熏陶大学生，塑造其精神品德与学术专长。阅读推广是图书馆弘扬文化、强化校园力量的关键，必须坚持正确价值导向，恪守教育原则，避免非教育性倾向。

阅读推广的教育特质，体现于活动组织的审慎与内涵深化上。要拒绝过度娱乐化，不追求表面光鲜，不沉迷于形式主义，而以大学生喜闻乐见且富正面意义的方式，推荐对成长有益的内容。就内容教育性而言，需深度挖掘与精准推送与大学生学业成长紧密相关的文献资源，或借技能培训、读书交流等形式，拓宽文化视野与学科认知，提升阅读素养与资源运用能力，促进综合素质提升。无教育价值的内容，不应纳入推广的范畴。

综上所述，高校图书馆在阅读推广中，应立足学术定位战略转型，围绕大学生需求，以学术性、专业性、教育性和数据驱动为核心，重心在支撑教学与研究。要深度组织分析学科知识，策划实施学术活动，推送高质量专业内容，为高效学习与研究提供有力支持引导。

（三）高校图书馆阅读推广转型的架构设计

笔者致力于构建一套全面且深入的高校图书馆阅读推广转型框架体系，该体系囊括了一个宏观的整体架构以及三个细化的分层架构，分别是数据支撑层、资源与管理优化层以及服务创新层。

1. 整体架构

该整体架构全面描绘了高校图书馆在阅读推广转型过程中的全局性蓝图，它由数据基础层、资源与管理体系层及服务创新层这三个相互关联、互为支撑的部分共同构成了一个协调统一的有机系统。此架构全面覆盖了转型体系的关键维度，如图 5-1 所直观展现，为高校图书馆提供了对转型进程的全面洞察与深入理解。

在整体架构中，数据层扮演着基石的角色，它位于最底层，为资源与管理层以及服务层的顺畅运作提供源源不断的驱动力，是构建高校图书馆阅读推广转型体系的稳固根基。在数据层和资源与管理层的坚实支撑下，服务层致力于通过一系列线上与线下的多元化服务手段，有效地吸引读者的注意力、激发读者的深度参与热情，并带给读者卓越的服务体验感受。数据层、资源与管理层以及服务层三者之间实现了深度融合与有机统一，共同构筑了一个以数据为驱动力的阅读推广转型整体框架。

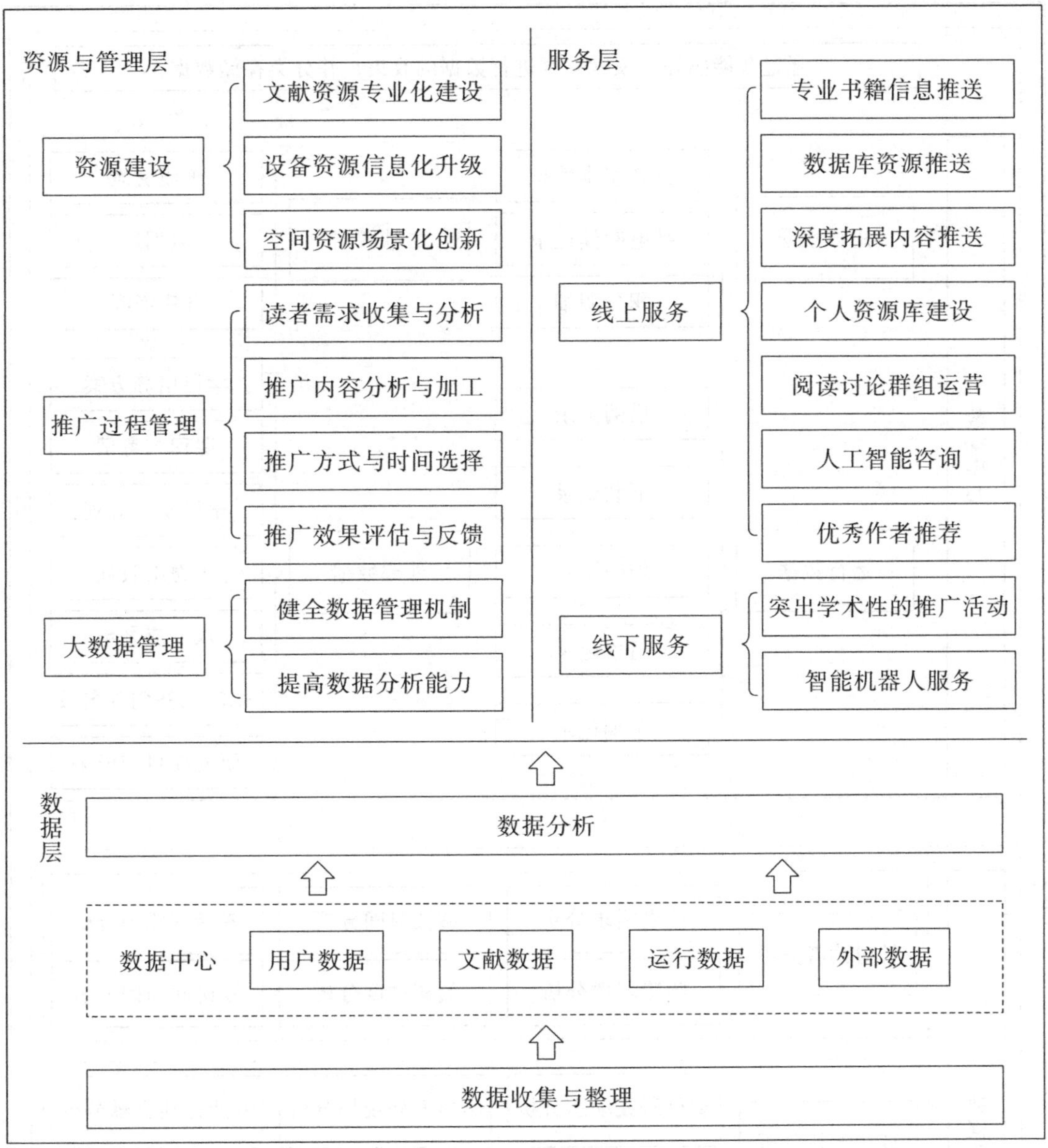

图 5-1　高校图书馆阅读推广转型的整体架构

2. 数据层架构

数据层架构的构建包含数据中心与数据分析两大核心组件，其具体构成如图 5-2 所示。在推动高校图书馆阅读推广转型的过程中，数据的收集与分析环节发挥着举足轻重的作用。数据层架构的首要组成部分聚焦于数据的广泛收集，高校图书馆借助智能感知技术与关联整合策略，从多元化的渠道汇聚数据，这些数据源涵盖了用户数据、文献资源数据、图书馆运营数据以及外部数据源，共同构成了一个规模庞大的数据中心，为后续的数据分析奠定了坚实的基础。此环节充分展现了智慧图书馆在数据处理方面的独特优势。

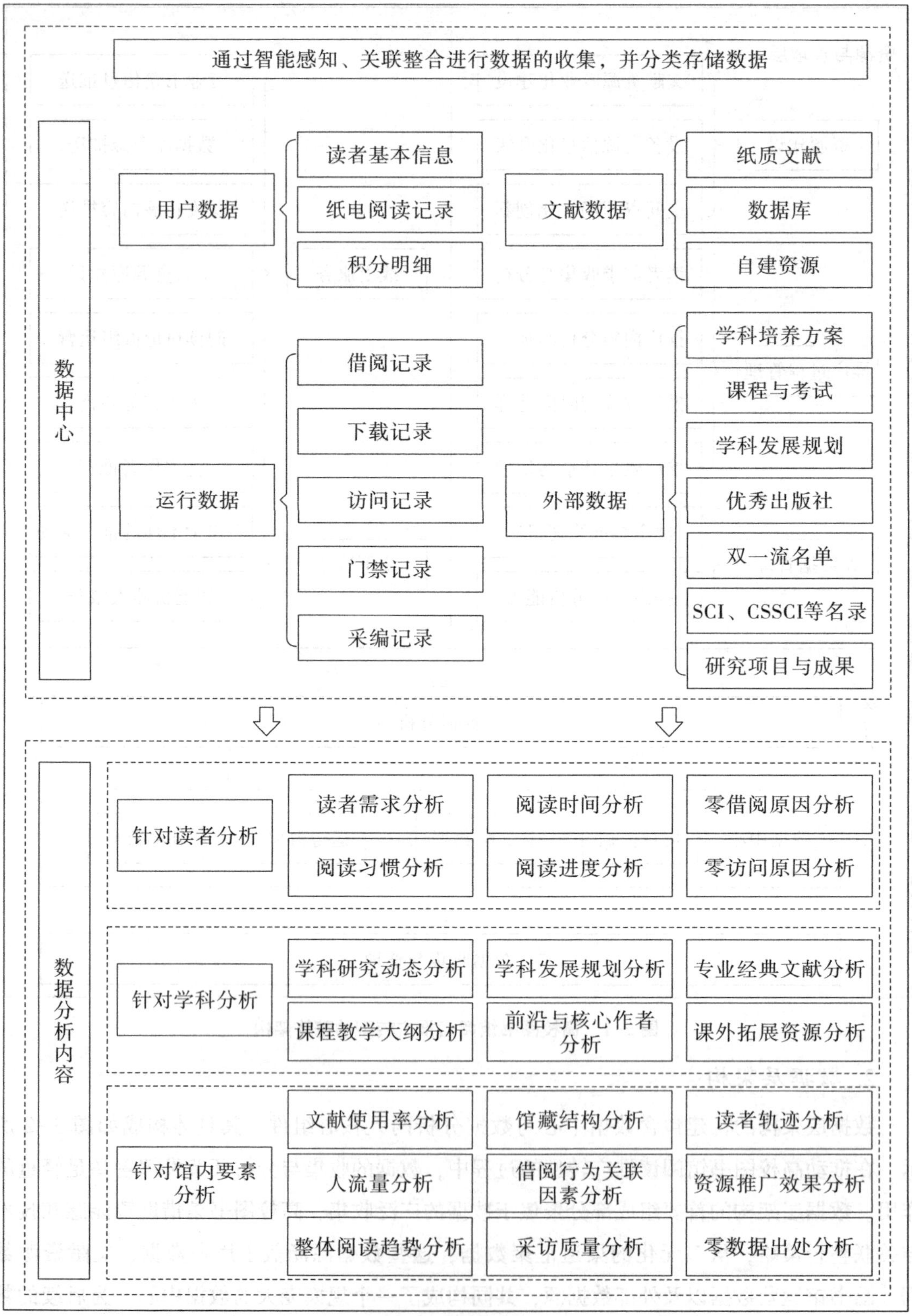
通过智能感知、关联整合进行数据的收集，并分类存储数据
数据中心
用户数据
读者基本信息
纸电阅读记录
积分明细
文献数据
纸质文献
数据库
自建资源
运行数据
借阅记录
下载记录
访问记录
门禁记录
采编记录
外部数据
学科培养方案
课程与考试
学科发展规划
优秀出版社
双一流名单
SCI、CSSCI等名录
研究项目与成果
数据分析内容
针对读者分析
读者需求分析
阅读时间分析
零借阅原因分析
阅读习惯分析
阅读进度分析
零访问原因分析
针对学科分析
学科研究动态分析
学科发展规划分析
专业经典文献分析
课程教学大纲分析
前沿与核心作者分析
课外拓展资源分析
针对馆内要素分析
文献使用率分析
馆藏结构分析
读者轨迹分析
人流量分析
借阅行为关联因素分析
资源推广效果分析
整体阅读趋势分析
采访质量分析
零数据出处分析

图 5-2 数据层架构

用户数据需要采集读者基础信息，含年级、专业及其纸质、电子阅读记录与积分，以洞察读者类别及资源利用概况。文献数据要整合纸质与电子资源，这对策划阅读推广内容至关重要。运营数据则包含借阅、下载、访问、门禁及采编细节，用以揭示图书馆业务深层运作。

此外，外部数据收集同样关键，要与内部用户、文献及运营数据并重。为获取全面数据视图，需拓展外部数据来源，深入分析读者学习、科研相关关键信息，高度重视阅读推广中需特别关注的因素。

数据分析部分是整体架构中的关键环节，它致力于构建一个详尽且多维度的分析框架，该框架主要从读者特征、学科趋势以及馆内运营要素这三个角度出发，对数据中心内蕴藏的丰富数据进行深度挖掘，以揭示与阅读推广紧密相关的各类信息。具体而言，从读者特征的维度，细致剖析了读者的需求模式、阅读习惯以及导致零访问与零借阅现象的根本原因；从学科趋势的视角，深入探讨了专业经典文献的影响力、学科研究的最新动态以及学科未来的发展规划；而从馆内运营要素的层面，则全面审视了文献资源的使用效率、资源推广的实际效果以及阅读趋势的演变情况。每一项分析都紧密围绕其特定主题展开，确保了分析的精准性与针对性。

这一系列深入分析所得出的结论，将为后续阅读推广活动中资源的优化配置、管理的精细调整以及服务的创新提升提供坚实的依据。

3. 资源与管理层架构

资源与管理层囊括阅读推广转型的资源构建、流程管控及大数据管理两大核心，详见图 5-3。在转型进程中，关键资源支撑至关重要。在此框架内，高校图书馆构建转型理念下的完备资源保障体系，要以智慧图书馆建设为目标，涵盖文献、设备、空间与人力资源四个维度。

文献资源建设要聚焦读者实际需求，强化学术性与专业性收藏，协同纸质与数字资源，从而奠定转型的文献基础，确保资源的多样性与针对性，以支撑阅读推广。

在人力资源优化上，通过智慧馆员培养与学习型组织构建，提升馆员能力，适应转型要求，旨在打造创新与实践并重的高素质队伍，以保障阅读推广的实施。

在管理与运营层面，资源与管理层负责推广流程与大数据管理。流程管理依据数据分析，精准收集读者需求，科学选择推广方式与时间，精心分析内容，全面评估效果，提升读者参与度与满意度。

大数据管理则完善机制，明确职责规范，监控零数据现象，并提升分析能力，丰富数据来源，加强联盟合作开发，挖掘数据价值，为阅读推广精准策划与高效实施提供支撑。

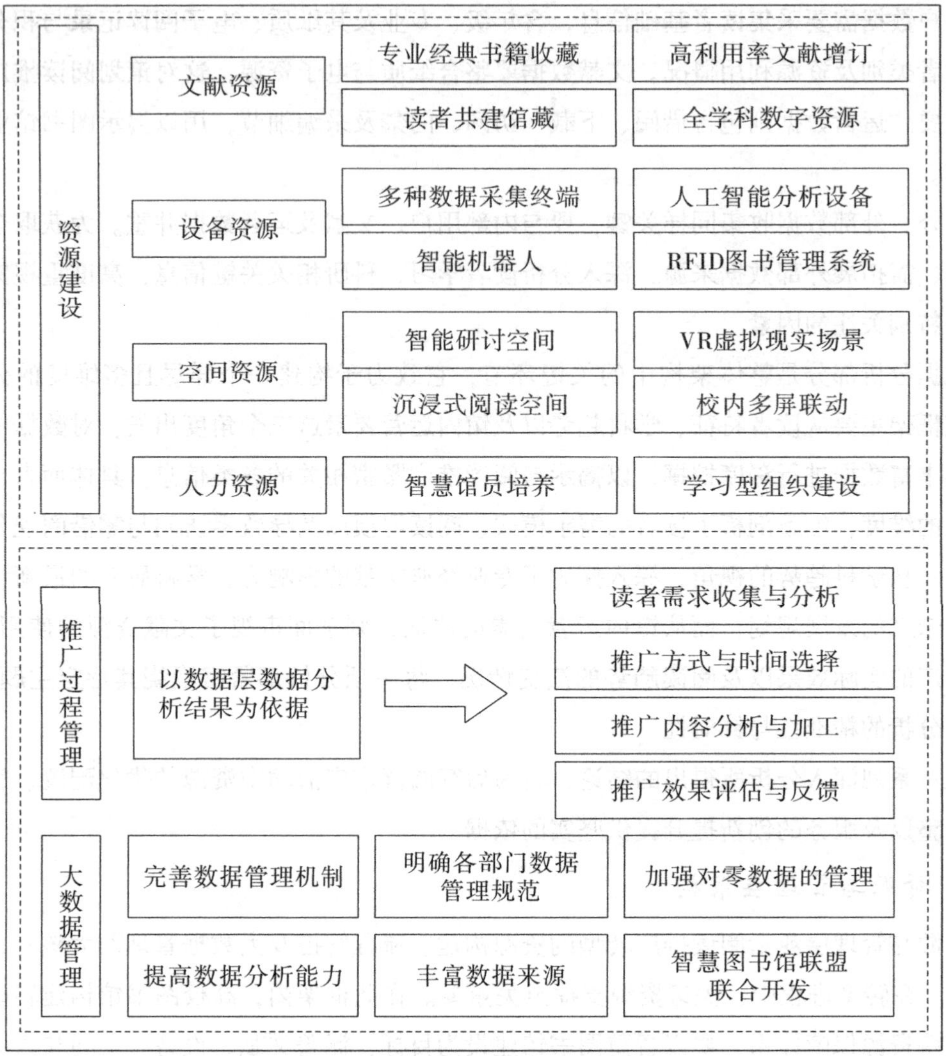

图 5-3　资源与管理层架构

4. 服务层架构

服务层架构布局如图 5-4，清晰分为线上与线下两大服务板块。线上服务依托智慧门户、微信公众号等平台，旨在提高互动智能化水平，融入互联网思维，规划线上阅读社群策略。具体而言，利用平台精准推送专业著作、学习导向文献、前沿作者资源等，运营兴趣社群，构建学院数字图书馆、个性化资源库及电子书、有声读物平台。此外，提供人工智能咨询服务，敏锐捕捉需求，开拓线上阅读推广新领域。

线下服务则强调了学术深度、专业精度与教育价值，引入智能机器人技术以消除阅读障碍。阅读空间服务加大了新技术设备投入力度，以优化读者体验。无论是线上还是线下，推广内容均经深度分析与加工，呈现出精细化特征。在资源选择上，兼顾高质量高使用率与低使用率但具潜力的资源，融合纸质与数字资源，为学习、科研及个人成长提供全方位支撑。

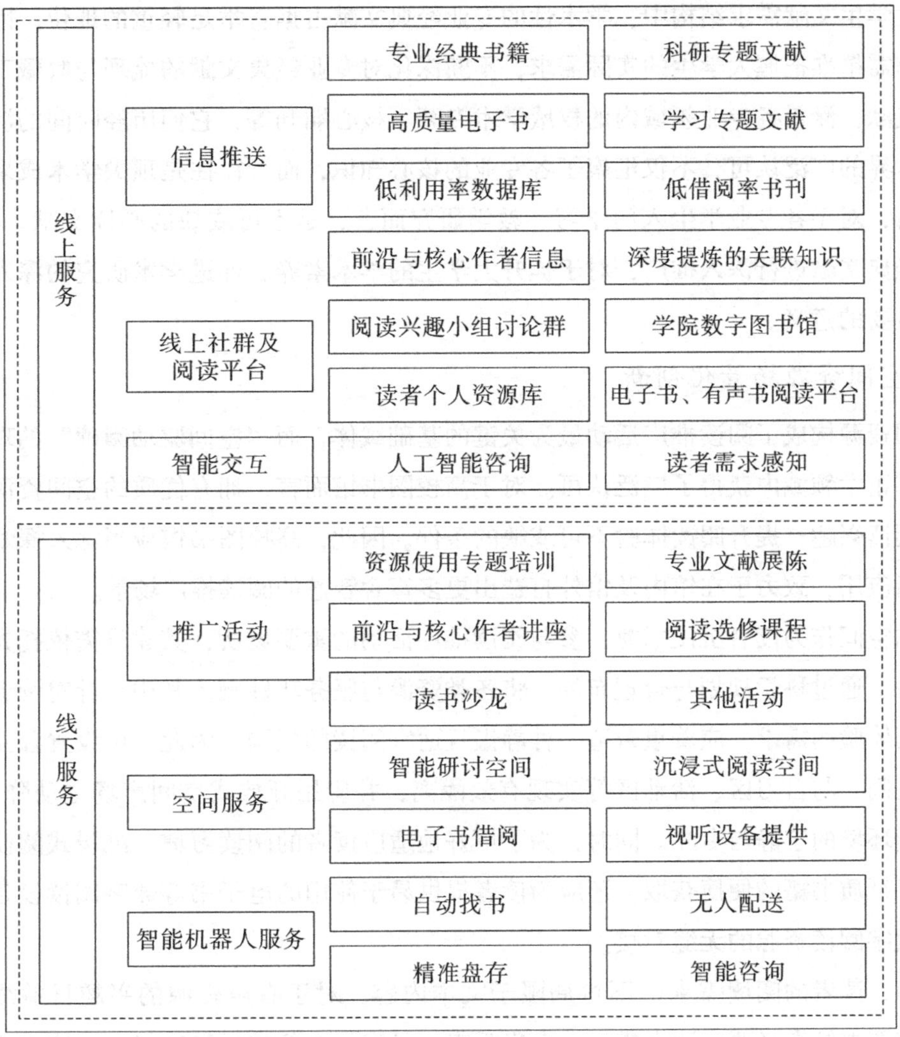

图 5-4 服务层架构

二、高校图书馆阅读推广转型的措施

（一）全面的阅读推广资源保障

1. 文献资源专业化建设

在构建高校图书馆馆藏体系的进程中，首要且核心的目标在于紧密围绕学校的宏观战略目标及学科布局，遵循人才培养的内在规律与科学研究的严谨逻辑，科学配置并持续优化支撑教学与科研活动所需的信息资源体系。文献资源作为阅读推广活动的基石，高校图书馆务必把满足读者多元化需求作为馆藏体系建设的首要导向，着重强化文献资源的专业化构建，确保其紧密贴合各学科的学习与研究实践，不断充实高质量、符合读者需求的文献资源。

在大学生文献需求结构中，学术性的专业经典文献占据着举足轻重的地位。因此，高校图书馆需精准把握大学生的实际需求，不断深化对专业经典文献的梳理与收藏工作。专业经典文献，涵盖各专业领域内的权威学术专著、核心期刊等，它们历经时间的沉淀，已得到学术界的广泛认可，不仅汇聚了各专业的核心知识，而且往往是顶尖学术成果的重要发布平台，对于各专业学生入门学习、教学研究而言，是不可或缺的必读文献。鉴于此，对专业经典文献进行深入推广，对于提升大学生的学术素养、促进学术研究的深入发展具有极其重要的意义。

2. 空间资源场景化创新

空间资源构成了阅读推广活动最为关键的基础载体，而“空间驱动阅读”的理念已在国际图书馆学领域内获得了广泛认可。对于高校图书馆而言，拥有优质的空间资源是激发大学生阅读兴趣、提升阅读体验不可或缺的条件。因此，高校图书馆应当深入探索空间资源的创新应用，致力于在馆内及馆外打造出更多富含智慧的阅读推广场景。

馆内空间作为读者沉浸书海、参与阅读推广活动的重要场所，其建设需依托先进的技术与设备，通过科学规划与合理布局，将各类资源与服务巧妙融入其中。针对读者对于沉浸式阅读体验的需求，应着重营造一种静谧且适宜阅读的氛围，为此，可设置独立的沉浸式阅读空间，与自习区、活动区等实现有效隔离，并应用开放式空间声场主动降噪技术，确保阅读环境的宁静与专注。同时，为了更好地适应读者的阅读习惯，沉浸式阅读空间不仅要确保纸质书籍的便捷获取，还应为读者提供易于使用的电子书等数字阅读设备，实现纸质与数字阅读资源的无缝对接。

当前，读者的阅读需求已不再局限于文本内容，对于有声资源的兴趣日益浓厚。因此，高校图书馆有必要为读者搭建一个集听声、录音、视频赏析等功能于一体的音像图书馆，这一创新场景不仅能够丰富读者的阅读体验，还能进一步拓展阅读推广的形式与内容。例如，在音像图书馆内，可以进行线上真人图书馆等新型阅读推广活动，让读者能够随时随地参与其中，享受独特的阅读乐趣。

3. 设备资源信息化升级

阅读推广工作的有效实施，非人力所能独担，需智能化设备辅助，以高效处理数据采集、分析及服务优化等复杂任务。信息技术的飞速进步，显著加速了高校图书馆设备信息化步伐。当前，随着5G时代来临，设备新一轮革新升级推动着智慧图书馆建设浪潮，为构建全信息化阅读推广体系奠定坚实的基础。

设备的信息化升级并非一蹴而就，而是一个循序渐进、持续演进的过程。在此期间，新兴技术层出不穷，高校图书馆应积极采纳并应用于实际运营中。这些设备在技术的驱动下，彼此协同，可形成强大的合力，共同构成推动阅读推广转型的关键驱动力。

（二）高效的阅读推广管理

1. 以读者为中心

（1）高校图书馆需牢固树立以大学生为主体的服务理念，不断深化大学生与阅读推广之间的连接纽带，通过创新机制与举措，进一步吸纳大学生深度融入阅读推广的全过程，从而构建起大学生与阅读推广工作共生共荣、相互促进的良性循环。

在深入探索大学生需求的过程中，高校图书馆需融合传统与创新策略，系统性地收集并分析大学生的多样化需求。将读者的实际需求作为工作的起点，通过多元化的途径广泛征集大学生的意见与建议，这不仅是高校图书馆秉持以读者为核心、强化读者参与度的服务理念的具体体现，也是推动阅读推广由广泛覆盖向精准服务转型的关键步骤。传统大学生需求调查方式，如问卷发放，虽然应用广泛，但参与度与质量受限。为破解此难题，图书馆可采用奖励等激励手段提升大学生参与热情，同时采用非传统方法，尤其是大数据分析，在智慧图书馆框架下构建用户画像，深入洞察需求。此方法不仅促进了精细化、个性化服务，还提升了服务体验，增强了服务效能。

在实践中，构建用户画像首先是挖掘大学生基础与行为数据价值，识别关联性与痛点。其次，通过对比归纳，提炼行为特征变量，构建关键模型。最后结合真实数据，融入代表性信息与特征，生成个性化用户画像。画像的建立便于快速洞悉大学生目标与痛点，使阅读推广工作能有的放矢，实现精准策略制定与实施。

（2）为了更有效地满足大学生的阅读需求，深化读者导向的采购机制，确保馆藏图书与大学生的实际需求高度契合，已成为高校图书馆馆藏建设及阅读推广的关键策略之一。历经多年的实践探索，读者荐购模式已广泛融入多数高校图书馆的资源建设流程之中，为大学生提供了接触并推荐图书馆尚未收藏的宝贵资源的渠道，极大地激发了他们的阅读热情与参与积极性。

当前，众多高校图书馆均在官方网站首页增设了文献资源荐购功能板块，以北京大学图书馆为例，其主页显著位置设有“资源推荐采购”专栏，用户点击进入后，即可跳转至该馆的荐购系统界面。在这一平台上，读者可以自由地推荐所需的期刊、图书、数据库等多种类型的资源。图书馆在收到荐购申请后，将按照既定的审批流程进行审核，一旦通过审批，即会迅速启动采购程序，确保所荐资源能够及时纳入馆藏体系。这一荐书流程实现了全程线上化操作，极大地提高了操作的便捷性与效率，为读者参与馆藏建设提供了极大的便利。

（3）为了进一步深化阅读推广工作的广度与深度，将这一重要任务延伸至大学管理体系中的最基层单位——班级，成为提升阅读推广效果的有效途径。班级作为与学生群体最为贴近的组织层级，其信息传递的精准度与影响力往往更为显著，能够确保各类通知与信息在班级内部获得更高的关注度和更强的关联性。以重庆大学就业部门为例，该部门在各毕业班级中设立了就业委员，负责传达并促进就业相关信息的有效流通。就业委员通过细致梳理，将与本专业紧密相关的就业信息整理并呈现给班级同学，这一做法极大地提高了就业信息的传播效率与针对性。

受此启发，高校图书馆同样可以班级为基点，将阅读推广工作的触角深入班级内部，于全校范围内，在班级中设立阅读推广委员。这一举措实施后，阅读推广委员首先就是准确传达图书馆的阅读推广信息，确保这些信息能够更深入地触达学生群体，进而激发学生的广泛参与。其次，阅读推广委员还需承担起班级内部同学阅读需求的收集工作，及时将同学们对于阅读推广活动的反馈与意见汇总并传递给图书馆，以便于图书馆能够更精准地把握学生的阅读偏好与需求。最后，图书馆将为阅读推广委员提供必要的支持与指导，协助其策划并组织班级内部的阅读推广活动，确保活动能够顺利开展并取得预期成效。通过这一系列举措，不仅能够增强阅读推广工作的针对性与实效性，还能够促进图书馆与学生群体之间的紧密互动与沟通。

2. 精选推广方式与时间

为了有效提升高校图书馆阅读推广的成效，必须在推广方式与时间的选择上采取更为科学合理的策略。高校图书馆在阅读推广活动中，应摒弃过去较少顾及读者个体差异的做法，转而在严格遵守图书馆读者隐私政策的基础上，深入分析读者数据，细致洞察大学生的阅读偏好与习惯，确保所有推广活动均紧密围绕读者的实际需求展开，力求选出最受读者欢迎的推广手段与推广时机，从而真正实现阅读推广的个性化定制。

高校图书馆在推广方式上，应针对大学生特点定制阅读计划。如根据课程信息，为同课程学生制定专业基础书籍阅读清单。对于低借阅、低下载量的读者，需探究原因，排除利用资源的障碍。而针对专题文献阅读量大者，则精选同类高质量文献精准推送，并搭建线上交流群、线下沙龙等平台促进分享。此外，借鉴最新商业模式创新推广策略，如盲盒模式融入书籍推广，让大学生在拆盲盒中体验新鲜感，激发阅读兴趣，提高资源利用率与影响力。

3. 完善数据管理机制

数据是智慧图书馆建设与进步的基石，其核心在于全面高效的数据采集、分析及服务供给。智慧图书馆能从海量交互、非结构化及实时数据中挖掘趋势并分析预测前瞻信息，为阅读推广创造巨大价值。高校图书馆应深刻认识数据潜力，将数据管理提升至战略高度，构建并优化数据管理机制，发掘数据效益，驱动阅读推广与智慧服务。

从采集、预处理到存储应用，高校图书馆需依数据特性制定科学规范，明确数据采集责任与标准，拓宽数据来源，提升数据规范性与可用性。同时，建立健全存储、分析及结果呈现流程，确保管理精细化与标准化。

此外，勿忽视“零数据”，如文献零下载、借阅及设备零使用记录等，其直观反映了图书馆管理与运行的短板，如资源闲置。深入分析零数据，可为图书馆提供决策依据，推动阅读推广精细化。因此，制定零数据分析处理机制，是完善数据管理不可或缺的一环，对提高运营效率与服务水平至关重要。

（三）精准的阅读推广服务

1. 加强优秀作者推荐

杰出学者，包括领军学者与核心贡献者，是学科领域内研究实力顶尖的群体，他们引领着学科的研究潮流，所取得的学术成就显著，广受学术界赞誉。对这两类学者进行深入剖析与推介，系统梳理并评估他们的科研成果，对于大学生，尤其是研究生群体而言，能够迅速定位研究前沿，把握专业研究的热点动态，促使学术研究紧跟时代步伐，有效规避研究路径上的迂回曲折。

高校图书馆针对此类基于事实的数据资源，要求图书馆员需精通学术分析与评估的各类方法，紧密围绕各学科领域的领军学者与核心贡献者，进一步深化阅读推广策略。例如，邀请领军学者与核心贡献者莅临学校举办学术讲座与写作工作坊，为大学生提供与学术大师面对面交流的平台，就学术问题深入探讨，获取宝贵的阅读指引，从而加速融入研究前沿的步伐；针对对特定学者研究领域怀有浓厚兴趣的大学生，应组织成立研究小组，并邀请本学科的专业教师担任导师，同时指派业务能力强的图书馆员同步提供全方位的文献资源支持；通过对比分析本校学者与同领域或相近领域领军学者与核心贡献者的研究差距，不仅要提供详尽的对标分析报告，还要特别注重对具有浓厚科研兴趣的本校大学生在图书馆服务上给予倾斜与扶持，旨在助力其实现研究上的新飞跃。

2. 创新数字资源推广

随着高校图书馆经费分配向数字资源倾斜，数字文献比重日增，已超越纸质文献，且与大学生需求相契合。但在图书馆阅读推广中，纸质文献仍为主打，数字文献推广滞后。因此，高校图书馆需创新推广策略，提高推广效率，充分利用数字文献资源，以满足大学生需求。

在推广低利用率数据库时，要以其独特价值不容忽视为突破口。图书馆应挖掘其价值，通过自有及校内主流微信公众号宣传，并在智慧图书馆主页设置便捷入口，提升可见度，加深读者了解与应用。

此外，图书馆可根据大学生需求场景，个性化加工与推送数字文献资源。通过精准把握需求，提供贴合学生学习与研究所需资源，从而提高资源利用率与服务满意度。

3. 打通阅读距离障碍

在阅读推广活动中，针对纸质书籍的推广往往面临一个问题，就是即使线上书籍信息的推送能够成功吸引大学生的注意，但最终借阅效果却常因两种“距离”的阻隔而大打折扣。第一种距离体现在物理空间上，即宿舍、实验室与图书馆之间的距离。在大学校园环境中，大学生可能会因为图书馆距离较远而减少前往借阅的次数，这无疑成为影响借阅量的一个重要因素。

另一种距离则更加微妙，它存在于大学生与书籍之间，具体表现为在寻找书籍过程中的“距离感”。当大学生依据搜索书号到图书馆查找书籍时，时常会遇到书籍无法准确定位的问题。这种“近在咫尺却又遥不可及”的距离感，往往源于图书馆空间布局的复杂性、书架标签未能及时更新，或是图书归架时的错误，这些因素也成为大学生在借阅过程中的一大困扰。

鉴于此，消除这些影响大学生阅读的“距离障碍”，对于增强阅读推广的实际效果、优化图书馆的服务水平而言，显得尤为重要且迫切。通过采取有效措施缩短物理距离、优化书籍查找流程，可以极大地提升大学生的借阅体验，进而促进阅读推广活动的深入开展。

在智慧图书馆背景下，应对距离障碍迎来创新方案——智能机器人技术。针对物理空间障碍，部署校内机器人提供送书服务，融合自动驾驶与即时配送，智能化高效流转书籍，破解了大学生获取书籍的最后障碍。在线发起请求后，送书机器人会迅速响应，精准送达。

对于查找书籍的困扰，通过馆内图书盘点与自动取书机器人协同作业，依托 RFID 技术精准实施归架整理与核查，实现自动定位快速提取，迅速运送至读者服务区，缩短了获取时间，提升了借阅体验。

展望未来，随着智能技术持续进步，复合型智能机器人或能胜任各类任务。高校图书馆应积极应用智能设备，增添智慧元素，全面消除阅读障碍，降低获取文献难度，推动智慧图书馆建设达到新高度。

4. 升级人工智能咨询服务

人工智能技术与在线资源融合，为图书馆服务模式革新带来新机遇，成为图书馆重要技术支撑。引入人工智能咨询服务，可实现全天候服务，减轻管理员负担，并能快速组织内容、交互用户，解决复杂难题。但在智慧图书馆建设初期，高校的实践探索很有限。

部分高校虽购置了智能咨询机器人，但功能多限于基础问题。少数高校尝试线上人工智能咨询，如南京高校图书馆“图宝在线”，但解答深度与广度有待提升。因此，高校应重视人工智能咨询服务开发与优化，基于智慧图书馆数据体系，构建强大的数据分析能力，保障咨询平台算力。

在智能机器人应用上，高校需结合读者多元需求，拓宽功能边界，提升自我学习能力，以应对高级复杂问题。建设线上平台时，应提高技术水平，高效检索分析信息，为大学生提供深度广度兼具的知识内容，精准解答疑难，助力学术成长与创新。

（四）精通智慧图书馆的专业队伍

高校图书馆在阅读推广领域实现成功转型的过程中，人力资源的智慧化革新扮演着至关重要的角色。具备创新思维及卓越综合能力的图书馆工作人员，能够精准把握大学生的阅读需求，从而有效推动阅读推广工作的顺利进行与顺利转型。相反，那些墨守成规、工作能力相对薄弱的馆员，则可能致使阅读推广工作陷入缺乏创新元素与独特风格的困境，难以达成预期的理想成效。

在智慧图书馆这一新兴背景下，高校图书馆应当加大对馆员的培养力度，致力于构建一支深谙智慧图书馆运营精髓的专业馆员团队。这支团队不仅应具备扎实的专业知识，还需拥有敏锐的洞察力与创新能力，以便在智慧图书馆的建设与发展过程中，能够迅速适应并引领变革，为阅读推广工作的智慧化转型提供坚实的人才支撑。通过持续的人才培育与团队建设，高校图书馆将能够更有效地满足大学生的多元化阅读需求，推动阅读推广工作迈向新的高度。

1. 普及智慧服务理念

智慧图书馆的核心服务理念聚焦于智慧服务，这一理念作为行动的指南，对于推动阅读推广在智慧图书馆背景下的转型至关重要。为了确保智慧服务理念在图书馆员群体中根深蒂固，首要任务是深化馆员对智慧图书馆发展脉络与核心特质的认识，使他们清晰理解智慧图书馆的本质、独特优势以及所能达成的目标。

进一步而言，需要激发馆员对自身岗位职责中存在的局限进行深入反思，鼓励他们设想在智慧图书馆的大环境下，如何针对这些局限提出创新性的改进策略。这一过程不仅促进了馆员对现状的批判性思考，也为他们提供了探索改进路径的机会。

此外，通过系统的培训，旨在培养馆员的数据导向思维和技术革新意识。要求馆员能够习惯于运用数据分析工具来洞察问题、制订解决方案，并在日常工作中展现出对新技术的积极接纳态度。鼓励馆员将技术视为提高工作效率与服务水平的强大助力，从而在工作中主动寻求技术应用的契机，以技术创新驱动服务质量的持续优化。

2. 提升馆员智慧服务能力

在智慧图书馆建设的浪潮中，馆员的理念更新与能力升级可以塑造出具备全面综合素质的智慧图书馆专业人才。高校图书馆不仅要致力于提升馆员的基本服务能力，如沟通技巧、组织协调能力等，还需特别关注并加强对其智慧服务能力的培养，这涵盖了数据分析能力、智能设备操作技能、智慧服务平台运用熟练度以及知识整合与创新的高阶能力。

为此，高校图书馆应设计并实施一系列有针对性的培训项目，旨在通过系统化的学习与实践，促使馆员在识别与理解读者需求方面取得显著进步。在此基础上，馆员需学会如何高效地整合知识资源，以满足读者的个性化需求。同时，培训还应确保馆员能够熟练掌握并灵活运用各类软硬件系统，无论是复杂的数据分析软件，还是前沿的智能设备，都应成为他们提高服务效率与质量的有力工具。通过这些努力，馆员将拥有足够的能力为读者提供更为便捷、高效且个性化的智慧服务，进一步推动智慧图书馆的建设与发展。

3. 提高团队协作水平

阅读推广活动的高效实施，不仅要求推广人员具备出色的综合能力，更是一个强调团队协作的综合性任务。因此，高校图书馆必须致力于提升阅读推广团队的整体协作效能，确保这支专业团队能够有序分工、各司其职，同时又能紧密配合、相互扶持，以高效的执行力推动阅读推广工作的顺利进行。

提高团队协作效能首先在于强化学习型组织的构建，使团队成员在智慧图书馆背景下共同确立阅读推广转型的宏伟愿景。围绕这一愿景，团队应定期开展集体学习活动，营造积极向上的学习氛围，形成浓郁的学习文化，从而激励全体成员为更高层次的智慧图书馆建设和阅读推广转型贡献智慧与力量。

其次，应建立一套科学合理的管理体系，明确正负向激励措施，以充分调动馆员的工作积极性与主动性。通过激发馆员的内在动力，促使他们不断磨砺个人能力，勇于自我挑战，实现个人成长与团队发展的双赢。

最后，为促进团队的持续进步，可采用定标比超的策略，即与其他高校图书馆中的优秀阅读推广团队进行横向对比，深入学习其先进经验与创新做法。通过这一过程，团队可以清晰地认识到自身的不足，并据此制定有针对性的改进措施，从而不断完善自身，提升整体竞争力。

（五）教师队伍的积极介入

高校图书馆在阅读推广活动中，正逐步迈向一个更加注重学术深度、专业精度与教育广度的全新阶段。这一转型的成功实现，不仅依赖图书馆员在阅读推广实践中具备主动调整与创新的意识，同样亟须教师队伍的主动融入与积极参与，尤其是在专业文献的精选推荐以及引领学生共同阅读方面，教师队伍能够发挥举足轻重的作用，为阅读推广活动注入更多活力与专业价值。

具体而言，图书馆员需不断提升自身对学术资源的敏感度与理解力，以便在阅读推广过程中能够精准定位并推广那些富有学术内涵与专业深度的资源。与此同时，随着教师队伍的加入，他们不仅能够基于自身的专业背景与研究方向，为学生推荐高质量的专业文献，还能通过组织共读活动、开展阅读研讨等方式，有效激发学生的阅读兴趣，深化他们的阅读理解，从而在整体上提升阅读推广活动的教育成效与专业影响力。

1. 专业文献推荐

相较于图书馆员，各专业教师对各自专业领域内的经典文献往往拥有更为透彻的认知，他们更能准确把握本专业大学生在学习与研究过程中所需阅读的文献类型。因此，教师能够通过向图书馆及学生推荐专业文献的方式积极参与阅读推广活动，确保推广内容更加贴近专业教学与研究实际，更好地满足大学生的阅读需求。

为了有效利用教师的这一资源优势，高校图书馆应当加大对教师荐书信息的采集力度，通过智慧图书馆的各类终端平台或线下服务窗口，构建便捷的教师荐书通道。对于教师推荐的书籍，尤其是那些专业经典文献，图书馆应进行细致甄别：对于尚未收藏的文献，应及时将其纳入采购计划；对于已收藏的文献，则应根据馆藏实际情况进行合理增订。

此外，图书馆还应以教师推荐的书目为基础，进一步加工整合与之相关联的拓展资源，如相关研究成果、专家评论、学习指南等，形成更为丰富、立体的阅读推广内容。随后，针对各专业大学生的实际需求，图书馆应精准推送这些定制化的阅读资源，以提供更加个性化、专业化的阅读服务，从而有效促进大学生的专业学习与研究能力的提升。

2. 带领学生共读

教师通常对专业经典著作与学术通识类书籍拥有更为独到的见解，他们能够从不同于图书馆员与学生的独特视角出发，对书籍内容进行深刻剖析。当教师引领学生共同参与阅读活动时，能够帮助学生更加清晰地理解书籍中的精髓，从而使学生获取更为丰富的知识。

在引领阅读的具体实践中，教师举办读书讲座是一种常见且有效的方式。除此之外，高校图书馆还可以创新性地开设面向全校范围的阅读选修课程，定期邀请来自不同专业的教师担任课程主讲人。这些教师将依托自身的专业背景，以课程讲授的形式带领学生深入研读各自领域内可读性强的书籍，以此拓宽学生的知识视野，并着力提升学生的跨专业阅读能力。

在日常教学与科研活动中，教师亦可将对图书、学术论文、专利等文献资源的推荐巧妙融入其中。通过这一举措，教师不仅能够激发学生对图书馆文献资源的兴趣与利用意愿，还能够鼓励学生将阅读所得的知识积极应用于实践之中，从而实现知识的内化与能力的提升。

第三节　智慧图书馆数字资源建设的优化

一、智慧图书馆数字资源建设概述

（一）数字资源建设

图书馆在推进数字资源建设的过程中，主要涵盖了五大核心环节：资源甄选与采购、馆藏资源的数字化转换与数据库构建、互联网数字资源的发掘与运用、资源的共建与共享机制以及数字资源的组织与管理策略。

资源甄选与采购策略的制定，需综合考虑读者群体的需求特性、用户的特定要求以及可用的购置资金等因素，据此精选并采购各类文献数据库，以满足多样化的信息需求。

在数据库建设方面，图书馆可采用先进的技术手段，将馆藏中具有独特价值的纸质资源转化为电子格式，形成电子资源。这一过程既包括有计划地采购专业数据库，也涵盖根据图书馆自身的特色、学校的教育定位及用户需求，自建特色数据库，从而实现资源的多元化与差异化发展。

针对“互联网”这一庞大的数字资源宝库，图书馆应通过系统的开发与组织工作，筛选出有价值的信息，构建起虚拟馆藏体系，为用户提供更为广泛的信息来源，增强信息服务的广度与深度。

共建共享机制的建立，是应对数字资源爆炸式增长的有效策略。图书馆之间应通过分工合作，构建全面的数字资源保障体系，并打造高效的文献传递网络，实现资源的优化配置与高效利用。

在数字资源的组织与管理上，图书馆对采购的各类数字资源需进行系统化整合，科学区分不同类别的资源，提供“一站式”信息服务平台，确保用户能够便捷地获取所需信息，极大地提高了信息服务的效率与质量。

（二）图书馆数字资源建设的框架内容

基于国内外研究现状和文献的整理，我们认为高校图书馆数字资源建设分为采集、组织和管理三个方面，内容如表 5-1 所示。

表 5-1　高校图书馆数字资源建设内容框架

数字资源建设	采集	商业数字资源采购、试用数据库建设、自建特色数据库、课程教学资源建设、免费资源建设、数字资源共建共享、用户需求驱动的资源建设
	组织	A—Z 字母顺检索、学科分类、资源载体类型分类、主题导航、年代检索和资源语种分类
	管理	一体化资源管理平台、数字资源建设内容与业务数据关联

数字资源采集的主要内容为商业数字资源采购、试用数据库建设、自建特色数据库、课程教学资源建设、免费资源建设、数字资源共建共享、用户需求驱动的资源建设，采集的内容如表 5-2 所示。

表 5-2　高校图书馆数字资源采集内容

数字资源采集	具体内容
商业数字资源采购	中外文数据库、电子图书、电子期刊、文摘索引数据库、多媒体数据库、数据与事实类资源
试用数据库建设	电子图书、电子期刊、数据事实类数据库、多媒体类数据库、工具类数据库、其他类型数据库
自建特色数据库	特色数据库、学位论文库
课程教学资源建设	电子教材教参、电子教案课件、辅助学习类数据库、视频课程
免费资源建设	开放获取资源、网络资源
数字资源共建共享	馆际互借/文献传递、图书馆共享联盟
用户需求驱动的资源建设	读者荐购

试用数据库则代表了一类特殊资源，它们目前尚未被图书馆正式购买，但数据库供应商提供了免费试用的机会。然而，这类数据库的使用通常受到时间限制、功能约束以及使用范围的限定。试用数据库的类型同样很丰富，包括电子图书、电子期刊、数据事实类数据库、多媒体类数据库、工具类数据库以及其他类型数据库，为图书馆提供了评估与选择资源的宝贵机会。

自建特色数据库是高校图书馆数字资源建设的关键一环，彰显其自主与创新特色，聚焦地域、办学及专业特性，收录独特资源，如科研成果、学位论文，丰富师生学术资源，促进研究学习。

在课程教学资源方面，图书馆提供商业与自建数据库，涵盖电子教材、参考资料、教案、课件、习题库、专业辅助学习数据库、英语学习、证书考试、考研备考平台与视频课程，精品公开课亦为重要组成部分，以满足学生学习需求。

在数字资源共建共享上，高校图书馆应遵循平等互惠原则，与区域内其他馆合作，共建共享资源，实现互补。合作涵盖馆际互借、文献传递，构建共享联盟，促进资源整合利用等。

用户需求驱动着资源建设，图书馆根据用户实际需求购进数字资源，可采用读者荐购方式，读者推荐所需资源，经审批后购买，提升了资源建设的针对性与实用性。

在数字资源组织上，图书馆应科学组织建设网站资源，按学科、载体类型、语种分类，提供主题导航、字顺、年代检索等方式，满足多样化需求。

数字资源管理涵盖评估、订购、激活、上架、合同管理、续订等流程，以及一体化管理平台、业务数据与资源内容关联、有效管理多种资源、统计利用情况等，是衡量管理水平的关键。通过资源管理能够助力图书馆全面了解资源状况，优化配置，提高服务质量。

二、智慧图书馆数字资源建设的优化

（一）丰富数字资源类型，规范数字资源组织

在数字资源建设的核心议题中，数字资源的丰富程度与类型的多元化无疑占据着举足轻重的地位。高校图书馆在推进数字资源建设的过程中，应当致力于广泛吸纳并引进多样化的资源类别，以确保数字资源的均衡性。提升数字资源总量并拓宽内容范畴，是全面推动其发展、满足用户多元化需求的关键。高校图书馆应重视课程教学资源构建，具体分为电子教材、教学参考资料、电子教案、多媒体课件等直接相关资源及辅助学习数据库、视频公开课等拓展资源。新媒体技术迅猛发展下，图书馆需特别加强电子教材与教学参考资料建设，确保师生获取充足参考资源，保障教学活动顺利进行。

此外，高校图书馆还可以进一步整合本校的教学考试资源，打造出更具针对性的教学资源体系，以满足本校师生的教育与学习需求。通过这一举措，图书馆不仅能够提高资源的利用率，还能够促进教学资源的持续优化与升级，为师生的学术成长提供坚实的支撑。

构建专业化电子教材数据库，高校图书馆可采购电子教材，或合法数字化本校师生使用的纸质教材并存入数据库。同时，要积极收集教师教案、讲义及 PPT，按学科分类整理。此外，图书馆应整理各专业考试试卷，特别是考研真题，数字化后存入数据库，成为学生宝贵的学习资源。

为丰富课程教学资源，图书馆可录制视频课程，根据学科特点选优秀教师录制，内容含日常授课实录与公开课，上传至资源库供学习参考。

为提高数字资源利用率，图书馆网站主页应设数字资源专栏，科学组织揭示资源。按语种分中文、外文资源；按专业设置学科分类；按载体类型细分资源。建立主题导航，提供 A—Z 字母顺序及年代检索功能，使资源分类清晰，便于读者快速查找所需。

（二）加大自建特色数据库建设力度

高校图书馆应当树立起自主构建特色资源库的强烈意识，深刻领悟到这一举措对于图

书馆自身发展以及服务高校师生教学与科研工作的重要性和迫切性。构建特色资源库，不仅关乎图书馆自身的成长与进步，更是为高校师生的教学科研活动提供坚实支撑的必要之举。

在资源收集与建设的过程中，高校图书馆需要展现出高度的针对性与明确的方向性。具体而言，图书馆应从以下三个维度着手，推进特色数据库的建设。

首先是构建体现学校专业特色的数据库。综合性高校图书馆应聚焦本校优势学科与特色专业，广泛收集整理相关资源，数字化本校在该领域的科研成果与文献，结合科研实践，打造特色资源库，彰显专业价值。专业性高校图书馆，如医学、铁道、师范类，则应重点收录展示本校在特色领域的专业资源，强化学科研究成果与学术影响力。

其次，建设以师生教学与科研成果为主题的数据库，收录教师学术论文、科研成果及学生文章、学位论文，建立机构知识库，并纳入自建课程教学资源，为师生提供全面的学术支持。

最后，构建凸显本馆馆藏特色与地域特色的数据库。图书馆应数字化实体特色馆藏，挖掘地方特色资源，如非遗、自然风貌、经济发展等，整理为图片、音视频、文献等数字资源，积极传播地方文化，促进文化繁荣与科学研究。同时，可寻求与公共文化部门合作，共同开发特色数字文化资源，实现资源共享与优势互补。

高校图书馆必须高度重视自建数据库资源的存储与维护工作，积极运用前沿技术手段对自建资源进行定期备份，以确保数据的安全性与完整性，有效防范数据损坏或丢失的风险。同时，图书馆需加大对自建数据库的日常维护与更新力度，不断注入新鲜内容，以维持其生机与活力，确保自建资源能够与时俱进，满足用户日益增长的多样化需求。

为了提高特色数据库的知名度与利用率，高校图书馆应当在图书馆网站首页的显著位置发布资源公告，突出展示特色资源的相关信息，使用户在浏览网站时能够一目了然地注意到这些宝贵资源，从而激发其利用特色资源的兴趣与意愿。此外，图书馆还应充分利用微博、微信公众号等新媒体平台，通过举办线上讲座、发布宣传推文等多种形式，积极向广大用户介绍并推广特色资源，引导用户深入了解特色资源的内容与价值，进一步提升其对特色资源的使用兴趣与满意度。通过这些举措，高校图书馆不仅能够有效提高特色资源的利用率，还能够增强用户对图书馆的信任与依赖，为图书馆的长期发展奠定坚实的基础。

（三）提高用户对数字资源建设的参与度，满足用户需求

高校图书馆在推进数字资源建设时，要以满足用户需求为核心，重视高校师生参与。师生作为资源直接使用者，其意见对图书馆采购数字资源具有重要参考价值，可确保资源有效且针对性强。

为了更有效地开展读者荐购工作，应当从以下四个关键维度着手。首先，需要建立健全读者需求反馈机制，以便及时收集并整理师生的意见和建议；其次，应加强对数字资源市场的调研与分析，以了解最新的资源动态和趋势；再次，需完善荐购流程与规范，确保荐购工作的顺畅进行；最后，还应加大对读者荐购的宣传力度，提升师生的参与度和积极性。通过这些举措的落实，有望进一步提高读者荐购工作的质量和效率。

在数字化时代，利用先进技术深入分析用户浏览与使用图书馆数字资源的行为特征，包括推荐购买资源类别与专业倾向，通过总结使用偏好，可以预测潜在需求。据此，高校图书馆可精准规划数字资源建设策略，及时响应读者多元化需求。同时，应建立用户资源需求常态调研机制，通过问卷设计与随机访谈等方式实施，全面了解用户在实际使用数字资源过程中的体验与需求状况，包括他们在使用过程中遇到的具体问题。基于用户的真实反馈，图书馆应不断调整和优化数字资源的建设方案，始终秉持以用户为核心的服务理念，力求最大限度提高服务质量，确保用户能够便捷、高效地获取所需资源。

（四）改善高校图书馆数字资源版权保护工作

在全面审视我国当前关于版权保护的法律法规体系与高校图书馆数字资源建设现状的基础上，高校图书馆数字资源版权保护工作需进行综合考量。从维护各方权益均衡的角度出发，特别是版权所有者、图书馆以及图书馆用户之间的利益平衡，提出一系列建议，旨在促进图书馆数字资源版权保护工作的优化执行，确保在实践操作中能够更为有效地规避潜在的版权风险，全面提高图书馆的工作质量与效率，并期望能够构建一个更加和谐、高效的数字资源使用环境，为版权保护工作的持续改进奠定坚实的基础。

1. 完善法律制度

（1）为了优化并强化合理使用制度的应用效果，有必要对其进行一系列的优化改进。此举不仅能够降低高校图书馆在数字资源建设过程中的工作复杂度，而且能够在很大程度上减少潜在的版权风险。基于对当前学者观点的梳理与现有制度中存在的不足，本书提出以下几点建议。

首先，需要构建一套更为详尽且具体的合理使用制度框架，这包括确立一系列明确的一般原则以及具体的操作规则。针对当前合理使用制度中一些表述较为模糊的领域，如可复制作品的数量上限、馆藏副本的合理数量等，应当进行更为细致且标准化的界定，以减少在实际操作中的不确定性。

其次，应当积极探讨并推动合理使用范围的适度扩大。鉴于高校图书馆所承载的公益性质与社会服务功能，可以借鉴国际上在此方面的成功经验，为国内高校图书馆争取更为宽泛的“合理使用”权限。这不仅能够提高图书馆的服务效率与质量，还能够更好地满足广大师生的学术需求，促进科研进步。

最后，需要对图书馆在获取与传播信息过程中的合理使用行为进行更为细致的划分。当前，对于高校图书馆馆际互借与文献传递等服务的具体规定尚不够明确。为此，应当制定出一套合理的版权例外制度，以明确合理使用的具体范围。在此基础上，可以适度扩大文献传递服务中的复制与传播权限。例如，允许在特定条件下增加复制件的数量，以满足更多用户的学术需求。通过这些措施的实施，将能够进一步提高图书馆的服务水平与质量，为学术研究提供更加有力的支持。

（2）关于法定许可制度优化，本书提出以下建议：首先，界定其适用范畴，特别是针对公共文化服务性质的图书馆数字资源，需清晰明确主体与客体边界，确保制度服务于该领域。其次，确立合理的许可费用标准是核心，需结合数字资源使用情况及经济发展状况，制定明确且公正的收费标准，平衡版权人权益与资源传播利用效益。最后，构建完善的监督与追责体系也非常重要。应鼓励用户参与版权保护监督，同时政府应强化版权管理职能，制定有效追责机制，以强化版权保护，震慑侵权行为，维护版权秩序，促进图书馆数字资源建设健康发展。

（3）鉴于技术迅猛进步所引发的法律空白问题，需对图书馆数字资源版权保护领域的技术发展保持高度警觉。当前，该领域快速应用众多先进技术，能高效满足数字资源版权安全管理需求。但立法滞后性显著，技术手段合法性缺乏充分法律支持。鉴于此，需充分考虑高校图书馆公益性质，制定有针对性的版权保护法规政策，确保数字资源版权保护技术下的作品版权证明具明确法律效力。

在推进版权保护立法工作的过程中，必须密切关注当前技术手段的发展态势及其应用现状。立法者需结合实际情况，不断对法律体系进行完善与优化，以适应技术发展的步伐。同时，针对不断涌现的版权保护新问题，执法过程中应作出及时且合理的调整，以有效预防版权纠纷案件的发生，切实维护版权人的合法权益。通过这一系列的努力，旨在构建一个既适应技术发展又能够充分保障版权人权利的法律环境，为图书馆数字资源版权保护工作的顺利开展提供坚实的法律支撑。

2. 加强技术管理

技术保护的目的在于与版权人建立平等且开放的沟通桥梁，确保利益分配的公正性、透明度与合理性。此外，相关部门亟须确立一套科学严谨的技术审查与评估准则，并力求获得版权人的广泛认可，以此规避因技术审查疏漏或标准不达标而引发的版权风险，进而保障数字产业的稳健发展，避免对图书馆数字资源建设构成阻碍。

进一步而言，高校图书馆应当积极探索并采纳合理且高效的技术保护措施，或是融合多种技术手段形成综合性的版权保护体系。在此过程中，图书馆需紧跟行业动态，敏锐捕捉技术革新，适时引入前沿技术，以应对版权保护力度不足的挑战。必要时，应勇于尝试新的技术手段，对传统保护方式进行迭代升级，确保版权保护工作的时效性与实效性，为数字资源建设提供坚实的法律保护与技术支撑。

3. 加强版权保护意识

在版权保护意识强化方面，图书馆与用户是核心关键。高校图书馆需将版权保护置于核心位置，融入日常教育与培训之中，并深度整合版权信息服务于数字资源建设，以优化服务质量，支撑自建数据库、馆际互借等项目，深化学术交流与信息传播，提升服务效能。同时，版权保护意识需拓展至师生群体，通过讲座、培训、宣传等提升版权保护意识，引导师生遵守版权法规。具体实施策略包括：图书馆人员主动学习版权知识，履行教育职责，提高服务质量；加强知识产权服务中心建设，提供专业版权咨询与宣传；实施专业化版权培训，规范数据库构建与采购行为，防范风险；定期举办版权讲座与展览，鼓励学生参与，避免侵权发生；依托服务中心，强化版权教育、咨询与技术学习，全方位提供保护支持。高校应在官网公布版权声明，建立规范体系及惩罚措施，明确版权要求，保障数字资源合法使用。

4. 引导数字产权文化发展方向

数字作品创作活力与数字产权文化产业的繁荣，需国家层面的大力支持与版权保护的高度重视。一方面，市场报酬机制影响了数字作品保护力度，因此，培育数字文化产业，发挥市场潜能，吸引更多民众关注版权保护至关重要，并可推动高校图书馆数字资源建设。另一方面，网络技术快速发展为数字产业带来机遇的同时，版权保护也因技术手段进步得到强化，因此，法律体系完善设定技术标准就尤为重要。相关部门应基于版权保护实际，增强数据库商保护意识，减轻图书馆压力。数字文化产权的繁荣也是加强版权保护的关键，有助于树立版权意识，营造尊重版权的氛围。在此基础上，合理制定技术标准、持续更新版权保护技术，对高校图书馆数字资源建设与版权保护工作顺利开展，维护用户及版权人权益，实现健康高质量发展具有重要意义。

（五）完善网站及检索系统的设计

1. 建设高质量图书馆网站

图书馆网站承载着种类繁多、数量庞大且更新迅速的数字资源，这对网站系统的性能提出了严苛要求，以确保高效的数字资源服务得以顺畅进行。鉴于此，可从三大维度着手对网站建设进行优化升级。

首先是确保图书馆网站高效运行。鉴于数字资源的服务需求，服务器需要有卓越的性能，才能避免检索障碍，保障用户顺畅获取资源，维持高满意度。其次，网页运行稳定性不可或缺，作为用户获取资源的基石，服务器需长时间高效稳定运行，避免故障或加载延迟损害体验。因此，需配置高品质硬件，如硬盘、电源，确保网站稳定运行。最后，网站需便于维护，技术人员应能远程简易操作，快速解决故障，保障服务连续稳定，提升用户体验，减轻维护负担。

2. 优化资源导航系统设计

数字资源导航系统能大幅提高用户定位数据库的效率，对新用户尤为关键。因此，系统界面应简洁明了，便于用户快速理解分类差异。图书馆可在现有分类基础上，丰富分类方式，如多语种分类、学科分类、点击量排序等。另外，网络免费资源在数字资源构建中占据重要地位，图书馆需加大挖掘整理力度，指派相关学科馆员系统整合，提高服务质量。具体操作可借鉴其他数据库整合经验，细致分类整合免费资源，并设计便捷导航系统。此外，外文文献整合亦不可忽视，应组织英语学科馆员精准翻译整合，拓宽用户学术视野。最后，为提高检索效率，高校可在图书馆网页显著位置嵌入检索平台及数据分析软件操作视频，供用户自学，实现信息检索的智能化与便捷化。

（六）加强学科服务平台建设

学科服务平台作为联结用户与高校图书馆的关键桥梁，其建设的重要性不容忽视，图书馆应深刻认识并积极把握平台建设的正确方向，确保其能够稳健且持续地发展。在推进学科服务平台构建的过程中，图书馆应致力于提高一流学科服务平台的数量与质量，并积极推动高校优势学科的繁荣发展。然而，相关调研显示，当前图书馆在学科服务平台的建设方面仍有所欠缺。鉴于此，图书馆可考虑在初期阶段，借助学科网页或学科博客等形式，初步搭建起学科服务平台的框架，并在后续发展中，根据自身的实际情况与需求，灵活选择更为适宜的平台类型进行深化建设。

在学科服务平台运营中，需全面提供学科服务，如深入分析评价各学科，构建实用分析工具平台，精准把握学科发展态势，挖掘优势学科竞争情报，以支撑其持续发展。此外，平台后期维护至关重要，图书馆应定期更新内容，维护网站，实时满足用户需求，研发新功能，支撑图书馆科研发展，推动数字资源服务进步。同时，图书馆应开放交互功能，促进用户与学科馆员、用户与用户间的交流，构建开放多元、充满活力的学术交流环境，完善学科服务平台。

1. 加大数字资源服务宣传力度

高校图书馆常采用设立课程、组织讲座及利用新媒体推送等方式推广数字资源与服务。推广力度直接影响服务普及与应用。缺乏有效推广会导致用户认知不足，进而影响服务满意度。因此，图书馆需通过多元渠道、创新方法加大推广力度。首先是强化推广意识，激发图书馆员积极性，精心策划活动，探索用户掌握服务的新路径。其次，图书馆应彰显数字资源服务优势，提升整体价值，惠及广泛用户。虽多数高校已在社交媒体建立账号推广，但效果各异，仍有提升空间。图书馆应充分利用新媒体优势，科学管理服务内容，确保推广精准有效，吸引更多用户关注参与。

2. 提高图书馆员专业服务水平

提升图书馆员服务意识、业务技能与综合素养，激发其积极性，对高校图书馆数字资源服务质量至关重要。馆员需明确角色定位，保持服务热情，强化专业能力，拓宽学科知识，秉持终身学习，紧跟新技术融合应用，提高工作效率，满足服务需求，促进图书馆繁荣。鉴于用户学科背景多元，需求多样，图书馆应避免单一管理，需提供个性化服务，满足用户多样化需求。在数字化时代，构建高效处理数字任务的馆员队伍与设施建设同样重要。馆员须具备广博知识与精湛技能，图书馆可引进数字学术空间服务专家作为技术顾问和培训导师，确保稳健运营。为进一步提高服务水平，可优化馆员管理体系，构建全面服务评价机制。图书馆应依据实际设计管理制度，强化引进与培训，持续开展技能培训，制定激励与竞争策略。服务评价机制涵盖客观评价馆员服务能力与用户反馈、管理层评价、专业技能测试，综合反映了馆员水平，对于不足之处及时培训解决问题。绩效考核作为激励手段，评估服务效率与态度，来源于用户反馈，实质为满意度评估。优异者获奖励，稍差者沟通与辅导。服务评价机制需不断完善，才能推动图书馆数字资源服务持续发展，完善管理制度，构建科学评价机制，能够助力服务稳步提升。

第六章 智慧图书馆的馆员能力

随着智慧图书馆的全球风靡，国内外众多高校图书馆已着手实施智慧图书馆构建规划，这也对图书馆馆员能力提出了新挑战。在智慧图书馆建设、运营及发展中，馆员是最关键的因素。因此，图书馆需重视馆员能力建设，确保其在数字化网络环境中展现卓越技能与素养。

具体而言，图书馆应着重提升馆员在信息技术应用、数字资源管理、用户服务创新等方面的能力，使他们能够熟练掌握先进的信息技术工具，有效管理和利用丰富的数字资源，以及不断创新服务模式，以满足用户日益多样化的需求。通过这些举措，才能够有力推动智慧图书馆建设的顺利实施，并确保其在未来能够持续稳健地发展，为智慧校园的建设贡献重要力量。

第一节 智慧图书馆馆员能力概述

一、智慧图书馆馆员的概念及其角色转型

（一）智慧图书馆馆员的概念

科技进步推动了图书馆服务模式的革新，以满足读者增长的需求。在此背景下，智慧馆员角色应运而生。侯明艳对比分析了参考馆员、学科馆员与智慧馆员的差异，指出智慧馆员是智慧图书馆环境下的专业顾问。有学者强调，智慧图书馆发展要求馆员具备专业与智慧并重的职业理念、多元化的专业技能及跨学科的研究能力。也有学者从知识储备、行为能力、职业素养及个性特质四维度分析智慧馆员能力，构建胜任力模型，为能力提升提供理论支撑还有学者指出，智慧馆员能力应超越传统角色，涵盖数据馆员、数字人文馆员等新兴角色，以适应智慧图书馆需求，推动服务升级。

（二）智慧图书馆环境下高校馆员的角色转型

1. 流通服务馆员

信息技术的迅猛发展，使流通服务领域正经历深刻的变革。在图书馆领域，智能服务设备，如自助借还、智能机器人及 RFID 自动化书库，正成为主流，仅在必要时需馆员人

工辅助。此趋势对流通馆员构成挑战，要求其适应新服务模式。为顺应变革、更好服务读者，流通馆员需提升能力与素质。数据挖掘与用户行为分析作为智慧服务的关键，为流通馆员提供了新手段。新一代图书馆平台使读者行为数据较易获取，流通馆员可借此深入挖掘，构建精准读者画像。基于画像，馆员能有针对性地推荐资源，优化资源配置，满足读者个性化需求。因此，流通馆员应充分认识数据价值，培养数据意识，学习数据分析技术并熟练运用技术，挖掘数据潜力，提升服务主动性与深度，为读者提供优质的个性化体验，推动图书馆智慧服务能力提升。

2. 资源建设馆员

信息资源建设是图书馆业务活动的基石，是服务职能实施的前提。无论是传统图书馆还是智慧图书馆时代，资源建设馆员均十分关键。在智慧图书馆新环境下，馆员需加强资源与服务协同整合，探索实践新范式，需关注学科建设、课程规划及人才培养等关键信息，围绕学校发展蓝图调整策略。同时，坚持以读者需求为核心，通过读者推荐采购等方式满足阅读期待。新一代图书馆平台能高效关联多渠道、结构多样的文献数据。因此，专员要深入分析挖掘这些数据，洞悉馆藏资源架构与分布，制定实施优化采集策略。这些举措旨在优化资源配置，提升资深建设科学性、精确性和合理性，推动图书馆资源建设迈向新高度。

3. 学科服务馆员

当前，国内众多高校图书馆已着手构建学科服务管员体系，该体系中的学科服务馆员由图书馆依据各学科的特定需求精心遴选，旨在担任信息服务的重要角色。这些馆员与对口院系保持紧密沟通与合作，构筑起图书馆与各学科间交流的稳固桥梁，致力于为用户提供高度定制化的服务体验。在智慧化服务的大背景下，学科服务馆员的智慧服务实践需依托与用户间的智慧交互及学科服务模式的创新突破。

学科服务馆员应积极融入学科教学活动的各个环节，推行嵌入式学科服务模式，亲身体验并深入理解教师的教学目标，精准捕捉并把握教学过程中的难点与核心要点。同时，他们需持续收集并分析学生的信息需求，凭借自身深厚的专业知识底蕴对学科进行深度剖析，进而构建学科服务专属门户网站。该网站将为用户提供经过精心检索与整合的、具有高度价值的学科相关知识信息，满足师生群体的多元化需求。

二、智慧图书馆馆员岗位设置必要性及图书馆馆员能力

（一）智慧图书馆馆员岗位设计必要性

1. 高校图书馆数据资源管理的需求

图书馆内每日发生的各类活动，无论是工作人员的业务操作还是读者用户的借阅行

为，均会留下丰富的电子足迹。这些错综复杂、类型多样的数据资源，犹如一座亟待发掘的宝藏，亟须具备专业素养的数据管理人员，即数据馆员，运用其专业知识与技能进行科学有效的管理。

数据馆员将承担起整合、分析并挖掘这些庞大数据资源的重任，通过专业的手段与方法，揭示数据背后的深层价值与规律，为图书馆的智能化服务、个性化推荐以及决策支持提供坚实的数据支撑。这一过程不仅有助于提高图书馆的服务质量与效率，更能推动图书馆在大数据时代背景下实现转型升级与创新发展。

（1）在当前国家数据资源战略规划的引领下，我国图书馆事业的一个重要演进方向便是聚焦于服务国家战略的信息资源供给。图书馆通过主打战略信息资源服务业务，能够积极融入国家发展大局之中，强化了服务效能，增进了社会认同尊重。以国家科技图书文献中心（NSTL）的重大战略信息服务平台为例，该机构是全国顶尖的科技文献服务机构，服务跨越了学科领域，涵盖数字资源、智库咨询等，充分展现了其深度广度。在国家战略指引下，高校图书馆是科研师生数据管理与服务的核心。未来，高校图书馆应积极参与科研数据管理实践，利用数据馆员专业技能，深度参与平台构建。通过这些举措，图书馆将提升数据管理与服务领域的竞争力，为科研创新与知识传播贡献力量。

（2）馆藏资源数字化管理已成为当今时代的迫切需求。馆藏资源形态随时代演进而变化。文献载体，即记录信息的实体媒介，需依托物质材料存在。尽管纸质载体仍主导图书馆馆藏，但互联网技术及电子化手段的兴起，使纸质载体局限凸显：文献激增与存储空间有限的矛盾加剧，存储能力与增长需求的冲突激烈，阻碍了信息流通共享。为满足需求，电子文献载体应运而生，利用现代信息技术存储图像、文字、声音等信息于磁、光、电介质，便于用户轻松获取。电子载体以空间小、密度高、速度快、形式多样、交流便捷等优势，逐渐被接纳并受重视，已成为主流载体，拓展了信息存储传播渠道，支撑了馆藏数字化管理。

当前，高校图书馆资源丰富，覆盖众多学科，载体多元化明显，数据库和电子出版物成为重要馆藏。因不同载体需差异化管理，然而，电子文献数量庞大、种类繁多、更新迅速、结构复杂，因此管理尚未全面规范。在数字资源建设中，部分图书馆未考虑自身建设水平及外部环境变化，盲目购买数据库，导致电子资源内容重复，资源配置不合理，引发资源闲置，降低了用户利用率。这不仅造成了高校资金的浪费，而且严重制约了高校图书馆数据资源建设的整体质量和可持续发展。因此，如何科学合理地规划和管理电子文献资源，避免资源的重复建设和浪费，成为当前高校图书馆亟待解决的重要课题。

鉴于此，对图书馆的部分工作人员实施有针对性的专业培训与教育，旨在促使他们转型升级为专注于数据管理、存储及归档的专业数据馆员。这些数据馆员将凭借信息技术手段，深入挖掘各类文献资源或系统中的读者个性化需求。

2. 数字环境下高校图书馆员角色进阶的方向

在数字环境下，数据馆员以其独特的数据信息研究分析能力和组织管理能力脱颖而出，他们既是数据的深度探索者，也是数据的有效管理者。鉴于数据馆员在数据处理与管理方面的专长，他们可以成为图书馆员角色进阶的理想方向，引领图书馆服务向更高层次迈进。

（1）从纸质文献的守护者向数据管理者的角色转变，是图书馆馆员在新时代背景下的重要转型。在传统图书馆运营模式下，馆员主要扮演的是为读者用户提供借阅服务与参考咨询的文献服务提供者角色，他们的工作重心围绕纸质文献资源展开，依赖自身对馆藏资源的深入了解及所掌握的图书馆学知识，来协助读者搜索并查询所需资料。这些工作往往局限于对藏书的机械性保管与借阅流程的操作，或是简单地将文献信息提供给阅读者，尚未全面依赖数据、数据库或数据平台。在这一阶段，图书馆员更多地被视为传统的文献服务者，其工作状态倾向于被动，工作内容也具有较高的重复性。

然而，随着信息技术的迅猛发展与数字资源的日益丰富，图书馆员的角色亟须向数据管理者转变。这一转变要求他们不仅要具备对纸质文献的深厚认知，更要掌握数据分析、数据挖掘等现代信息技术，以便更有效地管理、整合并利用图书馆的海量数据资源。通过数据分析，图书馆员能够更精准地把握读者的需求与偏好，为读者提供更加个性化、精准化的服务。同时，数据管理者的角色也意味着图书馆员需要主动出击，积极探索新的服务模式与技术手段，以推动图书馆服务的创新与升级。

大数据环境的兴起彻底改变了传统工作常态。海量激增的原始数据零散无序，需数据馆员介入，通过采集、分析、管理及再利用，提升其应用价值。此服务依赖数据馆员的数据挖掘能力。一方面，数据馆员细致分析用户行为数据，揭示其真实需求；另一方面，运用先进技术追踪事物演变，探究发展规律，为用户提供前沿精准的数据支持。此转变提高了数据利用效率，推动图书馆服务向智能、个性化方向发展。

在数字化浪潮席卷全球的今天，互联网技术已深度融入高校图书馆的日常运作之中，标志着图书馆正式步入了一个服务内容信息化、馆藏资源多媒体化、管理手段计算机化的全新纪元。文献数量的迅猛增长，伴随着图书馆服务内容与管理模式的深刻变革，它们正逐步摆脱保守与传统的束缚，向信息化、数字化的方向稳步迈进。与此同时，用户群体也以多样化的方式积极寻求图书馆提供的数据服务，这一现象愈发普遍。这些翻天覆地的变化，无疑对图书馆员的知识结构与服务技能提出了更为严苛与复杂的要求。

图书馆员需继续履行纸质文献征集管理等传统职责，同时积极应对数字信息资源挑战，掌握数字信息采集、分类重组等技能。他们需适应并胜任数据管理、深度分析及数据库构建等高难度任务，为师生及科研人员提供全方位、深层次、专业化的数据服务。为此，图书馆员应主动接受继续教育，提升数据素养，创新服务方式，加强业务能力建设，以适应网络环境需求，成功实现角色转型。

(2) 在角色转型中，图书馆员自数字时代初期便涉足数字资源领域，如科技查新、课题检索辅助等，凭借丰富的实践经验，成为解决数据难题的关键人才，展现出不可或缺的效能。此时，从数字资源引领者转型为承担用户教育职能的信息工作者，再结合数字资源，能给读者提供多元化服务，同时也强化了自身的数据管理能力，实现了用户信息素养的提升。

图书馆员职业形象随职责变迁而演进，虽岗位不同、工作重心各异，但数字技术都为其带来显著影响。用户期待可快速响应的信息化需求，促使图书馆员加深了对数据的依赖。虽然数字资源引导者能获取资源，但数据的管理需更专业的人员——数据馆员担纲。他们以数据管理为基础，深度开展服务，具备管理意识与专业知识，运用现代技术工具通过分析、重新组织信息，转化为用户需求的知识，成为新型图书馆员典范。

数据馆员不仅解决即时出现的问题，还持续追踪用户行为数据，深入挖掘信息，剖析潜在需求，为个性化服务奠基。简言之，数据馆员是图书馆深化数据服务的必然选择，承载着适应数字时代挑战、提升服务质量的使命。

3. 高校图书馆面向用户数据服务的回应

以往，由于科研数据的庞大体量与数据生产者对数据管理重要性认知的匮乏，加之管理知识的缺失，共同导致了数据管理状况的欠佳，使数据难以得到有效复用。然而，这一困境实则蕴含着转机，将之合理利用就可转化为用户提供新型服务的契机。具体而言，通过专门设立数据馆员岗位，能为研究者提供全方位的数据管理服务，以有力支撑其科研工作的开展。

当前，高校图书馆所能提供的数据服务已不再局限于单一层面，而是涵盖了对密集数据深度的人工或智能分析组织、高效共享利用等一系列综合管理举措。这些服务旨在使用户能够直接且便捷地利用数据资源，有效解决实际科研问题。数据馆员在其中扮演着至关重要的角色，他们不仅需具备扎实的数据管理知识，还需灵活运用先进的数据分析技术，以确保数据服务的精准性与高效性。通过这一系列的创新服务，高校图书馆正逐步构建起完善的数据管理体系，为科研工作的顺利推进奠定坚实的基础。

(1) 随着用户对于数据化服务的需求日益增长，这促使图书馆对数据要进行必要的管理。根据科研数据的不同来源，可将其细化为两大类别。一类为“大型学科”数据，这类数据源自规模较大的研究机构，其研究项目通常具有宏大的规模与复杂的特性，不仅跨越了多个学科领域，还往往涉及跨地域的合作。这类数据对于特定研究领域而言具有举足轻重的地位，因此，它们通常能够获得较为周全的保护措施，以确保数据的完整与安全。

另一类则被称为“小型科学”数据，尽管这类数据的积累量同样庞大，但其生产规模相对较小，加之数据生产者往往缺乏数据管理意识与相关知识，导致这些数据在保存过程中难以得到细致且完善的处理。相较于“大型学科”数据，这类数据的保存耐久度普遍偏低，存在较高的丢失或损坏风险。因此，如何有效提高“小型科学”数据的保存质量，已成为当前图书馆数据化服务中亟待解决的重要问题。

高等学府的核心职能之一在于科研活动，而校内师生无疑是这一领域的中坚力量。图书馆作为科研的强大后盾，在科研进程中，提供精准数据支持至关重要。由于科学数据的密集涌现，图书馆用户数据服务需求日益凸显。需高校图书馆积极应对，为师生解决数据难题，提供全方位数据管理与服务，涵盖获取、整理、规划、分析、储存、利用及共享等，要与数据馆员职责紧密相关。

随着馆藏数据量迅猛增长，且形式多样化，而用户的数据管理技能难以满足需求，凸显了专业服务的重要性。用户期望图书馆服务能够个性化，可依据自己的阅读习惯、研究需求等挖掘潜在需求，提供精准服务。因此，高校图书馆数据服务的转型升级，变得更加主动。在用户需求驱动下，数据馆员可利用数据挖掘、分析等设施，结合需求变化，精细筛选重组数据，确保信息服务实时更新，动态提供高质量数据化服务。

（2）在数据驱动的高校环境中，科学数据服务的推动力量不容忽视。步入数据时代，高校图书馆必须紧跟时代步伐，全面满足全校师生对数据知识与技能的迫切需求。如前所述，高校师生已然成为当前科研领域的中坚力量，对于科研人员而言，科学研究早已超越了从零开始的阶段，而是建立在对既有数据的重新认知与深度组织的基础之上。即使采用精准的工具与灵活的方法对同一组科研数据进行剖析，也可能收获截然不同的研究成果，科学数据的影响力正日益凸显。

高校图书馆在提供数据管理与服务方面，具备得天独厚的优势条件：一方面，馆内蕴藏着丰富的纸质文献资源与电子数据宝藏，数据馆员能够紧密围绕用户的科研需求，对这些数据资源进行精心筛选、有序组织、深入分析与高效利用，并依托先进的数据平台，为科研用户搭建数据共享桥梁；另一方面，科学数据服务本质上是一项服务性工作，而高校图书馆长期以来作为校内重要的服务机构，早已积累了丰富的服务经验，其服务能力不容小觑。因此，在开展科学数据服务的过程中，高校图书馆能够游刃有余，充分发挥其服务专长与资源优势。

对于众多在数据管理技能方面有所欠缺的高校师生而言，图书馆无疑是他们获取知识信息服务、获取科研所需数据的理想之地，特别是在数据密集型科研范式日益盛行的当下，高校图书馆凭借其发现科研数据、提供数据管理服务等能力，扮演着至关重要的角色。若数据馆员能在科研项目推进的过程中，灵活运用数据操作技能，借助先进的数据软硬件设施，为来自不同领域的用户提供最为直接、精确且具针对性的数据服务，将极大地助力科研人员更高效地利用科学数据进行深入研究、作出科学决策。

然而，在实际操作中，高校图书馆在数据的使用与管理方面却面临着诸多困难，如难以获取所需数据、数据采集成本高昂、所得数据与实际需求脱节、数据收集后的管理混乱无序、高效数据管理工具的缺失、数据资源开放程度有限以及共享与再利用困难等问题层出不穷。若图书馆现有的服务无法持续满足用户日益增长的需求，其效用与影响力势必受到用户的质疑。因此，图书馆迫切需要创新服务模式，通过数据馆员强化对科研数据的管理与服务，为用户的科研工作提供坚实的科学数据支撑，进而推动高校图书馆在促进科学研究发展方面发挥更加积极的作用。

（二）高校图书馆馆员能力

部分国家高校图书馆在智慧业务管理与服务开拓上已迈出坚实步伐，并在智能机器人、虚拟咨询、仿真环境及新一代图书馆系统等方面取得了初步成果。深入剖析与归纳高校图书馆智慧服务内容，有助于界定馆员分工及职责，并为明确能力框架提供坚实理论与实证基础。

1. 高校图书馆馆员核心能力要素

（1）在智慧图书馆这一全新环境下，信息资源的形态呈现出多样化的特征，涵盖了图书、期刊、报纸、多媒体素材以及开放获取资源等众多类别。为了确保能够向广大师生提供高品质的文献信息服务，高校图书馆员必须具备卓越的信息检索技能。这不能仅局限于掌握传统的书目检索功能，更要求他们精通国内外主流数据库的操作流程及检索策略，同时，对不同学科领域内的重要数据库有深入的了解。基于用户的研究议题、学科专长及信息需求，图书馆员需构建高效的检索方案，从浩瀚的文献库与知识库中精准定位并提取用户所需的文献资源。

此外，随着“互联网+”技术的蓬勃发展，网络资源已成为用户获取信息与知识的另一重要途径。面对由此产生的海量大数据，高校图书馆馆员需承担起从这些数据中挖掘对用户具有实际价值的信息的重任。大数据挖掘技术的应用，能够极大地提升数据的价值，进而彰显数据的智慧。值得注意的是，检索结果的呈现方式对于用户的满意度具有显著影响。因此，图书馆馆员还需熟练掌握文献可视化分析工具的操作技巧，具备将数据转化为直观、易懂的可视化表达的能力，以进一步提高信息服务的质量与效率。

（2）在智慧图书馆这一新兴背景下，参考咨询服务的形态经历了深刻的变革，已逐渐由传统的线下咨询模式过渡至线上虚拟咨询的新阶段。这就要求图书馆馆员必须熟练掌握并灵活运用各类社交媒体工具，以强化其在线沟通与交流的能力。为了更好地提升参考咨询服务的品质，馆员可以积极引入人工智能技术，借助机器学习算法深入挖掘过往图书馆参考咨询中频繁出现的问题，并依据学科分类进行细致的梳理与归纳，进而构建出一个全面而系统的参考咨询语料库。通过机器自主学习与模仿人类智能的方式，图书馆能够提供一种不受时间与空间限制的智能化参考咨询服务。

随着人工智能技术不断进步，智能机器人已能基本满足用户咨询的需求。在此背景下，图书馆馆员转为辅助机器人开展工作，针对复杂或专业问题，运用专业知识与实践经验，以友好耐心态度满足用户情感需求。同时，馆员需观察分析用户与机器人互动的过程，敏锐捕捉潜在的需求及问题，及时优化调整机器人服务的内容与方式，提升参考咨询服务的效能。

（3）在当前的时代背景下，阅读推广能力对于高校图书馆而言，无疑是当前及未来工作的核心，特别是在阅读与游戏、短视频等娱乐方式激烈争夺用户时间与空间的情境下。移动互联网的蓬勃兴起，极大地改变了用户的阅读习惯与偏好。鉴于此，图书馆一方面需持续加大对纸质图书阅读推广的投入力度，另一方面也应积极推动数字阅读的发展进程。

为增强阅读推广效果，图书馆馆员需融合线下活动与线上推送进行阅读推广。策划征文赛、专题讲座、演讲盛会、知识竞赛及图书漂流等推广活动，激发读者阅读兴趣。利用微信、微博、抖音等社交渠道，传播活动亮点，提升用户对图书馆资源的认知，激发其参与热情，营造校园阅读氛围。

在人工智能时代，阅读推广边界大幅拓宽，依赖智能与可穿戴设备，可提供沉浸式阅读体验。因此，馆员需熟练掌握馆内智能设备，指导用户高效运用，让用户充分体验虚拟阅读服务，享受科技阅读乐趣。

（4）教学能力对高校图书馆创新服务模式、推动一流学科建设至关重要。图书馆馆员应凭借专业知识与技能，积极投入教学，将信息素养教育融入学科课程，以多样化嵌入式活动支持师生。针对师生需求与期望，指导他们高效检索、评估及利用信息资源，提升师生信息素养。

因此，图书馆馆员需具备独立或协同设计实施课程的能力，为不同学科、层次的学生定制课程方案。围绕目标与内容，灵活运用在线平台、多媒体资源等教学方法与技术，依托图书馆智能设备，提供智慧教学服务。通过分析师生反馈，不断优化教学流程，提高教学质量。

在教学实践中，图书馆馆员需具备深厚的学科背景，熟练掌握研究方法，传授研究范式及数据管理经验。这样，才能为师生提供全面的专业支持，助力学术研究与知识探索取得显著成果。

（5）科研辅助能力是智慧图书馆时代高校图书馆馆员不可或缺的核心能力之一，以适应数字化、网络化环境对高校科研创新与学术进步所带来的新挑战。首要的是，图书馆馆员需不断提升个人专业素养，积累科研实践经验，对科研流程与学术规范有深刻的理解，同时紧跟相关专业领域的研究前沿与发展趋势。这不仅有助于图书馆馆员在科研过程中为用户迅速锁定研究课题，还能高效协助用户收集与整理相关文献资料，从而为用户提供涵盖广泛且深入的科研支持服务。

进一步而言，图书馆馆员在处理信息与数据时，需展现出高度的敏锐性和精准的判断力。面对来源多样的信息与数据，图书馆馆员需具备筛选与评估的能力，从中发掘出潜在的价值与意义。这种能力对于从海量数据中提炼出对科研工作具有实际指导意义的信息至关重要。

此外，图书馆馆员还需具备一定的科研辅助技能，深入了解用户所在科研团队的特定需求及研究进展。在此基础上，图书馆馆员应主动提供定题服务，运用搜索引擎或先进的知识发现工具，对浩如烟海的文献资源进行深度检索。通过数据分析手段，图书馆馆员能够提炼出有价值的信息，为用户的科研团队探索新的研究方法提供有力支持，从而在科研探索的道路上助力用户取得更为显著的成果。

2. 智慧图书馆馆员核心能力要素

（1）面对数字化、网络化信息环境，数据分析与管理能力已成为高校图书馆馆员的核心技能，它能支撑数据驱动决策、科研辅助及个性化服务，优化资源配置。智慧图书馆基于数字图书馆构建，随文献资源的全面数字化而转型，由于资源与用户信息均数据化，数据在管理与服务中愈发关键。

智慧图书馆把资源、用户行为及业务流程数据集成于统一平台，运用关联分析、数据挖掘技术，把数据潜能转化为服务能力。在此背景下，图书馆馆员需强化数据素养，深化数据意识，掌握采集、开发、评估技巧，熟练运用分析工具与软件，深度剖析、可视化处理数据，发掘数据潜在价值。

只有具备坚实数据分析与管理能力，图书馆馆员才能有序组织、高效管理多源数据，灵活调动资源，提供智能化、个性化服务，推动智慧图书馆建设持续创新，保持数字化时代领先地位。

（2）智慧图书馆展现现代信息技术的优势，关键在于技术的运用与潜能的开发。为创新高校图书馆数字化、智能化服务，馆员需精通多样信息技术，具备卓越运用能力。进入智慧图书馆时代，物联网、云计算、大数据、人工智能重塑了图书馆服务模式与管理架构。在此背景下，馆员需积极转型，成为智慧系统构建者与应用引导方面的咨询专家。

同时，馆员应持续学习新技术，紧跟前沿动态，利用智能化技术设备，提供高效便捷的智慧服务。要深入研究人工智能、大数据等核心技术与应用实例，结合图书馆实践，开发智能检索、推荐等服务，实现资源智能化管理，提供个性化服务方案。

综上所述，技术运用与开发潜能对高校图书馆馆员至关重要，不仅是提高服务质量的基石，更是推动智慧图书馆建设与发展的重要动力。

(3) 智慧图书馆建设本质上由用户需求驱动，尤其重视个性化需求的满足。精准捕捉用户需求，是传统及智慧图书馆的共同挑战。为深入理解需求，图书馆馆员需融入教学进程，强化师生互动，探寻实际需求。

在智能设备与尖端技术普及下，图书馆馆员依托智能感知设备与大数据，可实时捕捉、深度挖掘用户信息与行为数据，洞悉其兴趣、阅读倾向及学术追求，从而提供贴切服务。同时，可进行精细化用户画像分析，构建全面兴趣模型数据库，以支撑个性化服务。

为了提升需求分析精准度，图书馆馆员需持续关注用户反馈，并收集分析数据，完善更新兴趣模型数据库。唯有如此才能确保服务精准对接用户需求，推动智慧图书馆建设升级。

三、智慧图书馆馆员专业素养提升的机遇和挑战

（一）馆员专业素养提升的机遇

1. 转型期图书馆业务对馆员多元能力的新要求

当前，网络技术的普及为自主型读者服务带来多元的渠道，用户需求自主性、个性化特征显著，从而引领了公共图书馆业务与馆员服务的拓展。传统图书馆功能聚焦于文献典藏与知识交流，而今在技术与设施支撑下，其功能趋向于丰富多元。

公共图书馆作为文化中心、信息枢纽，功能的多样性体现在深度丰富的基础功能上，不仅彰显核心价值，更提供多样化的服务体验，并不断拓宽服务范畴。其价值已从图书流通转向知识交流与信息互动，促进了知识传承与发展，赋予了信息收集、处理、传递、保存新活力，成为文化价值凸显的能量激发器。

在社会信息化浪潮下，新技术革命重塑了生活方式与管理模式，公共图书馆功能与场所也显著演变。功能上，成为提升民众文化素养的关键设施，并兼顾基础识字、数字、媒介素养培养；场所上，是城市名片、民众交流的第三空间，助力公民全面发展。

在先进技术支撑与互联网平台赋能下，公共图书馆基础功能实现了优化升级，催生了服务多元化，迈入数字化发展新阶段，并具有广阔的价值前景。图书馆行业应顺应变革，实现信息化、知识化服务模式转型，优化管理模式，创新机制，打破封闭束缚，迈向资源共享新阶段，构建数字资源管理，满足差异化需求，提供有针对性的服务。

在服务拓展中，图书馆馆员专业能力面临着新挑战，因此，强化职业素养与专业能力尤为重要，只有聚焦于创新能力提升，激发图书馆创新潜能与活力，才能迈向高质量发展新征程。

为了构建高效、卓越且现代化的图书馆服务体系，图书馆馆员必须熟练掌握并灵活运用各种先进设施与技术。他们需深入挖掘文献信息的内在价值，通过深度开发与整合，成为知识领域的专业组织者与信息导航者。这一过程不仅要求馆员具备扎实的专业知识基础，还需他们拥有敏锐的洞察力与创新能力，以便在浩如烟海的信息海洋中精准定位用户需求，提供个性化、高质量的知识服务。

2. 数字时代读者对馆员信息服务能力的新期待

现代公共图书馆正逐步演变成人类社会知识与信息交会融合的核心枢纽。针对图书馆职能的这一根本性转变，吴建中先生曾深刻剖析并阐述了以下观点：第一代图书馆的核心功能在于收藏与保护，犹如古代的藏书楼，专注于文献资源的积累与长期保存；第二代图书馆则以外借服务为核心，通过图书资料的广泛流通，旨在推动知识的广泛传播与普及，这两代图书馆均紧密围绕“图书”这一实体介质进行构建。然而，步入第三代图书馆，其发展范式发生了颠覆性的变化，开始以知识服务为核心进行重构，这一创新模式彰显了知识交流在当代图书馆发展历程中的关键性地位。个体间的深度沟通与互动极大地促进了不同知识体系之间的快速流通与融合，为知识的广泛共享与深度应用奠定了坚实的基础。

在数字化与网络化的浪潮不断冲击下，现代公共图书馆的读者服务工作正经历着一场向数字化、网络化及虚拟化领域的深度转变。作为一种将网络化与数字化特性高效融合的新型服务范式，信息服务已然成为新时代公共图书馆建设不可或缺的核心要素。它不仅极大地拓宽了图书馆的服务范畴，深化了服务内容，还显著提高了服务的效率与质量，为读者开辟了更为便捷、多元化的知识获取渠道。这一转变不仅彰显了图书馆服务模式的创新与发展，更为读者提供了更加丰富、灵活的知识探索方式与学习体验。

信息化是公共图书馆管理与发展的必然趋势。在新时代，用户信息接收、获取手段及需求均发生了显著变化。信息接收渠道因技术飞速发展而非常丰富，也为图书馆高效传播减轻管理者负担，强化服务功能，满足个性化需求奠定了基础。信息获取手段也在先进的技术与移动设备的推动下，突破了时空限制，提供丰富的功能体验，促使图书馆加快向信息化转型。用户信息服务需求因网络环境下个体差异而更加复杂多元，对信息服务提出了更高要求。随着信息技术发展，读者需求从广度至深度均发生了巨大的变化，电子文献更受关注，信息需求转向深度开发与利用，要求图书馆优化基础功能，提供专业化服务。

应对用户多样化需求是公共图书馆转型升级的内在动力。从封闭藏书楼到现代信息共享图书馆的根本转变，反映了服务对象需求的变迁。而读者需求动态调整，会深远影响图书馆服务功能。图书馆要围绕读者需求展开服务，提升馆员专业技能，尤其是信息服务能力，满足读者日益增长的需求。

信息化进程推动了图书馆服务手段与方式的变革，催生了服务理念的革新。读者需求已从馆藏资源获取拓展至多元化信息资源渴求，相应地，图书馆的服务范围也就要延伸至资源共享领域。信息服务作为基础服务，要求深入贯彻服务理念，满足用户信息与知识获取的需求，这也是考验服务能力，衡量创新服务模式的标准。

图书馆馆员作为运营的中坚力量，要提升综合素养与专业能力，契合用户期盼，紧跟图书馆发展步伐。在大数据等前沿技术冲击下，图书馆转型升级迫切要求强化馆员实力与服务品质。馆员需洞察时代动向，定位自身价值角色，充实知识架构，深化专业能力，围绕差异化需求提升素养与职业能力。

图书馆馆员应主动拥抱转型与升级，增强自身竞争优势，适应新工作内容，创造更大价值，以卓越的专业能力与出色的服务水平，为图书馆繁荣发展贡献力量。

3. 低认同社会环境下馆员对专业价值的新审视

针对图书馆馆员的职业社会认同度低易产生职业倦怠这一现状，国内外学术界已展开了深入而细致的研究与探讨。职业倦怠问题之所以能引起众多专家学者的广泛关注与重视，根源在于其往往会触发一系列连锁负面效应，成为公共图书馆持续健康发展的重要瓶颈。这一问题不仅关乎图书馆馆员的职业发展，更深刻影响着图书馆整体服务效能的提升与功能的充分发挥。

长期投身于重复性高、内容单一的工作任务的一线图书馆馆员，往往成为职业倦怠现象的高发群体。馆员的职业社会认同度，既受制于外部环境的诸多因素，也深受内部自我认知的深刻影响。从外部视角来看，社会对馆员职业的普遍认知以及读者群体的特定观念，共同构成了影响馆员职业认同的外部框架。

另外，面对用户群体素质的参差不齐，作为服务型行业的从业者，馆员不可避免地会遭遇到部分不尊重本行业的读者。在遭遇无理的挑衅与指责时，馆员需要具备强大的心理韧性来应对这些负面情绪。然而，长期置身于这种环境下，馆员容易受到诸如社会地位偏低、工作缺乏技术含量等负面观点的影响，进而滋生职业不自信的心理状态。

可以断言，数字化浪潮正引领公共图书馆迈向未来。在这一趋势的强劲推动下，数字文献在图书馆馆藏资源中的比重还将持续攀升，日益凸显其重要性。依托信息技术的阅读模式，凭借其为读者提供的无与伦比的便捷性，已然赢得了广大读者的广泛认可与高度喜爱。数字文献的应运而生，不仅极大地促进了图书馆馆员服务模式的革新，从传统的线下服务稳步迈向线上服务的新阶段，更在这一时代背景下，赋予了智慧型图书馆馆员崭新的存在价值与实际意义。

面对这一发展趋势，图书馆馆员应当以开放的心态积极拥抱先进的技术，主动学习并掌握全新的信息管理技术及其各项功能，致力于在读者与信息、知识之间搭建起一座高效沟通的桥梁。同时，他们还需紧密关注并深入了解当代读者在信息获取需求方面的变化趋势，并以此为基础，积极推动图书馆向资源共享的开放式发展模式转型，从而实现图书馆服务的全面升级与持续优化。

相较于以往的公共图书馆，当代公共图书馆在涵盖基础功能的同时，还广泛涉及文化传播、信息服务等多个维度，这些更为广泛且深入的功能与服务对管理人员的能力也提出了更高要求，迫使他们必须全方位强化自身综合素养，跨学科地掌握更为丰富的理论知识，以提升服务的全面性和深度。在新的时代背景下，管理人员的角色已经远远超越了传统意义上的书籍管理者，他们更多地扮演着专业知识交流促进者、信息咨询顾问等多重身份。换言之，在图书馆服务日益多元化的今天，图书馆馆员唯有不断提升自身在文化服务领域的综合能力，方能真正契合读者对当代图书馆服务的多元化需求，进而有效推动图书馆文化服务能力的持续提升。这一转变不仅要求图书馆馆员具备扎实的专业知识，还需要他们拥有开阔的视野和灵活的应变能力，以适应不断变化的服务环境和读者需求。

当前，公共图书馆正全面涉足信息领域，这一趋势要求馆员必须运用专业知识与实践技能来装备自己，以积极应对所面临的各种挑战。所需能力涵盖了信息管理、组织整合、信息资源发掘与应用、阅读推广活动策划以及教育培训等多个方面。随着新兴技术的不断涌现，图书馆在其机构内部已专门设立了知识管理的岗位，这为具备专业素养的公共图书馆馆员提供了大显身手的舞台，使他们能够在知识管理领域内充分发挥自身的潜力。馆员的综合素质，特别是对知识的深度分析、精准提炼以及实现其价值增值方面的能力，已日益成为公共图书馆馆员的核心竞争力，并逐步彰显他们在这一领域中的独特优势。这一趋势不仅强调了馆员专业能力的重要性，也凸显了图书馆在知识管理与服务创新方面的持续努力。

公共图书馆馆员在各自的专业领域内展现出了显著的价值，他们作为兼具深厚知识底蕴与全面技能的复合型人才，正逐步成为公共图书馆专业人才队伍的核心支柱。尽管信息化浪潮使读者能够轻松触及海量信息，但当用户渴求的是针对性强、实用性高的信息，以及经过提炼、整合、深度分析与研究后形成的竞争性情报时，这些新颖的知识与信息往往无法直接通过网络或文献资料获取。此时，唯有依赖公共图书馆馆员对信息的精准转化、有效整合及深度加工，广大用户方能顺利捕获所需的情报资源。因此，当公共图书馆馆员将注意力聚焦于自身的专业领域时，他们会深刻意识到自身所做贡献的独特性与不可或缺性，认识到自身所具备的能力与所实现的价值是无可替代的。这一认知不仅增强了他们的职业认同感，也进一步激发了他们在专业领域持续深耕与创新的动力。

（二）馆员专业素养提升的挑战

1. 转型期馆员能力不能满足岗位发展需求

社会经济的蓬勃发展推动了信息化社会的形成，在此背景下，公共图书馆的服务理念、模式及技术面临着前所未有的挑战。尽管公共图书馆在馆舍规模与设施建设上取得了显著进步，转型期图书馆发展需求难以被现有服务能力充分满足。比如，公共图书馆旨在提升公民信息素养，而其成效受馆员信息素养制约，就会影响信息素质教育功能的发挥。传统图书馆岗位对馆员专业素养要求低，馆员多为信息传递者，与用户进行指令性交流，完成基础文献服务即可。然而，新型图书馆业态下，服务形态已深刻转变，由馆藏借阅转为积极服务模式，重心偏向用户，纸质文献与到馆服务被逐渐淘汰，因此，亟须数字文献服务、信息化指导及知识创新的馆员。

在新时代公共图书馆中，馆员新使命为关注用户个性化信息需求，参与问题解决全过程。馆员应搭建与用户之间的沟通桥梁，促进深度交流，激发用户主观能动性，引导科学筛选、分析利用信息。只有所有馆员都秉承此理念，公共图书馆社会教育功能才能得以展现，公民信息素养才能全面提升。

技术与理念革新使图书馆服务范畴扩展至广泛复杂的学科领域，这对馆员综合知识素养与学科服务能力提出了更高的要求。智能化技术在减轻基础烦琐劳动的同时也提高了对专业技能的要求。馆员需精通图书馆学、情报学、教育学、心理学及计算机应用等多学科知识，具备高级信息素养与卓越处理能力。新时代图书馆应提供智能化服务，包括高效的信息检索、精准的知识发现及研究数据的深入分析。

在数字化时代，公共图书馆及馆员面临信息爆炸的挑战。因此，构建科学完善的数据管理与交流平台，满足多元化知识需求，提供个性化服务，成为关键举措。而快速捕捉获取有价值信息，也同样重要。面对挑战，馆员需不断提升信息素养与数据处理能力，适应数字化时代需求，提供精准、高效、个性化服务。

在大数据盛行的时代背景下，图书馆工作人员需具备从纷繁复杂、零散无序的数据信息海洋中，通过精细的数据挖掘与清洗流程，提炼出条理清晰、富含参考价值的数据信息的能力。它要求工作人员不仅需全面熟练掌握数据处理与统计分析软件的运用，还需具备以庞大数据集为依托，高效解析信息、精准预判趋势的深厚功底。同时还应善用互联网搜索引擎，运用更为精确且高效的检索策略，迅速锁定目标信息。

在充分利用大数据等前沿技术所赋予的强大功能的基础上，图书馆员需进一步深入探索与剖析海量数据背后潜藏的价值与规律，旨在为读者创造更为便捷高效的信息利用环境。这一过程不仅考验着图书馆员对先进技术的掌握程度，更检验着其信息筛选、分析、预测及创新应用等多方面的综合能力水平。通过不断优化信息处理流程，提升数据分析精度，公共图书馆馆员将能够更好地服务于广大读者，助力其在信息洪流中精准定位所需资源，实现知识的有效转化与利用。

图书馆馆员在读者服务工作中是至关重要的组织者与管理者，他们是连接文献信息资源与读者之间的桥梁，是实现文献资源价值最大化的关键环节。在“互联网+”时代浪潮的冲击下，图书馆馆员面临着前所未有的挑战与压力。为此，图书馆馆员亟须转变传统观念，重新审视并明确自身的角色定位，致力于为读者提供便捷、高效且平等的信息资源获取与利用途径。

在这一过程中，图书馆馆员需积极构建互联网与图书馆之间共存互补的和谐关系，推动“互联网+图书馆”模式的深度融合与实现。通过充分利用互联网技术的优势，图书馆馆员能够打破传统服务模式的局限，拓展信息资源的传播渠道与利用方式，进而促进图书馆服务质量的全面提高，满足读者日益多样化、个性化的信息需求。这一转型不仅是对图书馆馆员职业素养与创新能力的一次考验，更是推动图书馆事业持续健康发展的必然选择。

2. 数字时代馆员对外服务的范畴相对狭隘

在信息技术飞速发展之下，通过纸质文献获取信息的方式逐渐隐退，多媒体与互联网技术被广泛应用于图书馆文献检索。这对图书馆馆员提出了更高要求，他们需强化计算机技能，熟练互联网技术，从而实现高效信息检索。在数字图书馆建设推进中，馆员需巩固图书馆学专业知识，结合时代需求，提供多元化、个性化服务，掌握计算机操作能力，提升综合素养。

数字图书馆建设技术性与专业性强，亟须吸纳技术型综合人才。信息分析与处理方面，亦需专业人士提供指导与建议。然而，当前部分图书馆馆员尚未充分认识到数字化技术对图书馆发展的重要价值与深远意义，对信息技术的认知存在偏差，其服务理念仍深受过往传统模式的束缚与影响。因此，图书馆馆员需及时更新观念，正确认知信息技术的价值，以更加开放、创新的服务理念引领数字图书馆的发展，为读者提供更加高效、便捷、个性化的信息服务。

以往，读者的需求多聚焦于信息查询方面，而当下，他们的需求已扩展至学科排名评估、专业领域信息深度分析，乃至租借会议服务、策划举办艺术活动等多元化领域。过去，读者之所以依赖图书馆，主要在于图书馆拥有丰富的馆藏资源。然而，随着电子数据库的广泛普及，大部分所需资源已转移至这一新兴载体，馆藏资源在读者需求中所占的比重日益缩减，这无疑对图书馆如何彰显其价值提出了新的挑战。

在此背景下，公共图书馆应当积极依托现代技术，充分发挥数字网络环境下的信息提供与知识传播能力。唯有如此，图书馆方能更好地满足读者的多元化需求，进而为社会提供更加优质的服务。具体而言，图书馆需不断优化数字资源建设，提升信息检索与分析能力，同时，还需加强与读者的互动交流，深入了解其需求变化，以便提供更加精准、个性化的服务。通过这些举措，公共图书馆不仅能够在数字时代保持其核心价值，还能不断拓宽服务边界，为社会文化事业的发展贡献更大力量。

现代公共图书馆已远超传统的“藏书阁”概念，其服务演变映射了读者需求的变化。

信息技术的发展促进了读者需求的多样化，为此，图书馆需要提供多元服务。首先，利用先进技术与设备，公共图书馆必须为社会公众提供技术密集型服务。其次，文献资源集中于图书馆与科研机构，公共图书馆藏量巨大且类型丰富。最后，服务对象广泛，需求各异，知识体系更新加速。因此，要求图书馆馆员紧跟前沿，提供有针对性的服务。

公共图书馆馆员需从信息意识出发，提升信息加工、判断与获取能力，优化信息处理手段，构成必备综合素质。图书馆引进现代通信技术装备，旨在推动智能化、自动化发展。图书馆馆员需精通相关技术，自主学习计算机应用、光学设备使用、多媒体设备原理等知识，提升信息挖掘、价值判断与传递共享能力。

随着知识体系更迭加速，文献资料激增，图书馆馆员不仅是资料管理者，更是信息传播者、创造者。综合素质不达标将削弱服务效能，影响读者体验。部分图书馆馆员信息技术应用不足，亟须培训提升，以适应时代潮流，提供高效便捷服务，推动图书馆繁荣发展。

图书馆馆员需在提升专业素养的基础上突破学科束缚，成为跨学科复合型人才，高效精准处理信息问题。专业素养包括职业道德、职业能力、信息捕捉学习能力及创新思维等。为满足社会多元化需求，图书馆馆员应依托技术提升信息处理能力，精准萃取关键信息，揭示规律，引领图书馆向专业化、智能化发展。同时，学习多媒体设备原理，充实信息呈现技巧，提高信息利用效率，更好地服务读者，推动公共图书馆事业蓬勃发展。

3. 社会低认同环境挫伤馆员的工作积极性

在社会持续演变与进步的宏观背景下，互联网先进技术的迅猛发展对公共图书馆构成了前所未有的挑战。倘若公共图书馆继续沿袭陈旧的管理思维和服务范式，无疑将步入衰落的境地。积极应对新需求，迅速掌握前沿技术，是公共图书馆在快速变迁社会中开辟新路径的关键。社会认同，尤其是读者认同，是衡量图书馆转型成效的重要标准，其理论基础为社会认同理论。图书馆价值评判应基于社会共识，而非个体视角。

公共图书馆社会评价主要来自两方面：一是政府主导的全国评估，全面考量服务效能、业务建设等；二是读者认同，为核心指标。

公共图书馆在其发展历史中，形象固化，制约了高质量发展，普遍存在以下问题：馆员职业认同度不一，缺乏共同愿景；薪酬偏低；管理人才匮乏；考核、培训制度不完善；存在机关化、行政化倾向；工作人员年龄偏大、专业素质待提升；人才吸引力不足；绩效考评机制难以执行，挫伤人才积极性；馆员社会地位不高，价值难以得到认可；受传统认知束缚、地位变迁影响，馆员易自我贬低，职业认同感弱化。

信息技术进步推动了信息获取的多元化，新媒体平台成为重要渠道，直接冲击着公共图书馆，降低了公共图书馆的关注度，影响了馆员积极性与职业认同。高度职业认同感是长期交互作用形成的，而重塑亦需循序渐进和付出时间成本。

在图书馆馆员工作实践中，如编制索引、解答咨询等，由于智能技术的进步削弱了其竞争力。因此，提升专业能力、自信心，并加强学习就非常重要。专家呼吁从“阅读自救”做起，转变角色为“学习型”，热爱阅读以推广阅读，提供优质服务。掌握人际交往技巧，深入研究馆藏资源，关注行业趋势，提升知识导航与整合能力，增强社会认同感。

第二节　智慧图书馆馆员元数据核心能力构建

图书馆馆员作为智慧图书馆发展的核心驱动力，其个人能力与专业素养对智慧图书馆的整体构建层次具有深远影响。构建一支精通元数据技术的专业人才梯队，无疑是提高图书馆资源利用效率与服务品质的重中之重。在海外众多高校图书馆及公共图书馆中，已有多所机构设立了专门的元数据馆员职位，诸如美国康奈尔大学图书馆、加拿大滑铁卢大学图书馆及美国国会图书馆等，均在这一领域作出了表率。

学术界的研究揭示，在图书情报领域内与信息技术紧密相关的岗位需求中，元数据馆员的需求量仅次于数据科学家，彰显了其在现代信息技术背景下的重要性。图书馆在资源编目、电子资源管理、科学数据保管以及数字人文项目等多个领域的岗位招聘中，均对图书馆馆员的元数据核心能力提出了明确要求。这都表明，图书馆馆员的元数据核心技能将为智慧图书馆的构建提供不可或缺的坚实支撑，是推动图书馆向智慧化转型的关键要素。

截至目前，国内针对图书馆馆员元数据核心能力的探究仍显匮乏。在智慧图书馆持续迈向未来的征途中，图书馆馆员究竟需具备何种元数据核心能力以适应其发展需求，已成为图书馆理论与实践领域亟待解决的核心课题。鉴于此，本书立足于图书馆的战略规划目标与实际工作需求，精心构建了一套旨在提升馆员专业化素养的元数据核心能力框架，以期与智慧图书馆的建设蓝图相契合。

所谓核心能力，是指个体在执行特定任务时所展现出的卓越知识、精湛技能与严格规范，它凸显了个人在履行特定职责、达成既定目标时所展现出的专业素养与综合能力。这不仅是个人在某一特定领域内基本知识、技术能力、专业专长与实践智慧的集合体现，更是通过专业知识学习、长期工作实践以及持续职业发展所积淀而成的宝贵财富。图书馆馆员的核心能力，正是其在图书情报领域教育熏陶、岗位历练及专业成长历程中所获得的基础知识与核心技能的集中展现。

当前，针对图书馆馆员核心能力的研究主要聚焦于以下三大维度进行深入探讨。

（1）元数据技能需求分析视角。图书馆智慧化转型加剧了对馆员专业性的要求。通过岗位需求动态分析，能精准捕捉人才市场变动。馆员元数据技能需求分析聚焦于招聘信息与实际状况，需深入解读编目/元数据岗位信息。元数据馆员技能不仅含专业技术，如元数据标准理解，还涉及分析思维、沟通协作、人际交往及团队精神等关键绩效因素。

（2）馆员核心能力构成探究。核心能力为馆员竞争优势的基石，智慧图书馆的发展对馆员知识、技能及素质提出了更高的要求。从智慧图书馆馆员胜任力模型可以看出，其核心能力由需求敏感度、数据管理效率、技术创新力、服务卓越性、持续创新力及核心竞争优势六要素构成。

（3）核心能力提升策略与规划。馆员能力提升是提高智慧服务质量的关键。应从制度建设与个人能力培养两方面推动馆员职业能力提升。高校需重构图书馆馆员教育课程，贴合数字化转型需求，促进技能持续发展，满足学习者多元需求。元数据环境变迁要求高校教师全面评估元数据课程内容、教学方法及学习成效，更新专业知识，引领学术前沿。尽管国际有元数据核心能力标准，且与馆员实际需求探讨相结合，但实际工作中，馆员技能与标准存在明显脱节。目前，我国尚缺符合战略需求与社会实际的元数据核心能力标准体系。因此，本书旨在弥合馆员元数据核心能力与战略导向和服务实践间的差距，构建符合国情、应对社会需求的元数据核心能力框架。

一、智慧图书馆馆员元数据核心能力构建框架

在数字化浪潮席卷全球的今天，智慧图书馆的建设无疑成为图书馆事业发展的必然走向，而在这一宏伟蓝图中，元数据管理占据着举足轻重的地位。本书将深入剖析智慧图书馆馆员元数据核心能力的构建，从战略导向、业务实践、能力匹配三大维度展开系统探讨。

在战略导向层面，本书首先对国家数字化战略的整体目标进行了细致梳理，并紧密结合图书馆“十四五”发展规划，提炼出智慧图书馆建设的长期愿景。在此基础上，深入剖析了为实现这一战略目标所需的各种元数据管理需求，为后续的探讨奠定了坚实的理论基础。

进入业务实践层面，本书紧密围绕战略目标的定位，参照元数据图书馆馆员的具体岗位职责，对能够有效支撑智慧图书馆战略目标落地的元数据管理活动进行了全面剖析。通过这一过程，不仅揭示了元数据管理在智慧图书馆建设中的实际运作机制，还进一步总结了元数据管理的核心业务流程。

在能力匹配层面，本书将上述业务流程与国内外已有的图书馆馆员核心能力体系进行了深入对比与匹配，从而归纳提炼出图书馆馆员在元数据管理方面的核心能力框架。更进一步地，本书借鉴布鲁姆教育目标分类法的先进理念，对这些核心能力进行了科学的等级划分，为智慧图书馆馆员元数据核心能力的深入研究与培养提供了清晰的理论框架与实践路径。

（一）战略层

战略分析层面致力于从政策规划文献中萃取关键的战略导向目标，并详尽地梳理图书馆馆员在元数据管理领域可能承担的各项职责，以确保这些职责能够充分支撑各项战略目

标的有效实现。政策文件犹如一座桥梁，加速了智慧图书馆从理论探索向实践落地的过渡进程。近年来，我国众多公共图书馆与高校图书馆纷纷出台了相关规划文件，其中详尽描绘了智慧图书馆建设的宏伟蓝图。

国家层面的战略规划不仅蕴含着前瞻性的管理理念，还提供了具有指导意义的实践路径，这些均可作为剖析图书馆馆员核心能力需求的重要基础。以此为出发点，能够为图书馆馆员的职业发展勾勒出长远的目标愿景，并为其个人职业规划提供有力的支撑。与此同时，图书馆自身的战略规划则深刻反映了业界与学界对于图书馆未来发展态势及特点的深刻洞察与理解，是图书馆确立发展方向与目标的关键性文件。

通过对战略规划的系统性解读，就能够清晰地把握图书馆未来的战略导向，以及这一导向对图书馆馆员所提出的具体要求。这一过程不仅有助于深入理解图书馆馆员在智慧图书馆建设中的角色定位，还能够为图书馆馆员的职业成长与能力提升提供明确的指引。

（二）业务层

业务实施层面负责将战略导向层面的宏伟蓝图转化为具体行动与操作，确保战略层所设定的各项任务得以有效落实。在当前数字化服务日益兴盛的背景下，元数据作为图书馆数字化体系中的基石与核心要素，其重要性在行业内得到了前所未有的凸显。无论是国内还是国外，图书馆馆员的岗位招聘信息均对元数据相关的岗位职责进行了详尽而明确的要求，其中涵盖了与元数据紧密相关的各项业务流程信息。

笔者深入剖析了这些招聘信息中的职责界定与工作内容描述，通过细致的对比与分析，系统地梳理出了与元数据管理活动密切相关的业务流程框架。这一梳理过程不仅揭示了元数据馆员在智慧图书馆资源建设中所扮演的关键角色，还进一步将战略层所设定的长远目标细化为一系列具有可操作性的元数据管理业务活动，从而为智慧图书馆的资源建设提供了坚实的支撑与指导。

（三）匹配层

界定元数据馆员业务流程后，我们选取现有核心能力标准体系，旨在为元数据活动需求设定规范，确保遵循专业准则。此过程围绕战略需求，精选图书馆界公认的能力标准、资源建设专业能力标准及元数据相关标准，实现业务流程与能力要素的精确对应。

把图书馆界通用标准作为全面规范，用以界定馆员职业操守、专业知识与技能，整体性评估元数据核心能力。鉴于图书馆机构业务差异，资源建设标准选取差异化策略，侧重馆藏管理、数据管理治理及数字资源管理标准，以明确岗位能力要求。

元数据相关标准提供具体指导，明确馆员元数据管理核心技能，如精确编目、关联数据应用等。细化能力标准为元数据核心能力构建提供支撑，精准把握馆员专业素养与技能水平。

二、智慧图书馆建设背景下元数据管理需求及业务流程分析

（一）政策文本编码

基于资源建设、资源质量保障、资源利用三个方面的分析框架，采用扎根理论编码技术，利用 NVivo 软件对 15 份政策文本中的内容进行节点编码，对概念进行分析和反复调整，形成了树状节点 3 个，子节点 12 个，参考点 121 个，从而将政策文本信息编码为半结构化数据，如表 6-1 所示。

表 6-1 政策文本编码

一级编码	二级编码	关键概念	文本数量
资源建设	馆藏发展	进行资源普查，推动原生资源、古籍资源等纳入馆藏体系	13
	资源编目	搭建联合编目平台，构建联合目录，加强新型资源编目	10
	资源标引	强化对特色数字资源内容的加工、组织和深度揭示，对各类资源进行重新聚类，形成主题化、专题化的分类揭示	11
	资源仓储	建设文献信息仓储体系，建立知识生产源全域覆盖的立体化知识资源集成仓储，形成元数据集成仓储	14
资源质量保障	标准规范制定	制定书目数据加工标准、数字化标准体系、仓储标准，制定符合本馆资源特色与使用场景的元数据著录规则以及符合标准的元数据信息	9
	质量控制	定期抽查和完善已有书目数据，完善资源质量评价指标和流程；采用各种标准格式进行规范控制，实现不同场合、不同系统之间的数据交换	7
	资源关联	融汇多来源、多类型、多载体文献信息和数据资源	12
	资源共享	促进不同区域、不同领域、不同机构资源之间的关联整合，优化资源配置，开展共同揭示、共同建设和共同利用信息资源集群	15
	馆藏更新	整合全国各级各类图书馆行业数据，支撑业务决策和个性化推荐，基于决策咨询、绩效评价、需求反馈完善多元立体馆藏资源体系	4

续表

一级编码	二级编码	关键概念	文本数量
资源利用	平台建设	实施智慧图书馆一体化集成平台建设，实现数据共享、统一认证	14
	知识服务	进行用户画像和知识图谱构建，为差异化服务提供数据支持，开展分层知识服务，提供科研数据及数据分析服务，支持深度知识发现检索	7
	用户培训	馆员业务培训、技术指导；全民数字技能教育，师资和学生培训	5

（二）面向战略目标定位的元数据管理需求分析

1. 资源建设

智慧图书馆的建设根基在于资源建设的全面深化，这一领域涵盖了馆藏资源的持续拓展、资源的精细编目与标引工作，以及数据仓储体系的科学构建等多个维度。在数字化浪潮与互联网技术日新月异的背景下，馆藏资源的形态正经历着前所未有的丰富与多元化变革。相较于传统数字图书馆侧重于实体资源的数字化转化，智慧图书馆则更加注重构建一个全方位、立体化的资源体系，将政府公开信息、科学数据、开放获取资源、网络资源、活态记忆资源、纪录片等多种类型的资源悉数纳入馆藏范畴，同时，对于具有鲜明地域特色的（如岭南文化、荆楚文化等）地方特色资源，以及珍贵的古籍资源，智慧图书馆亦给予了高度的重视，并将其作为馆藏体系建设的核心要点。

馆藏资源的编目与标引工作，是馆藏数据得以有效管理与利用的前提为基础。面对形态各异的资源类型，如何精准选择适宜的元数据标准，以对其进行全面而准确的描述，进而实施科学的分类与主题控制，成为确保馆藏资源能够高效检索与利用的关键所在。相较于传统的图书、期刊等资源，智慧图书馆在新型资源的描述与标引方面投入了更多的精力，如记忆资源、科学数据等，这些新型资源的元数据标准建设已然成为资源建设的重中之重，并在相关的规划文本中得到了明确的强调。

为了推动编目数据在更广泛的范围内实现共享，图书馆与各相关机构之间亟须建立更为紧密的合作机制，通过联合编目平台的搭建、地方文献联合目录的编制等多种方式，来不断提升编目的效率与质量。展望未来，智慧图书馆的资源建设将更加侧重于机构间数据的共享与交换，以形成更为紧密的数据互联网络。

此外，对于各类资源的重新聚类与整合，亦是智慧图书馆资源建设不可或缺的一环，通过构建主题化、专题化的分类体系，能够更为精准地揭示资源的内在价值与关联，进而提高知识服务与知识发现的效率。这一切，都离不开资源标引工作的深度开展。在资源建设中，进行细粒度的知识表达，建立知识单元之间的紧密关联，成为工作的重心所在。而元数据在数字化资源管理中的应用，也将迎来更为广泛的拓展与深化。

在智慧图书馆的建设进程中，构建一套覆盖全域、立体化的文献信息仓储体系，成为资源建设的又一重要目标。这一体系旨在实现知识资源的全面集成与高效管理，为智慧图书馆的长远发展奠定了坚实的基础。

2. 资源质量保障

信息资源的质量保障是构建可信、可靠且可用知识体系的基石，其在战略规划文本中的体现，不仅涵盖了元数据标准的制定与规范、质量控制机制的构建，还涉及资源间的关联性强化、资源共享机制的优化以及馆藏资源的持续更新等多个层面。这一系列举措需协同并进，旨在全方位提高资源的质量与内在价值，从而精准对接用户的信息需求，为知识服务的蓬勃发展注入强劲动力。

高质量的元数据体系，如同图书馆馆藏资源的导航灯塔，极大地提高了馆藏资源的可访问性与检索效率。为此，完善数据质量评价的指标体系及其执行流程显得尤为重要，定期的资源库审查则是确保资源质量稳步提升的关键一环。在此过程中，加强对名称规范档案、受控词表、同义词表以及本体论的管理，不仅有助于提高元数据的标准化水平，还能促进各级各类图书馆元数据资源的有效整合与集中登记。

在此基础上，推动多元主体、多载体类型知识资源元数据的协同共建与集中管理，成为提高资源质量保障效能的新路径。通过构建跨机构、跨领域的元数据合作平台，实现元数据的共享与互操作，不仅能促进知识资源的深度整合与高效利用，还能为知识服务的创新与升级提供强有力的支撑。

在智慧图书馆建设中，我们力推资源共享，旨在构建广泛覆盖、优质全面的知识资源集成体系。战略规划详述了资源共享模式，含跨区域协同、跨机构合作及跨领域融合。跨区域协同目的在于整合各级图书馆，促进地区间紧密合作，均衡城乡资源；跨机构合作则涉及图书馆与多方主体互利协作；跨领域融合旨在打破壁垒，促进资源高效流通。

资源共享面临挑战，尤其是元数据交互标准化与互操作性问题，亟待解决。馆藏资源持续更新是保障质量的关键，需整合数据资源，定期评估使用状况，把握用户需求趋势。结合元数据统计分析，调整馆藏结构，科学规划资源采集、开发、管理及保存策略，确保资源高质量分布与高效利用，为智慧图书馆长远发展奠定基础。

3. 资源利用

在智慧图书馆的建设蓝图中，资源的高效利用聚焦于优化用户体验与深化服务内涵。战略规划文本针对资源利用层面，详细规划了三大核心方向：首先，构建一个直观且多维度的资源存储与展示平台，实现资源的可视化与立体化呈现；其次，致力于细化资源描述的精度，以支撑更为深入的知识挖掘服务，并通过全面搜集业务数据与用户信息，为个性化服务的实施奠定坚实基础；最后，加强对图书馆馆员与用户的教育培训，以期提升图书馆馆员的专业能力与用户的综合素养。

集成平台建设是智慧图书馆资源战略的核心，依托元数据管理构建全面资源数据库，并运用数据分析工具生成可视化图表，助力用户洞悉数据。个性化服务体现了智慧图书馆服务的精髓，基于资源与用户数据精准匹配，需元数据、用户画像、知识图谱等技术协同。战略文本详述了知识服务范畴，强调智能化技术创新。而服务的实施则依赖资源描述深度、元数据集成质量及全面的管理。

完善图书馆员技能培训，强化公众数字技能教育，提升信息素养，对智慧图书馆资源利用至关重要。馆员需持续开展业务培训与技术指导，掌握最新服务与技术趋势，熟练运用新技术指导用户。而用户群体则需通过在线课程、工作坊等学习机会，培养数字与信息素养，增强数字化时代竞争力。总之，智慧图书馆战略规划高度重视数据素养，元数据能力受业界广泛关注与认可，数据素养也是信息时代必备的素质之一。

（三）元数据管理业务流程分析

对元数据馆员岗位职责的深入分析，能够为理解其在实践操作中的具体流程提供有益洞见。本研究聚焦于国内外元数据馆员的招聘信息，旨在通过将这些信息与战略任务目标相对接，并结合元数据管理的全生命周期活动，深入剖析战略目标中所蕴含的元数据活动，进而据此提炼出元数据管理的核心业务流程。

笔者在国际招聘平台及国内外相关机构的官方网站上，广泛收集了与馆员元数据能力紧密相关的图书馆招聘信息。在搜索过程中，笔者发现招聘岗位的名称多样，涵盖了数据馆员、元数据操作专员、元数据服务专家、元数据管理专员、元数据服务经理、编目专业人员以及元数据馆员等多个职位。经过细致的筛选与整理，笔者共收集了 82 份近三年来发布的招聘文本。

为了从业务层面深入剖析，笔者逐一审视了这些招聘岗位职责中与战略任务密切相关的元数据活动。通过细致的分析，笔者得以从整体视角把握元数据活动的意义与作用，同时识别出其中的共性与差异性。在此基础上，笔者参照元数据管理的全生命周期各阶段，对这些活动进行了深入的抽象与概括，从而深化了对元数据管理中各个环节与要素的理解。最终，笔者归纳出了元数据管理的业务流程，并将这一归纳结果呈现在表 6-2 中，以供进一步的研究与参考。

表 6–2 元数据管理业务流程

战略目标		元数据活动	业务流程
资源建设	馆藏发展	参与馆藏开发；制定馆藏战略；元数据需求分析	元数据需求评估
	资源编目	承担馆藏的各级元数据创建和编目；在资源管理系统中更新和维护元数据；与供应商合作改进外部元数据记录	元数据记录创建与编辑
	资源标引	开发适合馆藏的元数据模式；将元数据转换为标准模式；促进元数据记录标准化；使用正则表达式和 SQL 查询；为发布者提供元数据创建或修改 XSLT 样式表	元数据标准设计 元数据模式生成 元数据记录创建与编辑
	资源仓储	参与存储库的设计和维护；完成存储库迁移；执行数据库维护	元数据记录创建与编辑 元数据互操作 元数据质量控制
资源质量保障	标准规范制定	确保元数据符合互操作性和用户功能需求；制定有关元数据的短期和长期政策；开发、维护和发布受控词表和永久标识符，从而协助图书馆为关联数据环境做好准备	元数据标准设计 元数据质量控制 元数据互操作
	质量控制	检查元数据的完整性和准确性；协助元数据质量控制；定期评估程序并制定策略；评估目录数据；确保机构存储库中编目和元数据记录的质量；检查元数据工作流存在的低效率和不一致之处；维护数据的质量控制；统一元数据政策、标准和做法	元数据质量控制 元数据标准设计
	资源关联	研究图书馆领域的关联数据发展；协作领导跨图书馆的物理和数字存储库中的元数据管理	元数据注册与发现 元数据互操作
	资源共享	将元数据引入发现系统促进元数据收集、映射、转换；创建、维护图书馆系统中的元数据，增强元数据的互操作性，实现跨平台检索	元数据互操作 元数据记录创建与编辑
	馆藏更新	维护统计数据并生成报告；分析和丰富目录，促进馆藏评价；协调管理馆藏的统计数据；监督整个图书馆的元数据分析活动	元数据统计决策 元数据质量控制

续表

战略目标		元数据活动	业务流程
资源利用	平台建设	了解与元数据和发现服务相关的新技术和图书馆应用程序；创建和维护存储库与发现环境索引工作之间的元数据映射	元数据注册与发现 元数据互操作
	知识服务	使用元数据架构、受控词表和内容标准来支持对数字和模拟资源的访问	元数据注册与发现 元数据标准设计
	用户培训	为科研人员提供数据管理计划培训；提供有关编目/元数据的咨询、培训，并制作及维护培训文档	元数据培训

第三节　智慧图书馆馆员能力建设策略

智慧图书馆馆员的能力培育与提升是一个系统工程，它不仅依赖制度层面的坚实保障、教育培训的持续强化以及自我发展内在动力的激发，还亟须借助广泛的社会力量，以期在服务层面实现突破性的进展与创新性的飞跃。鉴于此，针对高校图书馆馆员整体能力构建的宏大议题，亟须构建一个全方位、多维度的智慧成长保障体系，旨在稳固并提升图书馆馆员职业素养的整体层次。

具体而言，这一体系的构建将从两大核心维度入手：一是不断深化与完善图书馆馆员的教育培训体系，通过引入前沿的教育理念、丰富多元的培训内容以及灵活高效的培训方式，为馆员提供个性化、精准化的学习路径，助力其业务能力与专业技能的精进；二是积极搭建信息交流与合作的广阔平台，促进图书馆馆员之间的深度互动与经验分享，同时拓宽与外界的交流渠道，引入行业专家的智慧与经验，形成内外联动、资源共享的良性循环，从而进一步强化图书馆馆员的综合素养与创新能力。通过上述两大方面的协同推进，有望为高校图书馆馆员的能力建设注入新的活力，推动其向更高层次迈进。

一、智慧图书馆馆员能力重点建设策略

（一）不断增强数据分析与管理能力

在智慧图书馆的发展进程中，应高度重视并着力培育具备高学历背景的图书馆馆员在数据分析与管理领域的专业能力，同时，在人才引进策略上需适度提升准入标准，以确保人才质量。针对不同部门的具体需求与工作特性，应实施具有针对性与侧重点的培训计划，以满足各部门人员的个性化成长需求。

为了顺应数据驱动型智慧图书馆的发展趋势，智慧图书馆需积极构建数据管理与分析

的教育培训体系。具体而言，可开设数据管理与分析课程，邀请业内专家举办专题讲座与学术研讨会，提供丰富多样的在线学习资源以及个性化的学习路径规划，从而全方位覆盖数据采集、处理、分析、管理以及评价等多个关键环节。

此外，智慧图书馆还应积极鼓励图书馆馆员参与数据管理与分析领域的专业认证和培训课程，如信息分析师、数据分析师等，以此作为提升个人能力、拓宽职业发展空间的有效途径。通过参与这些专业认证与培训，图书馆馆员不仅能够获得权威的行业认可，还能将所学知识与技能应用于实际工作中，实现个人成长与职业生涯发展的有机结合，为智慧图书馆的持续发展贡献力量。

（二）加强技术应用与开发能力

技术部门在技术应用与创新开发领域展现出了突出的优势，因此，应将培养技术部门人员掌握各类智能技术与工具、开发智慧图书馆系统的能力作为工作重心，旨在将其打造成为推动智慧图书馆建设的核心力量。在此过程中，尤其要加大对年轻图书馆馆员技术素养的培育力度，深入挖掘他们在现代信息技术应用与开发方面的潜力，以提升整个技术馆员队伍的综合素养。

在智慧图书馆的建设进程中，强化图书馆馆员的技术应用与开发能力显得尤为关键。为此，智慧图书馆需有针对性地开展技能培训活动，确保培训内容既有深度又有广度，帮助图书馆馆员熟练掌握智能技术设备的使用方法，深入了解人工智能、物联网、大数据等前沿技术在图书馆领域的广泛应用，并着力提升他们在智慧管理系统应用与开发、专题数据库建设等方面的专业能力。

除了组织馆内培训，智慧图书馆还应积极为图书馆馆员创造外出学习与进修的机会，鼓励他们参加高水平的全国性学术论坛、馆际交流互访活动以及实地考察技术公司等，以便及时了解智慧图书馆领域的最新技术动态与优质服务案例。通过这些活动，不仅能够拓宽图书馆馆员的视野，还能促进馆际间的深度交流与合作，共同推动智慧图书馆事业的蓬勃发展。

二、智慧图书馆馆员能力整体建设策略

（一）构建智慧人才保障体系

1. 完善人才选拔机制

为了更加契合智慧图书馆建设与发展的迫切需求，智慧图书馆亟须构建一套科学有效的人才甄选体系，旨在持续提升图书馆馆员队伍的整体素养与智慧化服务能力。在此进程中，人才选拔工作可依托外部吸纳与内部提拔两大路径并行推进。

具体而言，外部吸纳旨在广泛网罗行业内外的优秀人才，通过严格的筛选流程，吸纳

具备卓越专业能力与创新思维的馆员加入团队，为智慧图书馆的发展注入新鲜血液与活力。而内部提拔则侧重于挖掘并培养现有馆员队伍中的潜力人才，通过系统的培训与考核，选拔出具备领导才能与智慧化服务能力的馆员，为其提供广阔的晋升空间与发展平台，从而激发整个团队的内在动力与创造力。

通过外部吸纳与内部提拔的有机结合，不仅能够构建一支高素质、高智慧的馆员队伍，还能为智慧图书馆的持续创新与长远发展奠定坚实的人才基础。

（1）智慧图书馆在人才引进的初始阶段，应着重于从专业素养、业务才能及未来发展潜力等多个维度严格把控人力资源质量，适度提升入职标准。此举不仅能够有效缩减后续的培训与教育成本，还能显著提高工作效率。在招聘与选拔流程中，智慧图书馆需兼顾不同年龄段的人才，确保团队成员的年龄构成保持合理均衡，以促进团队的和谐稳定与持续发展。

从职业胜任力的视角出发，智慧图书馆的招聘考量应涵盖以下核心方面：首先，应参照通用的职业素养评价体系中的关键要素，将其作为智慧图书馆馆员必备的基本资质。具体而言，应聘者的专业理论功底、沟通协调能力以及认知适应水平可通过笔试、面试等多元化评估手段进行综合考量。其次，将智慧业务处理能力与智慧专业技能的各个关键维度作为甄别优秀人才与普通人才的重要依据，通过模拟实践操作来检验应聘者对核心业务技能的掌握程度与熟练度。最后，将发展潜力的多维度特征作为评估应聘者是否具有长远成长空间的关键指标，通过深度访谈、案例分析等方式进行深入挖掘。

此外，智慧图书馆还可邀请在智慧图书馆相关领域取得卓越成就的专家参与招聘评审工作，如图书情报学领域的资深学者、计算机科学领域的顶尖专家以及大数据处理与分析领域的权威人士等。这些专家的参与将为智慧图书馆的招聘工作提供更加专业、全面的视角与评判标准，从而确保人才引进的质量与效果。

（2）内部提拔机制的构建对于智慧图书馆而言至关重要，它要求制定一套详尽且系统的规章制度，确保选拔与考评工作能够融入日常管理的各个环节之中。此机制旨在为那些在综合业务能力上展现出卓越才能、在专业技能方面表现突出的图书馆馆员提供一个公正、透明的晋升渠道与成长平台。通过这一机制，能够发掘并培养一批在智慧图书馆建设进程中发挥核心引领作用的优秀馆员。

为了实现这一目标，智慧图书馆需将选拔标准与考评体系进行精细化设计，确保它们能够全面、准确地反映馆员的业务能力与专业技能水平。同时，还需建立常态化的监督机制，以确保选拔与考评工作的公平性与公正性。在此基础上，智慧图书馆应鼓励馆员积极参与各类培训与学习活动，不断提升自身的业务素养与专业技能，为获得晋升机会奠定坚实的基础。

通过内部提拔机制的构建与实施，智慧图书馆不仅能够激发馆员的内在动力与创造力，还能促进整个团队的和谐稳定与持续发展。更为重要的是，这一机制将为智慧图书馆的长远发展提供坚实的人才保障与智力支持。

2. 优化图书馆馆员考核机制

智慧图书馆需持续优化其考核体系，借助清晰界定目标、科学设定指标、严格执行奖惩措施等一系列举措，充分激发图书馆馆员的工作积极性与创新潜能，进而提高工作效率与服务品质。除传统的工作总结汇报外，智慧图书馆还应参考权威的评价指标体系，对图书馆馆员的服务态度、作业效率、工作成效及用户满意度等多个维度进行综合考量，以期不断迭代完善考核机制，促使馆员逐步成长为能够胜任智慧图书馆管理与服务工作的中坚力量。

通过系统考核，智慧图书馆能够精准把握每位馆员的综合能力状况，进而针对不同部门及个体的实际需求，开展定制化培训项目。同时，馆员亦可根据个人的考核结果，合理规划职业生涯路径，明确自身能力短板，并有选择性地参与培训活动，以期达到智慧馆员的标准，实现个人能力的飞跃。

此外，智慧图书馆应高度重视绩效考核与职业发展的深度融合，将考核结果与馆员的岗位调配、职称晋升、进修深造等机会紧密挂钩。此举旨在鼓励馆员在不断提升自身业务能力的同时，也能获得更为广阔的职业发展平台与成长空间，从而进一步激发整个团队的活力与创造力。

3. 建立图书馆馆员激励机制

智慧图书馆在激发图书馆馆员工作积极性方面，需深入关注并充分利用激励因素这一内在驱动力，其中涵盖个人成长机遇、职业发展路径的拓宽以及晋升机会的提供等核心要素。为了促进馆员的多元化发展，智慧图书馆应当构建一个开放包容的成长环境，探索并拓展馆员潜能的无限可能，而非仅仅局限于馆内日常工作需要的范畴。

具体而言，智慧图书馆应鼓励馆员积极投身于学科院系的教学任务之中，深度融入用户的科研全过程，甚至主导科研课题项目的实施，为学校提供高质量的情报分析与数据服务。这一系列举措不仅能够增强馆员的角色认同感，还能使其在实践中不断磨砺与提升自我。

与此同时，智慧图书馆还需构建一套科学合理的物质与精神双重激励机制，确保馆员的付出能够得到应有的回报。对于参与课程教学的馆员，应给予与其贡献相匹配的课程薪酬；而对于深度参与用户科研项目的馆员，则可适当提供项目经费支持，或允许其在科研成果中署名，以此表彰其贡献。

通过构建这样一套行之有效的激励机制，智慧图书馆能够在馆内营造出一种良性竞争的氛围，同时确保每位馆员都能在公正、公平的环境中茁壮成长。在此基础上，智慧图书馆将有望打造出一批在智慧服务领域具有标杆意义的图书馆馆员队伍，为学校的科研与教学提供强有力的支撑。

（二）完善图书馆馆员教育培训体系

1. 组织图书馆馆员继续教育

智慧图书馆需确保图书馆馆员拥有持续进修与自我提升的宝贵机会，可借鉴高校在职教育的培养模式，精心规划并实施“规培硕博”计划，以此激励那些潜力巨大、基础牢固的青年图书馆馆员勇攀学术高峰，追求更高层次的学历深造。通过一系列系统化的学习过程与专业导师的悉心指导，为馆员开辟更为广阔的发展道路。

鉴于智慧图书馆日新月异的发展态势，资金筹集成为推动其前行的重要一环。智慧图书馆应广开财路，采取多元化的资金筹措策略，选拔出类拔萃的馆员前往国内外顶尖图书馆进行访学交流，旨在汲取前沿的信息技术精髓与服务管理理念，同时积极投身于智慧图书馆建设的各项研究与实践中，为图书馆的创新发展贡献力量。

为确保访学交流的成果能够在馆内得到有效传播与广泛应用，智慧图书馆应着手构建一套高效的知识管理与分享体系。通过组织定期的馆内培训、专题座谈会以及编纂内部技术手册等多种形式，为馆员搭建起知识共享与交流的桥梁，促进先进理念与技术的深入渗透与融合。这一系列举措将显著提升图书馆馆员队伍的整体素质与服务效能，为图书馆服务的创新与智慧化转型注入强劲动力。

2. 制订图书馆馆员培训方案

在智慧图书馆这一新兴业态的背景下，图书馆馆员因教育背景、所属部门及职称等级的不同，其能力构成呈现出显著的差异性。鉴于此，实施精准定位的馆员培训策略显得尤为迫切。智慧图书馆需着手构建一套严谨且系统的馆员培训体系，确保培训环节与智慧图书馆的战略目标高度契合。

该培训体系可采用分级培育的模式，依据馆员在职业素养、智慧业务能力、智慧专业技能及创新拓展能力等多个维度上的表现，将其能力水平细分为初级、中级与高级三个层级。针对初级图书馆馆员，培训的重点在于夯实其基础业务知识与技能的根基；对于中级图书馆馆员，则需进一步强化其智慧业务处理能力和创新思维的培养；而针对高级图书馆馆员，则应着重提升其智慧专业技能与创新拓展能力。

在培训内容的规划上，需依据馆员的评定等级进行有针对性的设计，确保理论学习与业务实践操作的有机结合。培训内容涵盖图书馆学基础理论、读者服务策略、信息素养培育、数据素养提升、科研写作技巧、信息技术应用实践、高校智慧图书馆建设概览等理论知识，以及各类数据库操作、数据分析工具使用、科研辅助工具应用、用户画像构建等实用技能。

在培训方式的选择上，智慧图书馆应充分利用多元化的教学手段，包括但不限于专家专题讲座、专题研修班、系统性课程培训、产品服务实操演练，以及在线课堂、远程教学等网络培训形式。这些多样化的培训方式不仅能够满足不同层次馆员的学习需求，还能有效提升培训的灵活性与便捷性，为智慧图书馆的人才培养工作注入新的活力。

3. 建立图书馆馆员培养课程体系

在构建图书馆馆员培训体系时，应充分考虑图书馆馆员的整体能力状况与智慧图书馆的实际服务需求，通过采购优质资源、自主开发等多种途径，对现有数据库与在线平台的相关内容进行有机整合，从而搭建起一套包含智慧素养通识课程与实践操作课程的全面培训体系。该体系所涵盖的课程内容需广泛而深入，不仅涉及图书情报学的基础理论知识、图书馆管理策略、学科专业知识，以及教育学与心理学的基本原理，还包含信息科学与技术、网络技术与计算机技术等一系列技能知识。

为响应宽口径人才培养的迫切需求，培训体系需精心设置一系列专业课程，如信息检索与高效利用、信息咨询与科学决策、文献计量学分析、知识产权与版权保护、数字资源的开发与利用等，旨在全面提升馆员的专业素养与业务能力。针对智慧图书馆建设的特殊要求，体系内还应增设一系列特色课程，如数字图书馆的建设与管理、人工智能技术在图书馆服务中的应用、大数据分析与实践、网络安全与数据保护策略、AR/VR 技术与用户体验优化等，以形成多学科、多技术交叉融合的馆员培训课程体系。

图书馆馆员可根据自身的岗位职能需求、个人兴趣及职业发展方向，灵活选择适合自己的培训课程进行深入学习。与此同时，智慧图书馆需保持对课程体系发展的高度关注，紧跟智慧图书馆建设的步伐与发展趋势，定期对课程体系进行更新与优化，以确保其始终与智慧图书馆的实际需求高度同步。

（三）搭建信息交流合作平台

1. 加强与院系教师的交流与合作

智慧图书馆需与各学院保持紧密联系，深度支持教学与科研，强化校内协同，共建共享资源。馆员需主动与学院教师交流，掌握学科建设、教学创新及科研需求，设计开设信息素养教育课程，融入学科体系，参与科研项目协作，提供多元化服务。通过深度嵌入教学科研，馆员可提升专业素养、服务意识及创新能力，精准把握学科特色，挖掘发展趋势，提供有价值的建议，赢得学科认可。

同时，智慧图书馆应挖掘校内资源，与计算机科学、人工智能学院进行深度合作。馆员可旁听课程、参与考核，实行学分管理，提升智慧专业技能。也可与相关领域教师合作，申请承担图书馆信息技术、人工智能课题，促进技术创新应用。在实践探索中，还可联合专业教师研发人工智能助手、智能推荐系统等前沿技术，加速智慧图书馆建设，提高服务水平。

2. 加强与同行的交流与合作

智慧图书馆建设已成为图书馆行业普遍追求的共同愿景，这一目标的实现离不开各类图书馆及行业组织的携手努力与积极推动。在智慧图书馆馆员的培养过程中，应充分利用图书馆学会、图书馆联盟以及馆际协作等平台，实现优势互补与协同发展。

首先，构建智慧图书馆联盟，通过联盟机制促进资源共享与经验交流。可定期举办馆员交流盛会，邀请各成员馆分享成功案例与实践心得，以此拓宽图书馆馆员的视野，激发创新思维。此外，还可推行馆员互派计划与实习项目，鼓励图书馆馆员赴其他智慧图书馆进行实地工作与学习，亲身体验并积极吸收先进的管理经验与技术应用，深入理解同行业的运营模式与技术前沿。

其次，应积极倡导图书馆馆员加入图书馆学会、信息技术行业协会等专业组织，并鼓励他们踊跃参与各类专业培训、学术研讨会与专题活动。通过这些平台，图书馆馆员能够系统地学习行业知识，紧跟智慧图书馆领域的新技术与新理念的发展步伐。通过与同行的深度交流与合作，并充分利用行业内的丰富资源与宝贵经验，能够培养出一批既适应智慧图书馆发展需求，又具备扎实专业素养与卓越实践能力的图书馆馆员队伍。

3. 加强与社会各界的交流与合作

智慧图书馆相较于传统图书馆及数字图书馆，在技术规模之广、业务类型之多、服务方式之新等方面均展现出显著的变化，且更加依赖多方合作的力量。在培养智慧图书馆馆员的过程中，应积极引入社会力量，借助多样化的途径来强化他们的专业技能，并提升他们适应智慧图书馆发展的能力。

为此，智慧图书馆需与大数据企业、数字资源提供商、硬件设备制造商、系统研发机构、情报研究部门等单位建立紧密且深入的合作机制。通过这种合作，图书馆馆员将有机会学习和掌握最前沿的知识和技术，熟悉数字资源的使用与管理方法，学会设备的操作与维护技能，从而能够紧跟最新的行业动态。

同时，图书馆馆员应主动参与数据库企业、软硬件供应商组织的产品服务培训，不断提升自身对于新技术、新设备和新系统的应用能力。此外，通过实地探访企业、参与项目合作等多种形式，图书馆馆员将能够亲身投入智慧图书馆系统、智能机器人等项目的研发与应用实践中，并深入参与功能模块的科学划分、系统架构的精心设计、交互界面的友好设计、编码与实现的精细过程、测试与调试的严谨环节等实践，从而能够深刻理解智慧图书馆系统及智能设备的工作原理、技术选型策略以及数据交换机制。

通过这样的实践锻炼，图书馆馆员的信息技术应用与开发能力将得到显著提升，新技术也将在图书馆内部得到更好的内化与应用，为智慧图书馆的持续创新与发展提供坚实的人才支撑。

（四）促进图书馆馆员自我培育与成长

1. 树立终身学习理念

图书馆馆员应当充分发挥其主观能动性，不断追求知识结构的更新与完善，通过自主性学习途径来提升个人的专业技能，并致力于将个人能力的提升与智慧图书馆的发展需求紧密融合。具体而言，图书馆馆员可以广泛收集并深入研究国内外各类图书馆学会所发布的公开报告、培训素材以及会议文集等宝贵资源，从中汲取智慧与灵感。同时，他们还可以积极学习国内外图书馆学会、著名高校图书馆所推出的精品课程，以此来拓宽自身的学术视野，并深化对图书馆学专业知识的理解与掌握。

对于图书馆的管理者而言，他们应当给予图书馆馆员充分的关注与重视，积极推动其成长与能力发展。为此，管理者应努力为馆员们搭建更多的学习平台，提供更多的学习机会，为他们创造有利的学习条件与环境。此外，管理者还应充分尊重图书馆馆员的探索性工作，鼓励他们在智慧图书馆的建设过程中勇于尝试、敢于创新，充分发挥他们的创造力与智慧，共同推动智慧图书馆的繁荣发展。

2. 建立专属发展档案

智慧图书馆致力于为图书馆馆员构建个性化的成长档案，旨在将馆员的个人职业发展规划与图书馆的整体发展战略紧密结合，从而促使他们能够更深刻地领悟自身在智慧图书馆构建与服务过程中所扮演的角色与肩负的使命，并清晰界定其职业发展的路径与目标。该成长档案应科学规划馆员的职业生涯轨迹，清晰界定他们在图书馆智慧服务中的职能定位，并妥善平衡个人成长与组织发展之间的微妙关系。

在构建这一体系的过程中，智慧图书馆可积极借鉴企业人力资源管理的先进理念，为图书馆馆员量身定制职业生涯规划，并细致评估其个人职业发展与当前环境条件及可获取资源的契合程度。在此基础上，智慧图书馆与馆员之间应构建起一种“命运共同体”的紧密关系，强调双方之间的相互依存与协同发展。在管理哲学层面，应着重彰显智慧图书馆的文化愿景与战略导向，同时赋予图书馆馆员更为丰富的人文关怀，以此增强他们的归属感与团队凝聚力。

通过这种“命运共同体”的构建，图书馆馆员与图书馆能够在使命层面达成深度共识，进而将图书馆的整体需求与馆员的个人利益及成长诉求有机融合，共同推动双方在实现各自目标的过程中达到互利共赢，开创智慧图书馆与馆员协同发展的新篇章。

第七章　智慧图书馆建设策略

在智慧图书馆建设与发展的过程中，当下正面临着多元化的契机与考验。唯有通过深化基础设施建设、开发创新智慧图书馆应用、强化安全保障体系等一系列战略举措的推行，方能驱动智慧图书馆的建设步伐稳健向前，进而为用户提供更加卓越且便捷的图书馆服务体验，有力促进全民阅读习惯的养成与知识共享生态的繁荣。

在此过程中，加强基础设施建设是奠定智慧图书馆发展基石的关键一环，它涵盖了网络环境的优化、硬件设施的升级以及数据中心的构建等多个维度。同时，构建智慧图书馆新应用则是激发图书馆服务创新活力的核心所在，这就要求需不断探索并引入先进的技术手段，如人工智能、大数据分析等，以打造更加智能化、个性化的服务场景。此外，加强安全性保障则是确保智慧图书馆稳健运行不可或缺的一环，它涉及用户数据的保护、系统安全性的加固以及应急响应机制的建立等多个方面。

综上所述，智慧图书馆的建设与发展是一个系统工程，需要在多个层面同步发力，以精准把握机遇、有效应对挑战，从而推动智慧图书馆迈向更高水平的发展阶段，为全民阅读与知识分享的美好愿景贡献力量。

第一节　智慧图书馆基础设施建设

一、服务平台建设

图书馆服务平台作为智慧化建设的重要基石，是实现高质量发展的先决条件。该平台的建设涵盖多个核心方面，共同构建了图书馆服务的智慧生态。

在数字资源平台建设方面，致力于构建集电子书籍、期刊、数据库等多元数字资源于一体的在线访问与检索体系，使用户能够跨越时空限制，随时随地便捷地获取所需资源。我国国家图书馆及全球众多国家图书馆均拥有丰富的数字资源储备，涵盖电子书籍、期刊、图片、报纸、音视频等多种形式。这些平台凭借强大的检索功能，支持用户依据关键词、作者等多元化检索条件，精准定位所需资源。

智能推荐系统的引入，则是利用大数据分析与机器学习算法的先进技术，深度挖掘用户的历史阅读习惯与搜索记录，为用户量身定制相关书籍与资源的推荐服务。通过协同过滤、混合推荐等高精度个性化推荐技术，该系统不仅显著提升了用户体验，还有效提高了图书馆资源的利用率。

在移动服务领域，推出的移动应用程序，使用户能够通过手机等移动设备轻松实现访问图书馆资源、预约活动、接收通知及参考咨询等服务。此外，图书馆还配备了自助服务设备，如自助借还书机、查询终端、打印复印设备等，这些设备凭借高效、便捷的特点，大幅减少了人工干预，提高了服务效率。

在智能导航与空间管理方面，引入了室内定位技术，为用户提供精准的图书馆内导航服务，助力用户迅速定位所需图书或区域。同时，用户还可以在线预约阅览室、研讨室等空间，通过预约与空间管理系统实现座位与活动的有效管理。

为了构建线上学习社区，智慧图书馆提供了丰富的在线课程、研讨会、工作坊等互动学习机会，旨在满足用户多样化的学习需求。此外，智能监测系统利用视频监控、RFID技术等手段，实现了资源安全管理与环境监控的双重功能。而数据分析与管理平台则通过收集与分析图书馆运营数据，为图书馆的管理与发展决策提供了有力支撑，并作为服务优化的重要依据。

综上所述，通过这一系列平台的建设与完善，图书馆服务不仅实现了便利性与高效能的显著提升，还更好地满足了读者多样化的需求。同时，这些举措也有效提高了图书馆的运营效率与社会效益，为图书馆事业的可持续发展奠定了坚实的基础。

二、硬件设施升级

随着信息技术的蓬勃发展，图书馆智能硬件设施正经历着一场深刻的变革与迭代升级。在这一过程中，图书馆积极引入多样化的自助服务设备，这些设备的应用不仅有效缩减了人工服务流程，显著提高了服务效率，而且还在很大程度上增强了用户的满意度。当前，众多图书馆已安装了智能书架系统，该系统凭借 RFID 技术的强大功能，能够实时追踪图书的借阅与归还状态，并自动同步更新库存信息，从而为图书的管理与查找工作带来了极大的便利。

此外，图书馆还贴心地设置了移动设备充电站，特别是在阅读区和休息区，这些充电站为用户提供了便捷的充电服务，确保了用户在享受阅读时光的同时，也能保持设备的充足电量。互动展示屏作为图书馆的另一项创新设施，通过多维信息的展示方式，极大地丰富了用户的互动体验。用户只需轻触屏幕，即可轻松完成信息查询与检索操作，享受更加快速便捷的服务。

值得一提的是，虚拟现实（VR）与增强现实（AR）技术的引入，为用户带来了沉浸式的学习与娱乐体验。无论是历史场景的重现，还是虚拟图书馆旅游等应用，都能让读者仿佛置身于书本的世界中，深切感受其中的文化与精神内涵。同时，智能照明系统的应用也彰显了图书馆的智慧化升级。该系统通过感应器和智能控制技术的协同作用，能够根据环境光线和使用情况自动调节照明亮度，不仅节省了人力资源，还实现了节能环保的目标。

面对时代的挑战，图书馆始终保持着与时俱进的姿态。在移动互联网普及的今天，图书馆不仅积极开发移动客户端应用以满足用户的上网需求，还全面覆盖了高速无线网络服务，为用户提供了更加便捷的网络体验。在安全监控方面，图书馆升级了安全摄像头和报警系统，并采用了人脸识别、行为分析等智能监控技术，以确保图书馆内资源的安全无忧。此外，室内定位技术的应用也为用户提供了电子地图和导航服务，帮助他们快速定位所需资源和区域。同时，图书馆还安装了温湿度传感器、空气质量监测器等设备，实时监测图书馆的环境状况，以确保为读者提供一个舒适宜人的阅读环境。

随着信息技术的持续更新与新兴技术的不断涌现，图书馆的数字化、智能化进程正在不断加快。如今，图书馆智慧化的轮廓已经愈发清晰，一个更加智能、便捷、舒适的图书馆时代正在向我们走来。

三、数字资源建设

图书馆数字化资源体系的构建是一个多维度、多阶段的综合性过程，涵盖了资源的甄选、转化、存储、管控、应用及持续优化等多个关键环节。以下是对该过程的深入剖析。

（一）数字资源甄选

此阶段聚焦于选取适宜进行数字化的各类资源，涵盖书籍、报纸、杂志、手稿、音频资料、视频内容及图像等多种载体。在甄选过程中，需综合考量图书馆政策导向、用户需求偏好以及资源的独特价值与历史意义，确保所选资源既符合图书馆收藏标准，又能满足用户多元化需求。

（二）数字化转化处理

对甄选出的实体资源进行高精度扫描，进而转换成数字格式。此过程依托图像采集技术与光学字符识别（OCR）技术，同时对转换后的信息进行严格校验与核实，以保障数字资源的完整性与准确性，为后续应用奠定了坚实的基础。

（三）存储与安全管理

将数字化后的资源妥善存储于图书馆自建服务器或云端存储平台，确保数据的物理安全与逻辑安全。同时，实施定期备份与灾难恢复机制，有效应对数据丢失、泄露或损坏等潜在风险，维护图书馆数字资产的安全稳定。

（四）元数据标准化建设

遵循国际通用的元数据标准，为数字资源创建详尽的描述性信息，如标题、作者、摘要、关键词等，以便于资源的快速检索、高效共享与广泛交换，提升资源的可发现性与可用性。

（五）访问控制与检索系统构建

开发在线检索平台，支持用户通过关键词、作者名、标题等多种检索策略，轻松访问数字资源。同时，优化用户界面设计，提高检索效率与用户体验，确保用户能够便捷地获取所需信息。

（六）版权管理与合规性审查

针对数字资源的版权问题，积极与版权所有者沟通，获取合法授权或许可，确保图书馆提供的资源服务符合法律法规要求，同时强化知识产权保护意识，促进知识产权的合理利用与保护尊重。

（七）长期保存策略制定

制订并实施数字资源的长期保存计划，关注文件格式的未来兼容性、存储介质的物理寿命以及信息技术的更新换代，确保数字资源能够跨越时间的长河，持续为用户提供价值。

（八）用户教育与服务支持

为用户提供数字资源使用培训，帮助他们掌握数字资源的检索技巧与使用方法。同时，设立技术支持与咨询服务团队，及时响应用户在使用过程中遇到的问题，提供个性化解决方案。

（九）效果评估与持续改进

定期对数字化资源的使用情况进行全面评估，收集并分析用户反馈意见，不断优化资源质量与服务流程，提高数字化资源建设的整体水平。

通过上述一系列精细化的步骤与策略，图书馆能够充分利用数智化技术的优势，高效收集、处理并存储数字资源，不仅有效降低了重复采购成本，节约了存储空间，还通过统一的元数据标准简化了检索流程，极大地提升了图书馆与用户双方的便利性与满意度。

四、数据支持决策

在数字化与智能化转型的浪潮中，图书馆数据分析与决策支持体系正经历着深刻的变革。借助先进的大数据分析工具，全面采集并深入分析用户行为模式、资源使用状况及服务效能等多维度数据，进而制订出更为科学、精准的决策方案，为图书馆的可持续发展指明了更加合理的路径。

通过运用大数据收集技术和构建精细化的用户画像，图书馆能够深入挖掘用户的信息需求与服务偏好，实现个性化推荐与服务定制，极大地提升了用户体验与满意度。同时，图书馆还通过对资源使用频率的细致分析以及用户反馈的综合考量，对馆藏资源进行合理配置与优化，显著提高了资源利用率，有效降低了运营成本与经费开支。

在充分利用用户信息数据的过程中，图书馆始终秉持隐私保护与信息安全的至高原则，严格遵守相关法律法规与伦理规范。在数据收集、处理与分析的每一个环节，都加强了对数据隐私的保护力度，确保用户信息的绝对安全。此外，图书馆还积极倡导并践行数据伦理，确保在为用户提供优质服务的同时，充分尊重并保护用户的合法权益。

综上所述，随着数据分析与决策支持技术的持续演进，图书馆在数字化与智能化的道路上正不断前行，其数据分析与决策支持体系也日益完善。在充分利用用户数据的同时，图书馆始终坚守隐私保护与伦理规范，致力于为用户提供更加个性化、高效的服务体验。

与此同时，图书馆能够借助数据分析手段，对服务质量实施定期评估，从而精准衡量各服务项目的成效，精准识别服务流程中存在的短板与改进潜力，推动服务质量的持续提高。在预测市场趋势方面，图书馆通过运用先进的预测模型，能够对未来的资源需求与用户偏好进行前瞻预判，为资源的科学采购与服务规划提供有力的数据支撑。

为了进一步提高决策的效率与精准度，图书馆积极引入人工智能（AI）技术，如自然语言处理与机器学习等，构建起智能化的决策支持系统。这一系统能够协助图书馆管理者应对复杂的决策挑战，实现更加科学、高效的决策分析。此外，图书馆还利用智能化监控系统，实现了对服务状态与资源使用情况的实时监控与快速响应，确保能够及时捕捉用户需求与市场动态，提升服务的灵活性与响应速度。

随着技术的不断进步，图书馆的虚拟助手、聊天机器人等交互技术正逐步发展并应用于日常服务中。尽管这些技术处于尚未成熟阶段，但它们已经能够为图书馆提供全天候的服务支持，显著增强了用户的体验感受。然而，数字化与智能化技术的快速发展在提升图书馆数据分析能力与决策支持水平的同时，也带来了数据安全与隐私保护方面的新挑战。图书馆需要在享受技术红利的同时，高度重视并妥善应对这些挑战，确保用户信息的安全与隐私得到充分保障。

五、智慧环境构建

我国在推进图书馆智慧环境构建方面已取得了令人瞩目的成就，众多图书馆正积极实施或规划智慧化转型策略。以国家图书馆这一国内规模最大的图书馆为例，其在智慧环境构建领域处于领先地位，不仅推出了功能全面的数字资源服务平台，还引入了智能检索系统及自助服务终端等创新智慧服务，极大地提高了服务效率与用户满意度。

同时，上海图书馆亦不甘落后，其推出的“智慧图书馆”项目同样引人注目。该项目涵盖了 RFID 自助借还书系统、智能书架管理以及便捷的移动 App 服务等，为用户带来了前所未有的智慧化体验。随着技术的日新月异，我们有理由相信，未来将有更多的图书馆加入智慧图书馆的行列，共同推动图书馆行业的智慧化发展。

近年来，图书馆空间设施建设的研究与应用日益广泛，成为学术界与实践界关注的焦点。在新发展理念的引领下，绿色图书馆等相关研究正如火如荼地开展，旨在探索更加环保、可持续的图书馆建设模式。与此同时，图书馆的建设也呈现出多样化的趋势，不仅注重智慧化水平的提高，还强调与环境的和谐共生，力求在满足用户需求的同时，实现图书馆的长远发展。

第二节　智慧图书馆新应用构建

一、融合馆内教育及在线教育

当前，智慧图书馆正致力于强化其馆内教育与在线教育服务的赋能能力。实际上，无论是整合用户数据资源，还是满足用户的个性化需求，都深深依赖区块链技术所提供的数据分析能力的支持。依托区块链技术构建的用户个性化服务系统，为图书馆馆内教育与在线教育深度融合提供了坚实的保障，同时也是提高个性化服务质量、简化管理流程的重要技术基石。

随着时间的推移，图书馆内图书的整体借阅量呈现出明显的下降趋势。通过对读者借阅种类数据进行深入分析，我们发现，在馆内图书借阅类型中，人文社科类读物与专业辅导书籍的借阅量正稳步上升，而小说、杂志等娱乐消遣类读物的借阅量则有所下降。与此同时，馆际互借与集体借阅量显著增加，这一变化反映出读者的阅读行为正变得更加理性与科学，学习兴趣也日益浓厚。

鉴于此，智慧图书馆亟须优化馆内教育与在线教育的服务内容，充分发挥数字图书馆的强大功能。在图书采购、图书数据共享、读者信息识别、自助借还、预约借书以及文献推送等多个方面，智慧图书馆都广泛运用了人工智能的智慧服务。读者仅需通过互联网，即可轻松了解馆藏信息，完成参考咨询、预约借阅等操作，这不仅极大地提高了图书馆的服务效率，还为读者节省了大量宝贵的时间。

二、精准识别图书馆服务对象

当前，智慧图书馆正面临着如何精确识别服务对象并提供个性化服务的挑战，这包括了对阅读内容的精准推荐等。为实现这一目标，智慧图书馆必须借助先进的信息技术手段，以达到精确识别与精准服务的双重目的。

首先，在确保读者信息安全无虞的前提下，智慧图书馆应深入挖掘读者的阅读轨迹，这涵盖了借阅历史、浏览及下载记录，以及参与图书馆各类活动的数据。通过对这些数据的综合分析，能够洞察读者的阅读习惯与偏好，进而为读者提供量身定制的信息智能化推送服务，确保推送的内容与读者的兴趣需求高度契合。

其次，智慧图书馆还需利用数据采集技术来优化对服务对象的管理。这涉及物联网感知、图像识别、音频录制、视频录制以及平台信息采集等多方面的技术。通过这些技术，能够从图像、声音、视频等多个维度对服务对象进行感知与识别，从而实现对服务对象的全方位、精细化管理。这些技术的运用，不仅提高了图书馆的服务效率与质量，也为读者带来了更加便捷、个性化的阅读体验。

三、赋能图书采购与活动开展

当前，智慧图书馆亟须强化图书采购与呈现环节的能力，以提高优质内容的筛选效率。所谓图书馆智慧服务平台，实则是一个对大数据及关联服务资源进行深度整合的体系，旨在实现能力资源的共享、交易及高效协作。该平台的构建颇为复杂，涵盖了基础层、数据资源层及应用层等多个维度。

基础层作为智慧服务的基石，提供了不可或缺的支撑服务。这包括但不限于智慧服务核心技术、教育大数据资源、组织环境适配以及专业图书馆馆员的智慧融入。数据资源层则聚焦于大数据的深度挖掘与处理，其架构由数据层、数据采集层及数据分析层共同构成。数据层广泛汇聚用户的学习行为、科研活动轨迹及读者行为等多元化馆藏数据，随后在数据采集存储区内进行细致分类与高效存储。数据中心则对这些数据进行预处理，精心筛选出具有价值的数据，并将其妥善存储在分布式数据库中。进入数据分析层后，这些精心筛选的数据将接受深入分析，所得结果将以直观的方式予以展示，并随即传递至应用层。在应用层，图书馆馆员将可共享的信息精准发布至各大社交平台，或将其巧妙融入教学活动中，从而使用户能够便捷地获取所需的信息与知识。

至于智慧图书馆的采购工作，其切入点在智慧服务平台。借助区块链技术所构筑的坚实平台，智慧图书馆能够实现采购流程的优化与升级，确保采购工作更加高效、透明且安全可靠。

第三节　智慧图书馆政策的引导

一、完善政策文件支持

数智技术的规范化运用构成了智慧图书馆发展进程中的核心驱动力，而相关政策文件的出台则是推动数智技术建设迈向新高度的关键支撑。为确保智慧图书馆数智技术建设的全面提升，相关部门亟须制定一套兼具通用性与针对性的建设标准和政策导向文件，并对各项指标进行详尽细化，同时加大检查与评估工作的执行力度。

首先，相关部门需紧密结合地区实际情况，并充分考量当前智慧图书馆建设的既有成就，据此制定出一系列具有指导意义的技术文件。这些文件旨在为图书馆在打造智慧空间与引进先进智能设施方面提供科学合理的参考依据，确保每一步建设都有的放矢。

其次，相关部门应当对现有的标准文件进行深度细化与必要补充，特别是在数智技术应用方面增加更为具体的指标内容。这包括但不限于智能设施的配置标准、智慧阅读空间的设计原则等关键要素，以确保数智技术在智慧图书馆中的全面渗透与高效运用。

最后，为驱动数智技术深度赋能智慧图书馆的持续发展，相关部门应定期组织检查与评估活动。通过这些活动，不仅能够及时发现并总结优秀实践案例，还能够将其进行广泛推广，从而在更大范围内激发学校图书馆技术应用工作的创新活力，推动其向更高质量的发展阶段稳步迈进。

二、引进多样化智能硬件设备

随着信息技术产业的持续发展，图书馆界对此给予了高度的重视与深切的期盼。展望未来，引进智能设备以推动基础服务的智能化改造，将成为众多图书馆不可或缺的标准流程。在这一背景下，图书馆应当紧密结合自身的发展规划与用户的实际需求，积极引进各类智能设备，实现管理工作的全面智能化，以及智慧阅读空间的顺利转型。

在推进管理工作智能化的进程中，图书馆可以考虑系统化采购先进的实用型智能技术及相关设备，如馆员工作站、移动盘点车、智能服务机器人以及智能门禁系统等。这些智能设备的引入，将极大地扩展设施的服务范围，从而构建出一个全方位、立体化的智慧化管理场景。在这一场景下，馆藏资源的流通管理、安全监控等核心工作将变得更为便捷与高效，图书馆的整体管理水平也将因此实现质的飞跃，真正迈向智慧化管理的新纪元。

通过这一系列智能化的改造与升级，图书馆不仅能够大幅提高管理效率，还能为用户提供更加优质、便捷的服务体验，进而在信息化时代背景下，持续增强自身的核心竞争力与社会影响力。

三、升级智能管控软件系统

前沿信息技术深度融入，对智慧图书馆建设至关重要，推动了实质性进展。中小图书馆可从文献管理、流通数据分析、读者行为洞察等维度升级软件系统，与智能设备对接，构建高效协同的智能管控体系。

在文献管理上，引入智能分类处理系统，加速图书管理数字化转型，提高效率与质量。流通数据分析方面，更新业务管理、服务平台，强化数据统计，掌控关键流通数据，为智慧图书馆建设提供数据支撑。

在读者行为洞察上，利用物联网、大数据、云计算等平台，实时监控硬件数据，收集多元化行为数据，构建多维度用户管理机制，挖掘潜在需求，提供个性化数智化服务。

此外，积极探索体感翻页、虚拟解说、触屏互动等创新软件的应用，打造智慧服务场景，提高服务质量与效率，带来便捷、高效、沉浸式阅读体验。

四、推动智慧空间创新性发展

当前，图书馆界正携手共绘一幅重视场景布局、积极拓宽智能化空间建设的新蓝图，旨在激发用户对图书馆的新奇感受与无限遐想。图书馆应着手优化现有的空间规划与功能布局，精心打造独具特色的智慧服务场景，以引领图书馆服务的新风尚。

在智慧空间规划的战略部署上，学校图书馆可积极寻求与智慧图书馆技术企业的深度合作，共同拟订全面而详尽的总体架构设计与场景智慧化解决方案。基于自身的经费预算、信息化基础及建设需求，图书馆应精心制定采购项目并公开招标，分阶段、有步骤地推进馆舍空间的智慧化改造与升级。

对智慧空间的功能布局，图书馆需紧密结合师生的阅读偏好与馆舍资源的实际情况，进行科学合理的规划。例如，可设立自助式数字阅读学习空间与沉浸式虚拟阅读空间等智慧型静音阅读区域，以满足读者对深度阅读的需求。同时，结合丰富的视听型阅读资源，图书馆还可打造视听室与多功能媒体室等多媒体阅览区，为读者提供多元化的阅读体验。此外，数字会议室与创客体验空间等交流研讨区的构建，将为用户的学术研讨与创意实践提供理想的场所。值得一提的是，中国国家图书馆已率先垂范，全面运用人工智能、增强现实、虚拟现实等前沿技术，并配备智能机器人等设备，精心打造了“印象数图”体验区，为用户带来了前所未有的阅读新体验。

对于智慧空间建设尚存不足的学校图书馆而言，应积极向相关部门及社会组织寻求支持与帮助。通过前往先进的图书馆进行实地考察与交流学习，图书馆可借鉴其成功经验，逐步完善自身的智慧空间规划，并稳步推进智慧空间的创建工作，以期为用户提供更加优质、便捷、高效的智慧图书馆服务。

第四节 智慧图书馆的保障体系

一、智慧图书馆的安全性保障

智慧图书馆在确保安全性方面，采取了多维度的防护措施，这些措施涵盖了版权保护、读者身份验证管理、个人隐私维护及数据安全保障四大核心领域。具体而言如下。

在版权保护层面，智慧图书馆致力于构建一个尊重知识产权、合法使用资源的良好环境，通过技术手段确保馆内资源的合法授权与使用，有效维护了版权所有者的合法权益。

针对读者身份验证管理，智慧图书馆采用了先进的信息技术，对读者身份进行严格的核实与管理，确保每位读者都能享有与其身份相符的服务权限，从而有效防止了资源的非法获取与使用。

在个人隐私维护方面，智慧图书馆高度重视读者个人信息的保护，通过实施严格的数据加密、访问控制等措施，确保了读者个人信息的机密性与完整性，为读者营造了一个安全、私密的阅读环境。

此外，数据安全保障也是智慧图书馆安全体系的重要组成部分。图书馆通过采用先进的数据存储、备份及恢复技术，以及实施严格的数据访问审计与监控机制，有效提升了数据的安全性与可靠性，为智慧图书馆的稳健运行提供了坚实的技术支撑。

二、智慧图书馆服务平台数据安全保障

大数据时代的来临，对全球各行各业带来了深远的影响与变革。数据资源，作为驱动国家产业发展与创新的关键要素，已经引起了各国的广泛关注与高度重视，被视为国家发展的重要战略资产。在此背景下，数据开放共享治理成为政策与法律领域关注的焦点议题。

信息技术进步促进了图书馆间信息交流与服务合作的高效便捷，加强了图书馆与用户的联系。区块链技术凭借去中心化优势，提高了图书馆数据共享的便捷性与效率。然而，在数据共享深化的同时，数据安全问题也日益凸显，不容忽视。

数字化与智能化技术为图书馆信息安全保障体系提供了支撑。数据安全是图书馆管理效能与服务品质提升的基础，也是大数据、云计算等信息技术应用的重要保障。数据安全旨在确保数据完整性与保密性，要求图书馆采取先进技术手段与安全策略，防止数据篡

改、破坏或泄露。

大数据与云计算技术使图书馆能全方位、实时化获取并分析读者数据，精准描绘读者画像。这些数据涉及个人隐私，高度敏感，图书馆需合理控制数据访问与使用，确保读者数据安全。数据安全工作贯穿数据收集、存储、访问、使用及共享各个环节。

在数据收集阶段，图书馆应制定安全措施，明确信息收集目的与范围，保障读者隐私。然而，当前图书馆在数据收集方面存在安全隐患，需制定和完善制度与方案。对于群体行为数据，应采取匿名化等隐私保护措施。

在数据存储方面，随着存储模式向云平台转型，数据分级存储显得尤为重要。敏感信息应严格限定在本地存储，安全级别较低数据可考虑存储在云平台。同时，图书馆需遵循国家信息资源安全技术保护等级标准，构建网络安全防护体系，包括搭建 WEB 防火墙、部署监测警报系统等措施。

在数据访问与利用阶段，图书馆应建立明确制度，借助先进手段实现数据安全自动化管理。利用监测系统严密监控访问人员，与云服务供应商共同制定数据访问和使用协议，确保数据安全与合规性。

图书馆服务数据支撑智能化、个性化服务体验，也为第三方机构评估与提高服务质量提供参考。因此，构建完善的数据共享机制，确保读者及第三方机构数据安全至关重要。数据共享应坚守公平使用原则，采纳先进安全技术，维护公正性与安全性。定期清理更新过时或冗余数据，确保数据时效性与准确性。

图书馆数据安全问题解决方案离不开先进技术的支撑。区块链、网络安全态势感知、云存储等技术的不断发展利用，为图书馆正常运行、数据保密及可靠性提供了保障。未来智慧图书馆转型过程中，应高度重视这些技术的应用与发展，确保数据安全性、可靠性及高效性，推动智慧图书馆建设深入发展。

三、信息安全应急与灾备保障

为使信息安全得到有效保障，关键在于构建一套健全的信息安全管理体系，该体系在图书馆的整体管理中占据着举足轻重的地位，是支撑业务服务目标顺利达成的核心要素。作为信息安全技术的综合管理平台，它负责整合并优化各类技术手段，以保障其高效运作，从而大幅度降低信息安全事件的发生率。

在图书馆的安全应急管理中，应始终秉承预防为主的基本原则，不断强化突发事件的安全防御机制。这要求图书馆在初期阶段便要具备敏锐的洞察力，能够准确识别并有效消除潜在的安全隐患，将风险扼杀在萌芽状态。同时，图书馆应持续推动技术创新，保持科技领先地位，充分利用新兴技术不断升级和完善信息安全应急方案，为可能发生的突发事件做好充分的防范准备，确保图书馆在面对各种安全挑战时能够迅速响应，有效应对。

基于对网络信息系统突发事件应急响应能力的综合评估结果，针对潜在的重大网络安全风险，应预先规划并开展适宜的应急演练活动，旨在验证应急计划的实际执行效果及潜在缺陷，进而持续完善并强化应急准备工作，提升响应能力的灵活性与人员间的协同作战能力。这一系统性工作大致可细分为以下六个关键阶段。

第一阶段为筹备阶段，该阶段需明确哪些关键资产与数据为保护对象，针对潜在风险制定周密的防护措施，编制详尽的应急响应预案，确立应急响应小组的人员构成与职责分工，并进行必要的测试与维护工作，以确保各项准备工作的充分性与有效性。

第二阶段为监测阶段，该阶段的核心任务在于实时监测并准确识别网络安全事件的发生，迅速判定事件的性质及其可能造成的广泛影响，并指定专人负责事件的初步响应与处置工作，为后续应急响应流程的启动奠定坚实基础。

第三阶段为控制阶段，此阶段旨在通过实施一系列紧急控制措施，有效遏制事件影响的进一步扩散，严格按照应急行为规范要求，协调用户等相关方积极配合，共同开展事件的遏制工作，以最大限度地降低损失。

第四阶段为根除阶段，该阶段的目标在于通过实施长期且有效的补救措施，从根本上消除问题发生的根源，防止同类事件的再次发生，确保网络信息系统的安全稳定运行。

第五阶段为恢复阶段，该阶段的主要任务是在确保安全的前提下，按照既定的优先级顺序，逐步恢复系统业务的正常运行，确保各项服务能够迅速恢复并满足用户需求。

第六阶段为总结阶段，该阶段需对应急事件的全过程进行详细的记录与跟踪，深入分析事件发生的原因及教训，并根据实际情况对现有的安全应急措施进行必要的调整与优化，以不断提升应急响应的效能与水平。

参考文献

[1] 陈大勇．大数据时代智慧图书馆建设路径分析 [J]．黑龙江档案，2024 (2)：300-302.

[2] 崔芳，杲亮．高校智慧图书馆建设与服务研究 [M]．北京：文化发展出版社．2024.

[3] 常悦．5G 背景下的图书馆智慧服务研究 [D]．郑州：郑州大学，2022.

[4] 陈衡毅．大数据时代高校图书馆智慧服务存在的问题及对策研究 [D]．长沙：湘潭大学，2021.

[5] 陈雪芬．面向智慧图书馆的高校图书馆员能力建设研究 [D]．南宁：广西民族大学，2023.

[6] 贺芳．智慧图书馆建设与应用研究 [M]．长春：吉林大学出版社．2022.

[7] 郝思源，方炜．智慧图书馆建设自主可控发展研究 [J]．大学图书情报学刊，2024，42 (5)：57-62，82.

[8] 何志平．高校智慧图书馆管理平台的研究与实现 [D]．杭州：浙江工商大学，2020.

[9] 黄少吟．高校图书馆智慧信息服务的发展动力要素研究 [D]．南昌：南昌大学，2022.

[10] 贾君枝，张贵香．智慧图书馆建设视角下馆员元数据核心能力构建 [J]．中国图书馆学报，2024，50 (2)．

[11] 贾司渤．智慧图书馆的理论分析与实践探讨 [D]．长春：东北师范大学，2020.

[12] 蒋丽艳，杨敬，许莉．智慧图书馆建设与服务发展研究 [M]．北京：中国书籍出版社．2024.

[13] 焦丽叶．新技术条件下的智慧图书馆服务模式比较研究 [D]．太原：山西大学，2021.

[14] 金芮冰．教育大数据视域下高校图书馆智慧服务模式研究 [D]．济宁：曲阜师范大学，2021.

［15］李慧．智慧图书馆微服务体系建设研究［D］．南昌：南昌航空大学，2020.

［16］李青燕．新时期智慧图书馆建设研究［M］．呼和浩特：远方出版社．2022.

［17］李雨函．高校智慧图书馆建设与创新服务发展研究［M］．长春：吉林摄影出版社．2023.

［18］刘冬．我国智慧图书馆建设现状与发展策略［J］．内江科技，2024，45（3）：73-74.

［19］刘鹏强．智慧图书馆建设视域下的阅读推广研究［M］．沈阳：辽宁大学出版社．2023.

［20］刘晓峰，冯君，高林杰．基于平台架构的高校智慧图书馆建设模式研究［J］．图书馆学刊，2024，46（5）：95-101.

［21］邵黄芳，王慧．面向教育数字化转型的智慧图书馆建设路径研究［J］．造纸装备及材料，2024，53（5）：176-178.

［22］孙卿．智慧图书馆文献资源建设研究［M］．长春：吉林人民出版社．2023.

［23］陶功美．智慧图书馆建设及新兴技术的应用研究［M］．长春：吉林人民出版社．2021.

［24］谢福明．智慧图书馆建设与应用研究［M］．吉林出版集团股份有限公司．2021.

［25］许慧，梅振荣，范睿琦．高校智慧图书馆建设及服务深化研究［M］．北京：中国戏剧出版社．2023.

［26］裴珑，王建涛，耿宁．智慧图书馆公共文化服务模式构建的创新策略［J］．科技资讯，2024，22（3）．

［27］王春霞．高校智慧图书馆建设与应用研究［M］．长春：吉林科学技术出版社．2022.

［28］伍潇．“双高”背景下高校智慧图书馆建设研究［J］．湖北开放职业学院学报，2024，37（2）：161-162，165.

［29］闫秀琳．智慧图书馆背景下高校图书馆馆员能力评价体系研究［D］．太原：山西医科大学，2023.

［30］杨洁．大数据时代高校智慧图书馆建设研究［J］．数字通信世界，2024（2）：20-22.

［31］姚丽琴．数字人文视域下智慧图书馆建设研究［J］．中国报业，2024（13）：142-143.

［32］袁枭．人脸识别在智慧图书馆中的应用研究［D］．青岛：青岛大学，2022.

［33］张瑞琳．智慧图书馆价值链构建研究［D］．哈尔滨：黑龙江大学，2023.

［34］张淑娇．基于群体智慧的图书馆服务模式研究［J］．图书馆学刊，2024，46（2）：77-80.

［35］张旭．用户体验视域下智慧图书馆场景化服务研究［D］．郑州：郑州航空工业管理学院，2023.

［36］肇诚，刘婷婷．我国智慧图书馆的研究路径及热点趋势研究［J］．江苏科技信息，2024，41（3）：60-67.

［37］邹积超，王芳，聂萌作．图书馆智慧化建设研究［M］．北京：海洋出版社．2023.